“十二五”职业教育国家规划教材
经全国职业教育教材审定委员会审定
高职高专职业核心能力训练教材

沟通与礼仪

Communication And Etiquette

(第2版)

袁锦贵　主　编
杨丽萍　副主编
李玉明　袁　姝　主　审

電子工業出版社
Publishing House of Electronics Industry
北京 · BEIJING

内容简介

本书是高职高专职业核心能力训练教材，全书分为有效沟通与礼仪基础、沟通技巧实务、个人形象礼仪实务、公共礼仪实务、商务礼仪实务五章，重在训练学生的实际沟通技能和礼仪素质。本书的编写思路是让学生既明白沟通与礼仪的核心理念——尊重对象，以对象为本；又让学生在游戏互动、案例研讨、技能训练中固化沟通与礼仪素质，提升有效沟通能力，改善常见生活、工作情景中的礼仪表现，打造一个受欢迎、信息沟通顺畅、办事高效的职场成功人士。此外，本书还特地组织礼仪公司和高校礼仪队编排拍摄了沟通与礼仪情景剧视频，专门选取了部分经典的沟通与礼仪影视作品片段作为辅助教学视频资料，希望对教学有实实在在的帮助。

本书适用于有志于培养职业综合素质的高职院校各专业学生和社会人士使用，欢迎各高校教师、学生和各界专家学者在使用中提出宝贵意见。

图书在版编目（CIP）数据

沟通与礼仪/袁锦贵主编. —2版. —北京：电子工业出版社，2016.6
ISBN 978－7－121－28831－9

Ⅰ.①沟…　Ⅱ.①袁…　Ⅲ.①心理交往－礼仪－高等职业教育－教材　Ⅳ.①C912.1

中国版本图书馆 CIP 数据核字(2016)第 105589 号

策划编辑：贺志洪
责任编辑：贺志洪
特约编辑：张晓雪　徐堃
印　　刷：北京天宇星印刷厂
装　　订：北京天宇星印刷厂
出版发行：电子工业出版社
　　　　　北京市海淀区万寿路 173 信箱　邮编 100036
开　　本：787×1092　1/16　印张：15.5　字数：396.8 千字
版　　次：2013 年 7 月第 1 版
　　　　　2016 年 6 月第 2 版
印　　次：2021 年 9 月第 4 次印刷
定　　价：52.00 元

凡所购买电子工业出版社图书有缺损问题，请向购买书店调换。若书店售缺，请与本社发行部联系，联系及邮购电话：(010)88254888。

质量投诉请发邮件至 zlts@phei.com.cn，盗版侵权举报请发邮件至 dbqq@phei.com.cn。

服务热线：(010)88258888。

再版前言

当今世界知识经济和信息社会的快速发展，信息的高效沟通、情感的有效交流、善于与人合作在人们的生活和工作中显得越来越重要。相应地，一个人的沟通能力和礼仪素养等职业通用素质越来越受到用人单位的格外关注。

然而，礼仪表现于与人沟通之中，离开沟通单纯地谈礼仪是没有意义的；同时，与人沟通中必须要讲求礼仪，不注意礼仪就很难形成有效沟通。从这点认识出发，沟通与礼仪的关系密不可分，礼仪表现的出发点和目的都是为了有效沟通。因此，把礼仪与沟通整合到一起编写教材是有必要的，而且是可行的。另外，有效沟通能力的形成和礼仪素质的养成都必须靠大量的实务训练出来，仅仅掌握一定的沟通和礼仪知识是远远不够的，只有人们在内心里真实树立起“尊重他人、以对象为本”的核心理念，同时经过大量的实务积累固化为一种外在的行为习惯，才能真正说是掌握了沟通技能，形成了礼仪素养。

鉴于以上认识，我们组织力量编写了这本《沟通与礼仪》教材。本书的编写思路如下：

一是项目化、情景式训练为主，原则上摈弃传统的以知识为主线的教材编写体系，注重沟通能力训练和礼仪素养提升；在礼仪实务训练时，尽量采用图片、表格解说的形式直观告知标准的礼仪规范和常见错误点，并做出相关明确解释。

二是基于礼仪的核心在于内心对他人的尊重，所以，本书注重礼仪训练的同时，也关注礼仪素养的固化训练，采取知识竞答（沟通）、礼仪故事（案例）、礼仪游戏互动等方式，增强课程的实效性、趣味性。

三是整本书贯穿两个思路主线：沟通编排按照“个人（单向）⟶双向⟶多向”；礼仪编排按照“个人（形象）⟶公共（场所）⟶专业（商务）”，尽量避免交叉，注重思维的清晰性和编排的实效性。

四是为了有效加强实务性教学，本教材组织礼仪公司和礼仪社成员拍摄了有关沟通与礼仪的项目情景剧，把常用沟通技巧和礼仪训练置于编剧式的情节故事中，在整本书中进行贯穿教学。同时，我们选取了部分经典的沟通与礼仪影视场景片段，作为教学的辅助材料，并放在华信教育网网站（www. hxedu. com. cn）中免费下载学习或扫描二维码通过手机观看学习，希望对教学有一些实实在在的帮助。

当然，由于编写者水平有限和编写内容的限制，以上编写思想在部分章节贯彻较好，在部分章节贯彻不够好，虽然全体编写人员已经尽到最大努力，但一定还存在这样那样的问题或疏漏，在此恳请业界专家学者和阅读者给予“知无不言，言无不尽”的指导和批评，让本书在修订时有机会更加完善。另外，本书高度重视和尊重知识产权，所参考的书目已经尽可能列入了参考文献或做脚注，但限于时间仓促和水平有限，一些疏漏在所难免，如果发现这方面的问题，敬请原作者海涵并告知，我们将诚恳致歉并及时修订。

本书的编写情况是：嘉兴职业技术学院袁锦贵副教授担任主编，负责提出编写思路、组织编写力量并全面协调、统稿，具体编写第一章；高级美容师、形象设计师、杨丽萍形象设计工作室的杨丽萍主任担任副主编，具体编写第三章和统筹情景剧本的编剧、拍摄；嘉兴职业技术学院张兴梅讲师负责编写第二章；桐乡市卫生学校金凤讲师负责编写第四章；嘉兴秀水学院史源讲师负责编写第五章中第一、二节；嘉兴技师学院徐雪玉高级讲师负责编写第五章中第三、四、五节；嘉兴职业技术学院王瑾讲师负责沟通和礼仪影视片段的采编工作。另外，特别感谢嘉兴职业技术学院李玉明教授和袁姝副教授在百忙中抽出时间为本书审稿并提出了很多宝贵的修改意见；章剑峰讲师为本书第五章做了大量的修订统稿工作，唐惠华讲师一直关心和支持本书的编写工作。还有，嘉兴市香溢大酒店有限责任公司的黎英经理、浙江创正防爆电器有限公司的张苏文总监、隆聚餐饮集团的叶茂经理、嘉兴博泰生物科技有限公司的赵玉宏副总经理都参与了本书的部分编写工作，提出了很多宝贵的建议。中国形象设计协会也给予了指导和大力协助。陈峰、蒋丽霞、李佳、施艳、戴春晖参与了部分书稿的编写及资料收集与视频拍摄配合工作。他们的工作都为本书的成功出版做出了非常重要的贡献。在此，一并感谢！

特别鸣谢嘉兴雅莹服饰有限公司为本书视频光盘的拍摄提供服饰！鸣谢嘉兴职业技术学院文秘专业学生徐梦洁、张磊、夏梅、孔小钰、姚梦杰、陆新舟、钟云芬等同学参与教材编写征求意见会议或视频的拍摄。

最后，还要感谢电子工业出版社相关编辑为本书的编写和出版做了大量的协调工作，使得本书能够顺利出版。

赠人玫瑰，手留余香。真心希望众多编写者精心编写的本书成为受读者欢迎的玫瑰！让我们与您一起感受玫瑰的花香吧！

袁锦贵

2016年4月1日

目　录

Contents

第一章 有效沟通与礼仪基础

导读

本章主要内容为有效沟通与礼仪基础，重点介绍日常生活中沟通与礼仪的“正面清单”和“负面清单”。其中，沟通“正面清单”部分紧紧围绕“有效”展开信息沟通与交流技巧相关的基本知识点，并设置“知识竞答”、“游戏互动”、“风采展示”等趣味实训环节和拓展阅读知识；礼仪“正面清单”部分着重在礼仪的通用性必需够用知识，围绕礼仪文化体系、礼仪基本原则、礼仪基本理念、礼仪理解误区、礼仪表现途径、日常生活中的失礼等六个方面展开，并设置了风采展示和拓展阅读两个部分；沟通与礼仪“负面清单”部分着重介绍相关的禁忌，包括常见禁忌、涉外礼俗禁忌和主要国家禁忌三个方面的知识点。最后，在涉外礼仪部分重点介绍了东西方礼仪差异、涉外交往中的基本礼仪规范、国际交往中的见面礼仪和赠送礼仪，并设置了游戏互动和拓展阅读两个部分供师生实训和延伸阅读用。本章相关教学资源可扫描二维码进行观看和学习。

在日常生活中，沟通与礼仪必不可少。没有沟通就没有信息的交换，也没有情感的交流。而在当今信息时代，没有信息交换和情感交流，人要生存下去是很难想象的。

同时，沟通与礼仪的关系密不可分。与人沟通中必须要讲求礼仪，不注意礼仪就很难形成有效沟通；礼仪表现于与人沟通之中，离开沟通单纯地谈礼仪是没有意义的，礼仪表现的出发点和目的都是为了有效沟通。

你能举出日常生活中的例子来证明沟通与礼仪的关系吗?

第一节　有效沟通基础

如果希望成为一个善于谈话的人，那就先做一个致意倾听的人。

——戴尔·卡耐基

有效的沟通取决于沟通者对议题的充分掌握，而非措辞的甜美。

——葛洛夫

有许多隐藏在心中的秘密都是通过眼睛被泄露出来的，而不是通过嘴巴。

——爱默生

一、信息沟通与交流技巧①

目前，一种通用的说法是，一个渴望成功的人必须掌握沟通技巧、管理技巧和团队协作技巧三种技巧，其核心就是沟通技巧。因为管理和协作都必须以沟通为基础，没有沟通，管理和协作都无从谈起。经验证明，一个管理或协作技巧很高超的人沟通技巧肯定很好。

所谓沟通，就是为了设定的目标，把信息、思想和情感在个人或群体间传递，并达成共同协议的过程。因此，沟通的三大要素就是：有一个明确的目标；达成共同的协议；沟通信息、思想和情感。

① 参考李中莹《重塑心灵：NLP——一门使人成功快乐的学问》（修订版）. 世界图书出版公司北京分公司，2006；《沟通技巧培训》. 百度文库. http：//wenku. baidu. com/view/b92b0697dd88d0d233d46ac6. html

（一）沟通的双向性

传送者与接收者之间存在双向性。

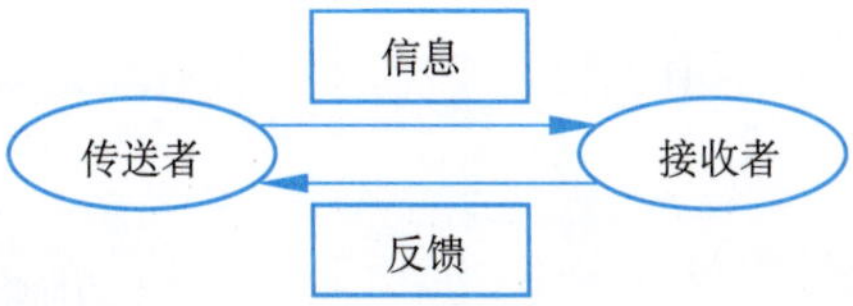

（二）沟通的三种行为

沟通时存在三种行为：说、听、问。

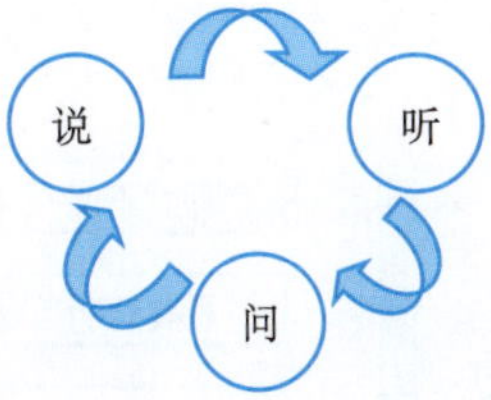

（三）沟通的两种方式

方式一：语言的沟通渠道。

口头	书面	图片
一对一（面对面） 小组会 讲话 电影 电视/录像 电话（一对一/联网） 无线电 录像会议	信 用户电报 发行量大的出版物 发行量小的出版物 传真 广告 计算机 报表 电子邮件	幻灯片 电影 电视/录像 投影 照片/图表/曲线图/画片等 与书面模式相关的媒介定量数据

方式二：肢体语言的沟通渠道。其表述及各行为含义如下。

肢体语言表述	行为含义
手势	柔和的手势表示友好、商量；强硬的手势则意味着："我是对的，你必须听我的"
脸部表情	微笑表示友善礼貌；皱眉表示怀疑和不满意
眼神	盯着看意味着不礼貌，但也可能表示兴趣，寻求支持
姿态	双臂环抱表示防御，开会时独坐一隅意味着傲慢或不感兴趣
声音	演说时抑扬顿挫表明热情，突然停顿是为了造成悬念，吸引注意力

（四）高效沟通三原则

原则一：谈行为，不谈个性

- 对事不对人；

- 针对事件，分析原因，找出解决办法，不评价事情执行者个人怎么样；
- 在与人打交道时，勿随便评价某某人及在一个人面前评价另一个人的为人等；
- 提建议时，不要因为上司的决定不符合你的价值观，就去评价上司的为人。

原则二：明确沟通

- 主题明确（最好是一个）；
- 主题鲜明、资料齐全、有说服力；
- 思路与条理清晰：提出问题→分析问题→解决问题。

原则三：积极聆听

> **小贴士**
>
> **与领导打交道中的运用**
>
> - 选择恰当的时机提议
> - 资料、讯息数据极具说服力
> - 质疑要有答案
> - 简明扼要、重点突出
> - 微笑、自信、不伤领导自尊

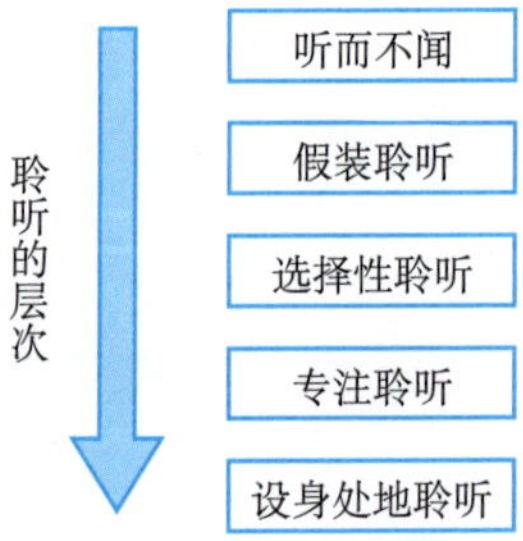

表演游戏

表情	表演内容	体会
高兴的	向上级：我那里没车，怎么办？	不同的语气、发言要点不一样，信息就不一样
沮丧的		
愤怒的		
平和的	向下级：你工作完成了没有？	
亲切的		

（五）沟通中的态度

- 沟通中表情与沟通者的态度息息相关，态度决定行动；
- 在沟通中没有一个好的态度，是不可能有好的表情与语气的。

沟通中的态度：

合作态度——最有效的沟通态度。

合作态度——平等！双赢！

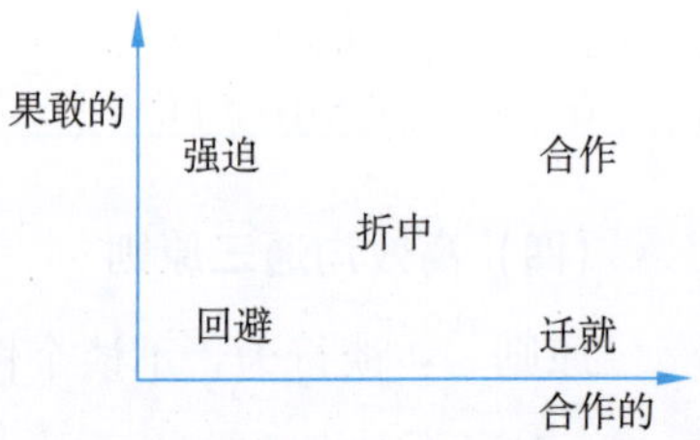

序号	测试要点	自我测试
1	沟通中双方都能阐述担心的问题	
2	沟通中你是否积极并愿意解决问题	
3	沟通中我们是否共同研究解决方案	
4	对事不对人，不揭短，不指责	
5	沟通达成双赢目的，大家都获益	

（六）有效沟通技巧

1. 有效沟通的 8 点启示

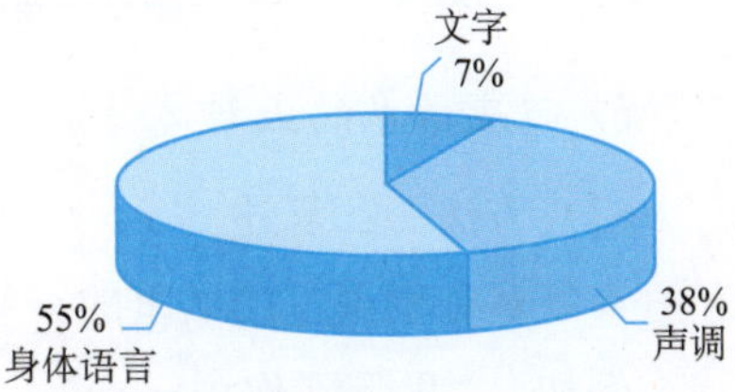

- 有效的双向沟通的先决条件是和谐气氛；
- 沟通的方式不能一成不变；
- 应给别人一些空间；
- 沟通的意义决定于对方的回应；
- 不要假设；
- 直接对话，坦而言之；
- 共同信念与共同价值是达到良好沟通的重要保证；
- 坚持找出新的解决方法。

2. 沟通效果的来源

沟通效果的来源有潜意识和意识，如右图所示。

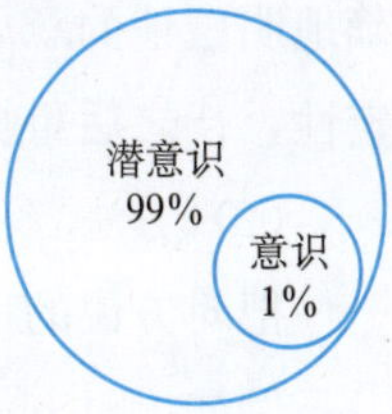

3. 识别接收与抗拒

接收和抗拒的信号如下表。

接收的信号	抗拒的信号
足够的眼神接触（50%）	没有足够的眼神接触（30%）
眼神接触时，你点头及微笑，对方跟从配合	眼神接触时，你点头及微笑，对方不跟从配合
相近的身体姿势，包括一同坐或站立	不协调的身体站姿，包括坐立，或者突然改变身体姿势而没有明显的理由
声调相近，包括快慢、声音大小等	声调不协调，包括快慢、大小等，或者越说声越大
对你说的感兴趣（至少部分如此）	不支持的文字，或者多次说题外话
话中带有支持性的文字	否定或质疑你所说的
邀请你分享食物或饮料等	频频看表，或做其他无关的事

4. 消除抗拒的技巧

举例：你叫一名下属去替你买咖啡，他不肯去，表现出抗拒。你怎么做？

以下是消除抗拒法的 5 个步骤，对应于每个步骤，提供了一个范例句子（说法），并说明了为什么这样做（意义）。

步骤	说法	意义
说出他的抗拒	你是说你不想替我去买咖啡吗？	我明白你的意思
说出他的感受	我想若你现在出去买，你心里会感觉不高兴，对吗？	我了解你的感受
建立一致意见	其实我俩一向配合得很好，是吗？	我们有很多一致的地方
找出理由或需要	你一向不是这样的，是否有一些情况是我不知道的？	我在乎你，我关心你
找出共同解决方法	让我们一起想想办法既能照顾你的感受又能满足我的需要，好吗？	凡事总有解决方案

5. 回应话术的五种方法

（1）方法一：复述

重复对方刚说过的话里的一些重要文字，加上开场白。

例如，“我听到你说……”、“你刚才说……”、“看看我是否听清楚了，你是说……”

复述方法的作用有：可以使对方觉得你在乎他说的话；使对方觉得你很想很准确地明白他的意思；使对方听清楚自己所说的话，以避免错误；加强对方说话的肯定性，待之后重提时对方容易忆起；给自己一点时间去做出更好的构思或者回答。

（2）方法二：感性回应

把对方说的话加上自己的感受再说出来。

例如，对方说：“吃早餐对身体很重要！”

你回应说：“是啊！我要吃饱了才开工的，身体暖暖的，做事才有劲嘛！你说对吗？”

感性回应是把自己的感受提出来与对方分享，若对方接受，他也会与你分享他的感受。能够分享感受是一个人接受另一个人的表示。

（3）方法三：例同

把想对他说的话化为另一个故事。

例如，“有一个朋友……”、“听说有一个……”、“去年我在北京遇到……”

假借另一个人的故事把内心的话说出来，会使对方完全感受不到威胁性或压力，对方因此会更易接受。

（4）方法四：隐喻

借用完全不同的角色和背景，含蓄地暗示一些你想要表达的意思。

例如，对方：“我太软弱了，所以觉得事事不如意。”

你回应：“你令我想到流水，流水很软弱，什么东西都能阻断流水，但流水总能无孔不入，最终到达它应到达的地方。”

（5）方法五：先跟后带

先附和对方的观点，然后才带他去你想要他去的方向。

附和对方说话的技巧可以有以下 3 种方式。

- 取同：把焦点放在对方说话中与你一致的部分。
- 取异：把焦点放在对方说话中与你不同的部分。
- 全部：先全部接受对方的话。

例如，你说："我认为吃早餐对健康很重要，所以我每天早上都吃两只鸡蛋。"

对方说："鸡蛋的胆固醇太高，我的早餐绝不会有鸡蛋。"

回应 1（取同）："哦，原来你也有吃早餐的习惯，你是否觉得吃早餐对一天的工作有重要帮助呢？"

回应 2（取异）："你觉得鸡蛋的胆固醇对身体不好，你当然不会以它作早餐了，那么，你的早餐吃什么呢？"

回应 3（全部）："不仅你这样说，我以前也是这样理解的，直到去年我才看到一篇科技新知的文章，发觉原来胆固醇也有好坏之分，鸡蛋中一些营养更是其他食物中很少能提供的呢！你有兴趣看一看这篇文章吗？"

6. 经典沟通之十五原则

原则一：讲出来，坦白讲出你内心的感受、感情、想法和期望。

原则二：不批评、不责备、不抱怨、不攻击、不说教。

原则三：互相尊重。

原则四：绝不口出恶言。

原则五：不说不该说的话。

原则六：情绪中不要沟通，尤其是不能够做决定的时候。

原则七：理性的沟通、不理性不要沟通。

原则八：觉知，如果自己说错了话，做错了事，最好的办法是自己觉知，及时加以纠正或弥补。

原则九：承认我错了。

原则十：说对不起。

原则十一：让奇迹发生，化不可能为可能。

原则十二：爱，爱是最伟大的治疗师。

原则十三：等待转机。

原则十四：耐心，有志者事竟成。

原则十五：智慧。

（七）人际交往中的公关心理学常识[①]

心理构架决定着你的人际交往，而包容于群体之中是人际交往需求的根基。美国心理学家马斯洛曾指出，如果一个人被别人抛弃或拒绝于团体之外，他便会产生孤独感，精神会受到压抑，严重的还会产生无助、绝望的情绪，甚至走上自杀的道路。而他的学生舒茨则在《人际行为三维理论》一书中，提出了人际交往的三种基本心理需求倾向：包容、情感和控制，并在人格特质观点的基础上阐明了这种人际交往的三维倾向，呈现主动型人格特质的行为表现，和被动型人格特质的行为表现。这一观点对指导人们的人际交往行为模式具有非常关键的意义。因此，为了在人际交往中与社会个体和公众顺利沟通和交往，我们有必要学习一些公关心理学的基本常识。

1. 公众心理

（1）公众心理的基本特征与一般倾向

这包括公众的角色心理特征（如性别角色心理特征、年龄角色心理特征、职业角色心理特征等）；公众的社会认知、社会感情、社会态度、利他行为、侵犯行为等内容。研究、把握公众心理的基本特征与一般倾向，对有针对性地开展公共关系活动具有重要作用。

（2）公众心理变化的基本动因

这包括公众的需要、动机、价值观等内容。公众的需要是指公众生理和心理上的匮乏状态，即感到缺少些什么，从而想获得它们的状态。美国人本主义心理学家马斯洛将人类需要按由低级到高级的顺序分成5个层次或5种基本类型：生理需要、安全需要、归属和爱的需要、自尊的需要、自我实现的需要。

（3）公众的心理效应

这包括几种常见的心理效应（如首因效应[②]、晕轮效应[③]、经验效应[④]、移情效应[⑤]等）、影响公众心理效应的因素（如公众的自我意识、刻板印象、地缘心理、民族心理、时尚心理等）等内容。正确把握公众的心理效应，积极引导公众的信任、支持，有利于公共关系活动的开展。

（4）对公众心理的认知

包括对不同类型公众的认知（如对内部公众、社区公众、政府公众、消费者公

---

① 参考张云《公关心理学（第4版）》. 上海：复旦大学出版社，2010

② 又叫优先效应、第一印象效应，指人与人第一次交往中给人留下的印象在对方的头脑中形成并占据主导地位的效应。

③ 又叫光环效应，指人们对他人的认知首先依据个人好恶得出，然后再先入为主推论认知对象的其他品质的效应。

④ 指受以前经验影响，产生一种不自觉的固定思维模式，并用固定思维去思考问题的效应。

⑤ 指心理学中把对特定对象的情感迁移到与该对象相关的人或事物上来的效应。

众、媒介公众等的认知）。认知公众心理的方法，如观察法、实验法、心理换位法、参与实践法、调查统计法等内容。对公众心理的认知，是和公众心理进行沟通以及对公众心理施加影响的前提，具有十分重要的意义。

2. 传播、沟通心理

（1）对公众行为的影响与沟通

影响公众心理的常用方法有浸润法、劝导法、榜样法等。浸润法就是以周围的舆论持续长久地影响公众心理的方法，其特点是作用缓和而持久，不易形成表面对抗，在潜移默化中对公众心理产生影响；劝导法是劝说和引导，也就是通过对公众的劝说来引导公众了解自己的组织及其产品，从而使公众达到心理认同的一种方法；榜样法是指组织在开展公共关系活动中，通过活生生的典型人物和事件来积极影响公众心理，争取公众与组织的良好合作，从而达到公关目标。

与公众沟通的方式有导引式沟通、疏浚式沟通等。导引式沟通是指一个组织通过有效的公关活动及广泛的沟通渠道，积极引导公众，使公众将更多的注意力投向组织，从而扩大组织的影响力和知名度。疏浚式沟通是指组织通过广泛的公关活动，并通过恰当的沟通方式、技巧，疏通、排除组织与公众之间的沟通障碍，化解组织与公众之间的误解、矛盾，从而达到加强与公众的关系，提高组织美誉度的目的。

（2）不同传播类型的心理基础

- 人际传播，指个人与个人之间的直接的、面对面的信息沟通和情感交流活动。人际传播具有明显的社会性特征。人际传播的语言是具有社会性的语言。每个人都是信息的发出者，同时又是信息的接收者，即在影响别人的同时，也受到他人的影响。人际传播是 CI 传播的主要形式，表现在企业内部成员之间的沟通和企业外部公众之间的沟通。

- 组织传播，指的是组织所从事的信息活动。它包括两方面，一是组织内传播，二是组织外传播。这两方面都是组织生存和发展必不可少的保障。基本过程包括：社会化过程、行为控制、决策控制、冲突管理。

- 大众传播，是一种信息传播方式，是特定社会集团利用报纸、杂志、书籍、广播、电影、电视等大众媒介向社会大多数成员传送消息、知识的过程。这一定义仅指传播的单向过程，没有包括反馈。随着大众媒介的发展，大众传播将成为双向过程。

当然，人与人之间必须发生一些事件或连续不断的来往，才会形成一个个交往的经历，同时也会相应地产生许多交往的感受。与读书学习的单向感受不同，交往感受是双向或多向的。一个人的交往或顺利或别扭，不仅与他的交往经历有关系，还与他当时的情绪、气质以及阅历、经验、个性和能力有关联。提高与人交往的心理素质，需要通过不断地积累经历与刺激感受，从而使交往的认知意象一步步强化来得以实现。智者说：每一个人都拥有天上的一颗星星，在这颗星星照亮的某个地方，有着别人不可替代的专属于你的工作。以你的智慧和能力去找到属于你的那颗星星吧。

知识竞答

一、判断题（对的打“√”，错的打“×”）

1. 依据沟通对象的不同，沟通可以分为人的自我沟通、人与人的沟通、人与机器的沟通和组织之间的沟通。（　　）

2. 依据沟通的手段不同，沟通可以分为书面沟通、口头沟通。（　　）

3. 依据沟通的领域不同，沟通可以分为网络沟通、团队沟通、跨文化沟通。（　　）

4. 生活方式不同是跨文化沟通的障碍。（　　）

5. 新闻发布会属于网络沟通的一种形式。（　　）

二、单项选择题

1. 管理沟通的最主要形式是(　　)。

A. 上行沟通　　B. 现行沟通

C. 下行沟通　　D. 群众沟通

2. 网络沟通使组织与企业接收的信息剧增，但伴随而来的问题是(　　)。

A. 信息沟通渠道不畅　　B. 信息呈超负荷态

C. 企业太注重网络沟通　　D. 企业主导地位被弱化

3. 秘书与同级、同事的面谈属于(　　)。

A. 上行沟通　　B. 横向沟通

C. 纵向协调　　D. 外部关系调整

三、多项选择题

1. 网络沟通包括的主要形式有(　　)。

A. 网络电话　　B. 网络传真

C. 网络新闻发布　　D. 电子邮件

2. 作为一个部门经理，工作中最主要的沟通有(　　)。

A. 上行沟通　　B. 对外沟通

C. 下行沟通　　D. 群众沟通

四、抢答

危机公关时应该如何沟通？

同学们，你都答对了么？

游戏互动

一、沟通能力自我测试①

测测你的沟通能力有多强？

1. 你的上司的上司邀请你共进午餐，回到办公室，你发现你的上司颇为好奇，此事你会(　　)。

A. 告诉他详细内容

B. 不透露蛛丝马迹

C. 粗略描述，淡化内容的重要性

2. 当你主持会议时，有一位下属一直以不相干的问题干扰会议，此时你会(　　)。

A. 要求所有的下属先别提出问题，直到你把正题讲完

B. 纵容下去

C. 告诉下属在预定的议程之前先别提出别的问题

3. 有位员工连续 4 次在周末向你要求他想提早下班，此时你会说(　　)。

A. 我不能再容许你早退了，你要顾及他人的想法

B. 今天不行，下午 4 点我要开个会

C. 你对我们相当重要，我需要你的帮助，特别是周末

4. 当你跟上司正在讨论事情，有人打长途电话来找你，此时你会(　　)。

A. 告诉上司的秘书说不在

B. 接电话，而且想说多久就说多久

C. 告诉对方你在开会，待会儿再回电话

5. 有位下属对你说："有件事我本不应该告诉你的，你有没有听到……"你会说(　　)。

A. 我不想听办公室流言

B. 跟公司有关的事我才有兴趣听

C. 谢谢你告诉我怎么回事，让我知道详情

6. 你刚好被聘为某部门主管，你知道还有几个人关注着这个职位，上班的第一天，你会(　　)。

A. 个别找人谈话以确认哪几个人有意竞争职位

B. 忽略这个问题，并认为情绪的波动很快会过去

C. 把问题记在心上，但立即投入工作，并开始认识每一个人

① 参考《人际关系能力、倾听能力和合作能力测试》，http://wenku.baidu.com/view/8ef3671efad6195f312ba602.html

分数＼题号 答案	1	2	3	4	5	6
A	1	1	0	0	0	0
B	0	0	0	0	0	1
C	0	0	1	1	1	0

说明：总分0～2分为较低，3～4分为中等，5～6分为较高，分数越高说明你的沟通技能越好。

测测你的倾听能力

在交往过程中，如何听他人说话也是一门艺术。掌握了这门艺术，才能避免误会，提高听的效果，使你容易获得成功。那么，你的倾听能力如何？下面为你提供倾听能力自我评价表，请你在下表中适合于你的空格里打“√”。

听的方法与态度＼回答	一贯如此	多数情况如此	偶尔如此	几乎从未如此
（1）力求听对方讲话的实质而不只是它的字面意义				
（2）以全身的姿势表达你在入神地听对方说话				
（3）对方讲话时不急于插话，不打断对方的话				
（4）不一边听对方说话一边考虑自己的事				
（5）听到批语意见时不激动，耐心地听人家把话讲完				
（6）即使对别人的话不感兴趣，也耐心听人家把话讲完				
（7）不因为对讲话者有偏见而拒绝听他讲话				
（8）即使对方地位低，也要对他持称赞态度，认真听他讲话				
（9）因事而情绪激动或心情不好时，避免把自己的情绪发泄在他人身上				
（10）听不懂对方所说的意思时，利用有反馈地听的方法来核实他的意思				
（11）利用套用法证明你正确理解了对方的意思				
（12）利用无反射地听的方法鼓励对方表达出他自己的意思				
（13）利用归纳法重述对方的思想，以免曲解或漏掉对方说出的信息				
（14）避免只听你想听的部分，注意对方的全部思想				
（15）以适当的姿势鼓励对方把心里话都说出来				
（16）与对方保持一定的目光接触				
（17）既听对方的口头信息，也注意对方所表达的情感				
（18）与人交谈时选用最合适的位置，使对方感到舒适				
（19）能观察出对方的言语和内心思想是否一致				
（20）注意对方的非口头语言所表达的意思				
（21）向讲话者表达出你理解他的感受				
（22）不匆忙下结论，不轻易判断或批语对方的话				
（23）听话时把周围的干扰因素排除到最低限度				
（24）不向讲话者提太多问题，以免对方产生防御反应				
（25）对方表达能力差时不急躁，积极引导对方把思想准确地表达出来				
（26）在必要情况下边听边做笔记				
（27）对方讲话速度慢时，抓住空隙整理出对方的主要思想				
（28）不指手画脚地替讲话者出主意，而是帮助对方确信自己有解决问题的方法				
（29）不伪装认真听人家讲话				
（30）经常锻炼自己专心倾听的能力				

表中所列的几种听的方法与态度，对每一种而言，如果是“一贯如此”得 4 分，“多数情况如此”得 3 分，“偶尔如此”得 2 分，“几乎从未如此”得 1 分。

请你填完后，算出你应得的总分数。总分在 105～120 分之间，说明你的倾听能力为“优”；89～104 分为“良”；73～88 分为“一般”；72 分以下则为“劣”。

二、典型案例分析

案例一：沃尔玛的微笑风景①

全球第一大零售商沃尔玛业绩喜人，非常有可能超过美国石油巨擘埃克森石油公司，荣登世界第一大公司的宝座（500 强第一）。拥有 45 年历史的沃尔玛如今在全球拥有 4150 家连锁店，其财政年度的收入超过了 2200 亿美元。在过去的 20 年中，沃尔玛以每年 20％的增长速度膨胀，业务迅速扩张。

沃尔玛公司成功的因素可能有很多，但其中一条很引人注目，它要求所有的业务员微笑服务，而且，对于微笑也有细致入微的要求，微笑时必须露出 8 颗牙。因为如果只露 4 颗，整个脸就给人皮笑肉不笑的感觉；倘若露出十几颗，看上去龇牙咧嘴，有点吓人。策划者提出这一要求可谓费尽心思、用心良苦。而这只是其“赏心悦目”、让顾客“心跳”、吸引顾客的最基础性的“风景”建设。

分析沃尔玛公司对公众心理的认知，我们可以看到：沃尔玛公司十分强调可以给顾客“怦然心动”的、美好的感觉。人对面部表情非常敏感，看到美好的笑脸总会给人好的，快乐的感觉，而快乐是可以传递的，会有“涟漪效应”。而一个人在商场的心情是与购物有联系的，即心情是会影响购物的。

同时，从服务态度来看，消费者当然都愿意去服务态度好的地方。第一次去觉得不错，印象好，以后自然而然也就愿意去该商场。好的口碑就这样传递出去了。

我们更应该看到，沃尔玛要求业务员露出的 8 颗牙齿，是沃尔玛的一种信仰。微笑是一种最好的沟通，而露出 8 颗牙齿刚好能把这种美体现出来，让来到这里的顾客都会有一种心与心的交流。作为一个消费者能有什么事情是比让自己的心情更好的事呢？总之，沃尔玛了解我们需要那种阳光、心动的微笑。

根据以上案例，请思考：

1. 为什么说“微笑是一种最好的沟通”？
2. 沃尔玛对公众心理了解吗？为什么？
3. 如果你是某公司管理者，你会制定什么样的沟通策略？

案例二：银行储蓄员蓝天主动沟通②

元旦前夕，是储蓄所年终最忙的时候。晚上 7 点蓝天与同事到自助餐厅用餐，而餐厅人很多，

① 选自《公关心理学》．百度文库

② 选自《与人交流能力训练手册》．劳动和社会保障部职业技能鉴定中心组编．人民出版社，2008 年

她与同事只能分散见缝插针。蓝天看见一对夫妇和他们的女儿用的餐桌还有一个空位，就走了过去。如在平常，就各自吃完一走了之，而蓝天刚好学习了“沟通是人生幸福的开始”，便主动与这对夫妇沟通，她很自然地向他们微笑了一下才坐下，那对夫妇也以同样的微笑还礼。片刻，蓝天大方、自然、得体地端起饮料同他们一起碰杯：“新年快到了，祝你们幸福美满、前程似锦，可爱的小公主更加漂亮伶俐！”夫妻俩惊喜的连声说感谢。一会妻子离座给老公添菜，蓝天发自内心地感慨：“你的爱人真贤惠，你多幸福，多有福气！”老公开心地笑了，自豪地说：“我不会做饭，平时都是我爱人为我打理。”用完餐后，夫妻向蓝天挥手再见，就连他们的宝贝女儿也挥动可爱的小手，用稚嫩的声音说“拜拜……”

同事到蓝天跟前说：“你与那对夫妇聊得那么融洽，不了解的人还以为你们是朋友、亲戚或是同事呢。”

蓝天微微一笑，她主动的沟通，用赞美和祝福的语言给别人带来的快乐，也使自己获得快乐，收获了生活过程的幸福！

根据以上案例，请思考：

1. 为什么说“沟通是人生幸福的开始”？

2. 在沟通中为什么需要主动沟通？主动沟通的重要性何在？

3. 结合自己的生活实践，谈谈你沟通策略的经验与教训。

案例三：一次失败的生意[①]

吴威向一位客户销售家具，交易过程十分顺利。当客户正要掏钱付款时，另一位销售人员跟吴威谈起昨天的足球赛，吴威一边跟同伴津津有味地说笑，一边伸手去接货款，不料客户却突然掉头而走，连家具也不买了。吴威苦思冥想了一天，不明白客户为什么突然放弃了已经挑选好的家具。第二天早上9点，他终于坐不住给客户打了一个电话，询问客户突然改变主意的理由。客户不高兴地在电话中告诉他：“昨天付款时，我同你谈到了我的小女儿，她刚考上北京大学，是我们家的骄傲，可是你一点也没有听见，只顾跟你的同伴谈足球赛。”此时，吴威才恍然大悟。

根据以上案例，请思考：

1. 吴威这次失败的生意给了你怎样的启发？

2. 什么是有效沟通？我们在与人沟通中需要注意什么？

风采展示[②]

游戏一：超级交友

目标：看看5分钟内你交了几个朋友？通过游戏，培养与人沟通的主动性。

---

① 选自《职场沟通与交流能力训练手册》. 陈桃源，朱晓蓉主编. 高等教育出版社，2011年

② 参考《创业能力训练》. 贾丽琴编. 苏州大学出版社，2010年；《职场沟通与交流能力训练教程》. 陈桃源，朱晓蓉主编. 高等教育出版社，2011年

场地：不限

时间：10 分钟

规则：

1. 让同学们围圈而坐。

2. 老师宣布游戏开始。请同学们站起来分别去找自己不熟悉的同学，向对方介绍自己，并表达自己与该同学交友的愿望。

3. 10 分钟后，请几位同学介绍刚才交友的体验，并算算自己交了几个朋友。

提示：学生可以从以下几个方面介绍自己的体验

- 你是否觉得主动和别人交友有点不好意思？
- 你害怕别人会拒绝你的请求吗？
- 10 分钟内你了解了别人多少信息？
- 当你面对陌生人，你会……

游戏二：最佳听众

目标：通过倾听别人讲话，培养学生善于倾听的能力。

场地：不限

时间：12 分钟

规则：

1. 将同学 6 人 1 组分成若干小组。

2. 每个小组 6 人围成半圈。

3. 每组请一个同学讲话（话题由该同学自己定，想讲什么就讲什么），时间 1 分钟，其他同学围在他身边。第一个同学讲完后，第二个同学讲，依次进行，直到 6 个同学都讲完。

4. 6 分钟后，小组同学根据下面的标准讨论组中谁是最佳听众。

“最佳听众”参考标准：

- 与讲话者有眼神的交流；
- 不随意打断对方；
- 时不时点头表示认同或传递“我”在认真倾听的信息；
- 有与讲话内容很贴切的面部表情。

游戏三：体态语

目标：通过训练，培养学生读懂交流对象体态语言的能力。

场地：不限

时间：10分钟

规则：

1. 事先准备20个能用体态语言表达的词条。

2. 每组推荐2名同学参与，要求面对面远距离站着。

3. 教师为每组中的1名同学展示词条内容，然后他（她）用体态语言表达出来，让另一名同学猜，猜出词条最多的为优胜小组。

拓展阅读[①]

实际沟通中，彼此认同既是一种可以直达心灵的技巧，同时又是沟通的动机之一。沟通的三要素如下：

沟通的基本问题——心态（Mindset）；

沟通的基本原理——关心（Concern）；

沟通的基本要求——主动（Initiative）。

沟通的基本问题——心态（Mindset）

很多人都以为，沟通是一种讲话的技巧，其实这样说是不对的。一个人的心态不对，他的嘴就是像弹簧一样也没有用，所以沟通的基本问题其实是心态的问题。

怎么来理解心态呢？可以这么说，心态有以下三个问题。

问题1：自私——关心只在五伦以内

心态的第一个问题就是自私。有一天你在城市里迷路了，将地图摊开，一直站在那里看，可能不会有人过来问你是不是迷路了，需要帮忙吗。但我有个朋友的儿子在新西兰，有一次在奥克兰那个地方，打开一张地图，还没有一分钟，就来了两个新西兰的女人问他："迷路了？要帮忙吗？"这个事例说明我们中国的人情味在五伦以内，五伦以外就没有了。什么是五伦呢？在中国文化中，五伦是指孝敬父母、关爱兄弟姐妹、夫妇循礼、对朋友忠诚宽容、同道相谋。这五伦由近到远，每个"伦"内都协调有序（"伦"的含义是次序）。

问题2：自我——别人的问题与我无关

别人的问题与我无关，这叫做自我，眼中只有自己。在我们的生活中，吸烟的人非常多，吸烟的人在掏烟时先瞄瞄墙上，看有没有写"请勿吸烟"。墙上明明写有

① 《有效沟通三要素》. 职业培训教育网. http://www.chinatat.com/new/201108/zh8520273471628110241

“请勿吸烟”却装作看不到，这当然不能够原谅。最有趣的是，墙上没有写时，他就放心地点火吸烟。其实，要不要吸烟不是看墙上有没有那个“请勿吸烟”的警示，重要的是看你的旁边有没有人，只要你确定你旁边的人都是吸烟的，包括你在内，那么你们就一起吸好了；但当你旁边的人绝大多数不吸烟时，如果能做到不吸，这叫做不自我。

很多男士在餐厅都喜欢吸烟，其实一个餐厅里面从来不可能全部都是吸烟的。这时你应该不吸。公司开会时总经理把烟一点，哪一个敢说他不能吸烟，但公司的大部分女士都是不吸烟的。这时，问题就出来了：为什么非要在女同事的面前吸烟？为什么非要回家吸烟，让太太和孩子吸你的二手烟？有人可能会这样回答：那没办法呀，她嫁给我了就是倒霉，或者我的孩子敢不吸我的二手烟？有本事出去！其实这都是不对的。这种心态也许你自己不觉得，其实就是一种自我。

问题3：自大——我的想法就是答案

一次出差路上，我的一个属下突发急性肠炎。我带他到医院去的时候，属下跟那个医生说：“大夫，你看是不是要吊盐水？”没想到那个医生的回答很轻松：“想吊盐水还不容易吗？”结果我那个属下就去吊盐水。你猜后面发生了什么事情？我那个属下到药房去领药的时候，领的是个篮子，里面装了十二瓶盐水，属下又回去问那个医生说：“大夫，要吊这么多盐水吗？”那个医生说：“你不是喜欢吊盐水吗？”

与医生说这个那个，那个这个，他听了会非常反感，他想你是医生还是我是医生？其实这样的想法与做法就是自大。在人际沟通中，自大会以各式各样的面目出现，它像一块绊脚石，造成许多阻碍，使人本身的辨别力不敏锐，理性便无法发挥正常的功用。

一个人一旦自私、自我、自大起来，就很难与别人沟通，这就是心态不对的典型症状。

沟通的基本原理——关心（Concern）

美国著名教育专家内尔·诺丁斯博士撰写过一本书——《学会关心：教育的另一种模式》。这本书的主题是“关心”。作者在引言中说：“关心和被关心是人类的基本需要。”关心，是一种问候与帮助别人的表达方式，是一种发自内心的真挚情感。有人说，学会了关心就等于学会了做人，学会了生存。这话说得一点儿都不错。我们来看关心在沟通方面的概念，它共涉及以下三个方面。

1. 关注状况与难处

有一次在香港买书，那本书很厚，我刚拿到手上，一个店员就过来了：“你喜欢这本书吗？”我说：“是啊。”“我帮你拿到柜台去。”说罢他就帮我将书拿到柜台那边去了，意思是你可以空下手来在这儿选别的书了。我说："谢谢!"一会儿，我看到第二本认为不错的书，他又过来问："这本书你也喜欢吗?"我说："是的。""我帮你拿到柜台去。"就这样，不知不觉就"拿"了六七本。等到我去结账的时候，他似乎感觉到我有心事（因为我在香港登机过境），于是又说："没关系，先生，我帮你拎到飞机里面去，你继续买别的东西去吧。你要登机的时候通知我一下，我就会帮你拎过去的。"

其实，从那个书店到飞机场的入口没有多远的路，但是他这个动作表示他注意了你。如果他不管，左手抱一本，右手抱一本，谁也不会买第三本书了。这就是他对顾客的关心，他非常关注顾客的状况与难处。

2. 关注需求与不便

员工在公司上班，有的时候日子不太好过，你会注意到他的需求与不便吗？据调查，全世界搞IT的20%的人患有忧郁症，这是因为压力太大的缘故。既然知道有这种可能，作主管的应该怎么做呢？我们来看一个美国的镜头：在美国IT界，当员工工作到晚上时，老板会派按摩师来帮他们按摩，而且知道学理工科的人通常不爱讲话，所以会希望他们能够把玩具带到公司去。很多人都以为年纪大的人不会玩玩具，这种观念是错误的。人们常常喜欢玩手机，其实这就是一种玩具的概念，只不过不是洋娃娃罢了。学理工科的人讲话比较少，人与人之间感情比较淡，如果他还不能去玩玩玩具，收集一点心爱的东西，他会有压力的。所以美国公司允许员工在办公室摆上他的玩具，允许员工在办公室里面铺上地毯穿上拖鞋，允许员工在地下室里面尽情地发泄……这些做法，就是谅解他的需求与不便。

3. 关注痛苦与问题

有一次住在深圳阳光酒店，我一进去就发现那个枕头上面写了一张卡片。上面写道：

本酒店的床饰用品都是羽绒制品，阁下如果对羽绒制品敏感，请拨分机号码×××，管家部会为你换上其他的床饰用品。

为了那些皮肤特别敏感的顾客摆上这么一个告示，这张卡片做得真好。这就是所谓的关心。所以沟通上说的关心就是关注他人的状况，关注他人的需求，关注他人的痛苦。

沟通的基本要求——主动（Initiative）

● 当你从副经理提拔为经理的时候，你有没有主动地与其他的经理打个招呼，说："您看我需要怎么跟你们配合?"说过吗？

● 当你从经理提拔为副总的时候，你有没有主动地与你的总经理说"老总，以前这个位子是谁坐我们不用去管。现在承蒙您提拔我，我现在坐这个位置，您觉得有什么地方以前做得不到位，你需要我从哪些方面努力?”说过吗?

如果想登上成功之巅，你得永远维持主动率先的精神做事，即使面对缺乏挑战或毫无乐趣的工作，最后终能获得回报。

通过上面的两个问与答不难发现，一个人升了副总很少去告诉总经理说，我有什么地方需要努力。其实就是以前那个副总做得不好，但是讲话的技巧运用得好，“有什么我需要努力的?”“哎呀，以前那个魏副总……”总经理就讲出来了。所以，主动地去跟别人沟通极为重要。

我们来看两组有趣的字：“自动化”、“自亻动化”

这有什么不同？其实右边那个“亻动”，不是我们发明的，那是日本人发明的一个汉字。日本人很早就发现一件事情。机器虽好，但机器也有一个很大的毛病，就是机器不知道发生故障，机器也不知道做没做好，机器只会“吭噌嚓嚓、吭噌嚓嚓”。日本人把这种现象叫做机器的自动化。但非常现实的是，没有人的眼睛去盯产品，这个自动化是假的，于是日本人为了这件事情就发明了一个字，就在那个“动”的旁边加了一个“人”，意思就是有人在看，当机器有问题时，人就会喊：“停！停！停!”然后把机器调整一下；再有问题时，人再喊：“停！停！停!”再把机器调整一下。

日本为了区分这两个字的意思不一样，前面那个字写做“自动化”，而将后面那个字写做“自亻动化”，特别强调有人站在旁边。这就是主动的意思，主动盯着产品，不是把产品交给自动化的机器就不管了，其实机器不会辨别，这就叫做没有主动的概念。所谓主动，对公司而言是一个系统，即不是主动的支持就是主动的反馈。

1. 主动支援

几年前，日本东京曾发生过一次台风事件。因为东京很少有台风，那一次遇上台风，结果整个东京的交通断绝，地铁、电车都暂时不能开。当时地下车站里面滞留了两三万人，大家都很着急，尤其是国外的游客。但是没多久，就听到广播说：“各位乘客请注意，现在外面有暴风雨，交通完全中断，请各位少安毋躁，不要远走，我们很快将便当准备过来……”这个事情是怎么做到的？原来东京地铁站向东京市政府紧急呼救，全市所有做盒饭的餐厅一下子就送过来两三万份盒饭。至于这份盒饭多少钱，已经不重要了，重要的是能够在最快的时间，为地下车站里出不去的人送来了两三万份盒饭。这就叫做主动支援。

2. 主动反馈

上个礼拜我与太太去英国看望女儿。我太太是第一次去英国，所以我就带她去参观温莎古堡。那天不知道什么原因，排队买票的人特别多。大家正在着急时，不远处又新增了一个售票点，负责维持秩序的警卫人员提醒说：“各位，对不起，前面刚好有两个观光团，所以动作慢了一点。现在已经紧急叫我们另外两个吃饭的同事马上过来帮忙卖票，希望大家少安毋躁！少安毋躁！”后来我们进到温莎古堡去参观的时候，发现里面有不少这样的牌子，上面写的是：从这里到门口还有五分钟。再过来一段路又插了个牌子，上面写的是：从这里到门口还有十分钟。意思就是：各位观光游客，不要太急！

无论游客在哪里排队买票，因为太慢心中着急难受，这时有个人出来解释一下，还是园内出现提示游客的牌子，这都叫做主动反馈。

所以对有效沟通而言，一个要主动支援，另一个要主动反馈。任何公司只要能同时做到这两点，沟通就会顺畅，解决起问题来就会十分轻松简捷。

第二节 礼仪基础

不学礼，无以立。

——孔子

人无礼则不生，事无礼则不成，国无礼则不宁。

——荀子

没有良好的礼仪，其余一切都会被人看成骄傲、自负、无用和愚蠢。

——约翰·洛克

礼节是一封通向四方的推荐信。

——伊丽莎白

联系您的生活实际，说说礼仪都有哪些功能和作用呢？

一、礼仪文化体系[①]

1. 礼节

礼节是人们在社会生活中对他人、其他群体、其他国家表达态度的仪式。

① 参考李柠培训讲座《礼仪基础和公共礼仪》。

2. 礼貌

礼貌是人们在社会生活中人、群体、国家之间相互表达尊重的一种态度。

3. 礼宾

礼宾是社会活动中以交流为目的，以交际为手段的一项社会活动，包括会见、会谈。

4. 礼俗

礼俗是人们在社会生活中约定俗成的社会礼仪规范，包括民风民俗（地域性的、行业性的）和宗教礼俗（指不同宗教禁忌，对动物、植物、物品）。

5. 礼制

礼制是人们通过文字的设定，约束社会公民在某种特定情形下必须遵照的社会行为规范。中国的礼制具有文治教化和典章制度两大特点。

6. 礼仪

礼仪是一个主权国家、一个群体，经过政治、经济、文化、科技等发展，其所在人员反映出来的一种精神风貌，更多体现的是细节。

礼节可以培训完成，但礼貌需要养成，培训一般达不到。能不能得体的去表达，部分是受教育的结果，更多的是生活的积累。

另外，值得注意的是，“礼貌”、“礼节”、“礼仪”三者尽管名称不同，但都是人们在相互交往中表示尊敬、友好的行为，其本质都是尊重人、关心人。有礼貌而不懂礼节，往往容易失礼；谙熟礼节却流于形式，充其量只是客套。

二、礼仪的基本原则

1. 遵守公德

公德是指一个社会的公民为了维护整个社会生活的正常秩序而共同遵循的最简单、最起码的公共生活准则。公德是日常生活中的道德，是人们普遍应该做到，又不难做到的最低限度的行为要求，是道德体系中的最低层次，是文明公民应该具备的最基本的品质。其内容包括尊重妇女、尊老爱幼、爱护公物、遵守公共秩序、救死扶伤等。社会公德是礼仪的基础，是形成礼仪的前提，礼仪的内容基本涵盖了社会公德的全部。遵守公德，表现了人与人之间的互相尊重及对社会的责任感。所以遵守公德是文明公民应该具备的品质，也是礼仪修养的基本要求。

2. 遵时守信

遵时，就是要遵守规定的时间和约定的时间，不得违时，不可失约。守信，就是要讲信用，对自己的承诺认真负责。遵时守信是人际交往极为重要的礼貌。

在接待服务中，与宾客约定的时间或做出的承诺，一般不要轻易变更，因发生人为不可抗拒的因素不得已改动时，应及早打招呼，做好说明解释工作，尽量避免给对方造成麻烦或令人产生误会。凡是需要承诺的事情，要量力而行，不要因为顾及面子答应不能做到的事情，一旦失约，不仅会对别人造成损失，也会给自己的形象和所在部门的声誉造成损失。

3. 真诚友善

以诚待人，是礼仪的本质特征。在人际交往中礼仪不是虚伪的客套，而是表达对人的尊重和友好，需要诚心待人，表里如一。“尊重，还是贬低”是人际交往中最敏感的问题。从善良的愿望出发，以诚相待，才能赢得别人的依赖和尊重，保证交往顺利与成功。

4. 谦虚随和

谦虚随和的人，待人处事自然大方。这样的人，待人态度亲切，善于听取他人的意见，有事能与他人商量，表现出虚怀若谷的胸襟，容易同他人建立亲近的关系。社会生活中常可以见到越是博学多识、修养越好的人，越是平易近人，也更能得到人们的敬重；相反，若是自视高明，目中无人，或夸夸其谈，妄自尊大，卖弄学问，这种自以为是的言行，往往会被人视为傲慢无理，对其敬而远之。但是谦虚也要适度。

5. 理解宽容

理解，就是懂得别人的思想感情，意识到和理解别人的立场、观点和态度，能够根据具体的情况体谅别人、尊重别人，心领神会地理解别人心灵深处的喜、怒、哀、乐。在人际交往和旅游服务接待工作中，最怕的就是互相缺乏理解，甚至产生误解。缺乏理解就无法沟通感情，产生误解则往往容易导致失礼，在交往者之间产生妨碍交流思想的隔膜，甚至会使关系僵化。宽容就是大度、宽宏大量、能容人，尤其在非原则问题上，能够原谅别人的过失。如果你谅解了他人的过失，不仅可以化解矛盾，还能赢得他人的敬重，有利于大局的发展。

6. 热情有度

热情会使人感到亲切、温暖，从而拉近他人与你的感情距离，愿意与你接近、交往。但热情过分，会使人感到虚情假意，或别有用心，因而有所戒备，无意中筑起一道心理防线。

7. 注意细节

细节体现教养，细节展示素质，从细节可以看出一个人的修养水平。在注重礼仪的社会交往场合，不注意细节的人是不受欢迎的。注意细节，彬彬有礼，是最起码的交往行为修养。

三、礼仪的基本理念①

1. 尊重为本

素质是所有观念的总和，表现出来的是所有行为习惯和细节的总和。在人际交往中，首先要自尊。

自尊是通过言谈举止、待人接物、穿着打扮来体现的，你自己不自尊自爱，别人是不会看得起你的。比如，女士在商务交往中的首饰佩戴，原则是“符合身份，以少为佳”，不能比顾客戴得多，不能喧宾夺主。在商务交往中有哪些首饰不能戴呢？一种是展示财力的珠宝首饰不能戴，上班族要展示的是爱岗敬业；二是展示性别魅力的首饰不能带。胸针不能戴，脚琏不能戴。这在礼仪的层面叫做有所不为。礼仪是一种形式美，形式美当然需要一种展示，那么我们戴两件或两种以上的首饰，比较专业的戴法是怎样的？专业的戴法是“同质同色”。不能形成远看像圣诞树，近看像杂货铺。再如，女士穿职业裙装需注意五不准：一、黑色皮裙，在正式场合绝对不能穿，这是国际惯例，给人们的感觉是不正经；二、正式的高级的场合不能光腿，为什么？不好看，脚上再有一点毛病就更难看；三、不能出现残破。远看头，近看脚，不远不近看中腰；四、鞋袜不配套，穿套裙不能穿便鞋，与袜子更要配套，穿凉鞋不穿袜子，穿正装时可以穿前不露脚趾后不露脚跟的凉鞋；五、三节腿。一般要求，女人看头，男人看腰，头指的是发型、发色。头发不能过长，不能随意披散开来，头发长可以盘起来，束起来，并且不要染色，年龄越小束发越高。腰指的是皮带，腰上在正式场合时不能挂东西，一个人腰上所挂东西的件数和他的社会地位成反比。

交往中，自尊很重要，尊重别人更重要。现实生活中，我们以怎样的态度对待别人，别人也会用同样的态度回报我们，礼貌赢得礼貌，愤怒换回来的常常是愤怒。想要得到，必先给予。从这个意义上来说，别人怎样对待我们，就是我们自己教给他们的。当我们给予别人尊重时，应给予真诚的尊重，这种尊重不是对权势的屈从，不是对名声的惧怕，不是对财富的崇敬，而是对他人人格的礼让、信赖和钦佩。所

---

① 综合参考金正昆《商务礼仪》讲座和百度文库《与人相处别走进四个误区》。

以要想把我们的尊重在正确地奉献给他人，我们必须走出以下四个误区：

第一个误区是抬高自己。当一个人过分显示自己的时候，即使不言及他人，可在实际上已经有意无意地包含了某种贬义，使人滋生被贬低的不舒服的感受。

第二个误区是强人所难。有求于人，一旦被拒绝了就不要再步步紧逼。人人都有难处，当然要互相帮助；人人都有苦衷，更要互相体谅。不会体谅他人苦衷的人，迟早有一天会自食其果。

第三个误区是缺乏礼仪。尊重通常表现为人格尊重和礼仪尊重两方面。后者交往双方的尊重主要基于礼仪，而前者除了礼仪的特征外，还有人格因素，例如他人的正直、善良等品质能够促使我们给予超越礼仪的尊重，但这不等于说，在不知道他的美德之前，就可以在礼仪上不尊重。

第四个误区是施恩图报。帮助他人是赢得尊重的重要方面，然而一旦我们企求报答，甚至要求别人做出交换，我们就会失去应得到的尊重，因为交易本身是不讲究尊重的。我们必须承认人类的交际始终带有功利色彩，但是情感所追求的功利绝不是贸易所追求的功利。任何善举迟早会得到补偿，但这种补偿不是靠我们索取的，而是被尊重者心甘情愿的回报。如果有一天，一些修养甚好的人们突然对我们厉声相向或拂袖而去，我们就应该从镜子里找到自己的误区。

当然，恰如人际交往要一定限度一样，尊重也有一定的分寸。超越了分寸，尊重被谄媚、奉承所掺杂或取代，“尊重”就会令人生厌，我们的人格同时被他人窃以为耻。在这个意义上说，过分强调、夸张的尊重也是一种误区。

2. 善于表达

礼仪是一种形式美，交换的内容与形式是相辅相成的，形式表达一定的内容，内容借助于形式来表现。对人家好，不善于表达或表达不好都不行，表达要注意环境、氛围、历史文化等因素。

比如，双排座轿车中哪个座位是上座？标准答案是：上座不止一个；专业说法是：客人坐在哪，哪里就是上座。吃饭、乘车都是这样。社交场合不同上座位置也不同，主人亲自开车时副驾驶位子是上座；二人同时坐车，关系密切的坐在前面；专职司机或出租车时，副驾驶的位置的后

小贴士

你会道歉吗？

- 道歉的前提是要了解自己错在哪里；
- 道歉应该简短真诚；
- 道歉也需要艺术，应该道歉的时候就马上道歉，耽搁时间越久就越难启齿；
- 如果你觉得道歉的话说不出口，可以用别的方式代替（以物传情或求助于第三者）；
- 道歉时可以适当夸大自己的过错或者可以采取一些补偿的具体行动（如写道歉信或道歉电子邮件）；
- 你如果没有错，就不要为了息事宁人而认错；
- 别人向你道歉后，应有所积极回应。

面座位是上座，这时副驾驶位置是随员座；安保上座（VIP上座），即司机后的座，安全性最高。受过训练的司机，开车到酒店时，右座门正对大堂正门；受过训练的门童，只拉右座的门。

再如，穿西装怎样体现身份？从商务礼仪讲是一个高端的问题。穿西装专业的问题，从专业上讲“三个三”，即三个要点：三色原则，含义是全身的颜色限制在三种颜色之内，三种颜色指的是三大色系；三一定律，是讲身上鞋子、腰带和公文包三个部位要是一个颜色，一般以黑色为主；三大禁忌，第一个禁忌是忌西装商标不拆，第二个禁忌是正式场合忌穿尼龙丝袜，忌穿白色袜子，袜子的颜色要与鞋子的颜色一致或其他深色的袜子为佳，第三个禁忌是忌穿非职业装和短袖装不打领带，穿夹克不打领带。领带的时尚打法：一是有个窝，这叫“男人的酒窝”，二是打领带时不用领带夹，三是领带的长度以在皮带扣的上沿为宜。还有，在就餐或开会时点名尊重别人的方式是手心向上“一位、二位、三位……”不能手心向下或用手指指点，手心向下有傲慢之意，用手指点有训斥之意；请进的动作，手掌五指要并拢，等等。当然，礼仪的表达有时候还需要遵守一定的惯例，比如跳舞，国际惯例是异性相请，而且一般是男士请女士，女士可以选择，女士请男士，男士不可以选择，但不会可以走开。

日常生活中，“尊重为本”、“善于表达”就要做到“接待三声”、“文明五句”和“热情三到”。

“接待三声”。一是来有迎声，就是有人来访要主动打招呼。二是问有答声，一方面人家有问题你要回答，另一方面一些“窗口”位置，如办公室、总机，电话要有回答预案，就是要事先想好如何回答，比如，外部打来电话，打错了，找的不是他要找的单位，我们要说：“先生对不起，这里不是你要找的公司，如果你需要我可以帮助你查一查。”这是宣传自己的一个绝好机会，会给人一个很好的印象。三是去有送声，犹如商店的服务员对顾客，表示“再见”等。

文明五句。一、问候语“你好”；二、请求语，一个“请”字；三、感谢语“谢谢”（我们要学会感谢人家，尤其是对我们的衣食父母）；四、抱歉语，“对不起”（有冲突时，先说有好处，不吃亏）；五、道别语“再见”。

热情三到。我们讲礼仪的目的是为了与人沟通，沟通是要形成一座桥而不是一堵墙，只讲礼仪没有热情是不行的。

“眼到”，即眼看眼，不然的话，你的礼貌别人是感觉不到的，注视别人要友善，要会看。注视部位是有讲究的，一般是看头部，强调要点时要看双眼，中间通常不能看，下面尤其不能看。不论男女，对长辈、对客户，不能居高临下的俯视，应该采取平视，必要时仰视；注视对方的时间有要求，专业的讲法是当你和对方沟通与交流时注视对方的时间，应该是对方和你相处总的时间长度的1/3左右，问候时要看、引证对方观点时要看、告别再见时要看、慰问致意时要看，其他时间可看可不看。

“口到”，一是讲普通话，是文明程度的体现，是员工受教育程度的体现。讲不好也要讲，方便沟通，方便交际；二是要明白因人而异，区分对象。讲话是有规矩的，要看对象。比如你去交罚款，对方说“欢迎你下次再来”，你高兴吗？另如，男同志或女同志向你问路，你的表达方式应该有所不同，一般而言女同志辨别方向能力不够强，女同志问路时你就要讲前后左右，不要讲东西南北。

> **小贴士**
>
> **面试应答礼仪你知道吗？**
>
> - 听清题目及要求；
> - 保持轻松自如；
> - 遇事冷静，不浮躁；
> - 善于思索，争取主动；
> - 诚实坦率；
> - 多谈对方，少谈自己；
> - 幽默有助成功。

“意到”，就是意思要到，把友善、热情表现出来，不能没有表情，冷若冰霜；表情要互动（如医院里就不能时刻“微笑服务”）；要不卑不亢，落落大方（如女孩子在别人面前笑，怎么样才算讲过世面？露几颗牙齿？）。

四、礼仪的四个理解误区

由于人们对礼仪的理解存在多种误区，而人们在现实生活中又迫切需要礼仪，因此我们有必要列出以下几种主要的理解误区。

1. 礼仪是一套刻板的规矩

礼貌举止的发展是与时代同步的，而且在当今社会比过去任何时候都更加具有变通性，礼仪绝不是一套“要求人们的行为举止合乎礼教”的规矩，而不仅仅是指导人们与他人相处时，让对方感到舒服的行为准则。事实上，良好的礼仪是发自内心的，而不是靠外在的条令。培养良好礼仪的关键就是正确的态度和借此生发出的虚心学习的意愿。如有些农民个体户，虽然教育水平有限，生意起点很低，但是通过他们的真心诚意、辛勤劳动、谦恭有礼，也慢慢赢得了顾客认可，获得了成功。

2. 礼仪只适用于富豪和上流社会

礼仪是适用于所有社会阶层、社会经济团体和所有岁数段的行为规范，任何人掌握良好的礼仪礼节后，都能够有效地提高生活质量。事实上，每个人，不管你是首相还是贫民，都可以变得体面而彬彬有礼。

3. 礼仪是过时的东西

有时候看起来过去的行为标准早已远离我们，不过现代社会更加随意的处事方式不过是外在表现得不同，从古到今，礼仪的基本原则从未发生过变化。事实上，礼仪是每一个时代永不过时的必需品，成功人士对此体会尤深。研究表明，在世界500强的企业中，那些成功人士具备的不是高智商或高学历，相反，是高情商。良好的礼节能提高我们的情商，能提高我们在所追求的事业上的成功率。

4. 礼仪是谄媚的表现

不遵守礼仪要求并不意味着你不是势利小人，与此相反，在很多情况下，这不过是自命不凡的另一种表现而已。看不起别人的人不可能通过这种方式达到显示自身优越性的目的，而只能让自己更渺小，因为他根本不懂得如何尊重他人或体谅他人。如同误区三中对礼仪过时的误解一样，礼仪与阿谀奉承同样毫不相干。礼仪并不因对象的不同而有区别，它不会因为对方是王子、贵族或是乞丐、百姓而变化礼仪的成色。不可否认，在一些商店或饭店，服务人员会根据顾客的穿着、身份而变化不同的态度，对他们所认为的“有钱有权”阶层，他们会笑脸相迎，而对于他们所认为的“无钱无势”阶层，他们会满脸不屑。所谓“只敬罗衫不敬人”，在降低自己品位的同时，不知流失了多少生意。在如今竞争激烈的商业战场上，我想不会有太多人还以上述的态度来对待周遭的人和事，因为你不知对方是否会在将来成为你的客户或贵人。

你确定谁是你的客人吗？我想你周围的每一个人都有可能成为你的客户或帮助者。既然如此，那么最好的方式就是没有区别地尊重和对待你周围的人。事实上，无论阿谀奉承，还是傲慢不屑，两个极端都是与“君子”相悖的。君子不管处于社会的哪个阶层，都是优雅谦逊的，都是众所欢迎的。

五、礼仪文化在日常生活中的表现途径

- 语言：学会说官话、敬语、谦语、哑语、专业术语、隐语、暗语、俗语、俚语、时尚用语等。
- 肢体动作：学会用肢体动作来传情达意。
- 行为表情：学会用你的行为和表情来表达你的礼仪修养。

你的身体会说话——解读倾听时的身体语言

- 听话时手部放松，手掌张开，或手摊放在桌子上——说明你与谈话者友好相处；
- 听话时盯住一个东西不放——说明听话人心里有不顺心之事或比较消极；
- 听话者双拳紧握，并放在大腿上——说明听话人很自信，对话题有足够的把握；
- 交谈时，听话者不断把玩桌上的东西或将它重新放置——说明他（她）态度不诚恳；
- 听话者用手摸后颈——说明听话人内心烦闷或是非常为难。

需要注意的是，生活中礼仪是可以量化的，得体的要求是一种度，不能过度。例如，致意礼节的表达途径有以下几种。

问候语言——根据时间不同采用不同的问候语。

肢体动作——鞠躬（曲体致意，一般45度）、握手。

行为表情——行注目礼（目光对准对方额头的额心）。

另如，答谢礼节的表达途径有以下几种。

答谢语言——对方使用敬辞，就一定要答谢，说“谢谢!”

致歉礼仪——“对不起，您好!”、“对不起，请入座!”、“对不起，晚安!”（表达歉意不一定是自己做错了）。

请求礼仪——“我可以……吗?”

称谓礼节——正式场合有职务称呼职务，有职称称呼职称；没有职务职称的按照行业规范进行称谓，如警官。

体毛礼节——毛发应该和自己的身份相吻合，头发代表人的身份、受教育程度、性格、日常生活习惯。还有男同事的胡须、鼻毛；女同事的腋毛。

体声礼节——需要约束，包括打嗝、咳嗽、呵欠、肠蠕动、讲话时的不自主发声。

体态礼节——相貌与形态（站坐行蹲）。站要收腹提臀；左侧入座，坐1/2～2/3位置，坐要收腹提臀束腰、背立，叠腿要并拢；颈椎代表教养、腰椎代表德性，手腕代表品位。

服装礼仪——不要“短、露、透”，正式场合有“裙子越短，身份越低”的说法，但裙子也不能过长，衣服的下摆不能过短；内衣颜色不能透，不能选红色等；西装，包括礼服、正装、职业装、便装、休闲装、时装、演出服。正装、礼服选黑色皮鞋，牛皮为主，部分有宗教禁忌的国家选羊皮鞋。袜子，选黑色，不能选白色。

饰物礼节——耳环、胸饰等，不要过于夸张，只要起到形象的包装就可以了，不要喧宾夺主。

秩序礼节——群体中声音不要过于喧闹；按照循序依次入场；安静等候；物品码放秩序。

座位礼仪——进场就要知道自己的位置在哪里，然后才能进退有度。

六、日常生活中的失礼

1. 不懂礼而失礼[①]

在西方人看来，有三种无礼的表现形式。

---

① 参考美国.伊登·科林斯沃斯《我最需要的职场礼仪书》中《何为“无礼”》。

第一种是进攻性无礼，这种无礼最具侮辱性和伤害性。例如：

- 讲带有种族歧视的话；
- 辱骂某人；
- 在他（她）人面前质疑某人的诚信和能力；
- 不平等地对待销售人员、服务生。

第二种是随意性的无礼。这种无礼可能是不经意的行为，但同样也是不礼貌的。这不是直接针对你个人的，但是你同样会受到影响。例如：

- 用手机讲话时很大声，打扰他人的安宁；
- 与朋友聊天时就站在繁忙的入口，挡住了他人的去路；
- 插到队伍的前面；
- 乘坐公共交通时，即便是老人、孕妇、残疾人或者其他明显比你更需要座位的人站在你身旁，你也还是待在座位上不动；
- 往人行道上吐痰；坐在餐桌旁打嗝；用非纸巾或手帕等物件擤鼻子；
- 不拾起你的狗在人行道上的粪便；
- 纵容你的孩子在餐馆里乱跑或大声吵闹。

第三种是不知情况下的无礼。此种形式的无礼是在不知情的、无意识的状态下犯下的，但是也还是不礼貌的。例如：

- 糟糕的餐桌礼仪；
- 没有经过同意就在别人家里吸烟；
- 约会晚了时，在人群中横冲直撞地走。

2. 因讲礼而失礼

如致意时应注意向身份最高的长者致意，还应向在场的其他人致意；在餐桌上，不要因为讲究礼仪而过分敬酒、劝菜。

风采展示

1. 每天找一个你平常不会注意到要尊敬的人，对他表示你的欣赏和尊重，看他的反应是什么，也看你的反应是什么。

2. 花一整周的时间，锻炼自己对每一个为你服务的人表达称赞的能力，然后观察你所得到的服务水平是否有所提高。

拓展阅读

澳公司评五大“最失礼”工作习惯 日本人最讲礼仪[①]

新华网堪培拉1月16日电，据此间媒体15日报道，服务式办公室和虚拟办公室供应商、澳大利亚Servcorp公司评出五大“最失礼”工作习惯。同事见面互不问候、在办公场所大声喧哗以及用手机接听私人电话均“榜上有名”。

据报道，Servcorp公司对全球13个国家和地区大约700名商务人士进行的问卷调查显示，排名前5位的“最不礼貌”工作习惯依次为：同事见面不说“你好”或“早上好”，不为公司客户端茶倒水，在办公室大声喧哗，随口许愿，以及用手机接私人电话。未经允许使用他人办公用品、窥探同事私生活也被视为无礼。

大多数受访者认为，日本人最讲工作礼仪，美国人和英国人最容易因无礼工作习惯而动怒。调查还显示，澳大利亚人最不重视工作礼仪，习惯在工作时大声说话并接听私人电话。几乎所有受访的澳大利亚人说，他们会不假思索直呼老板名字。

Servcorp公司常务董事泰恩·穆法里奇说，澳大利亚人的工作方式比较随意，调查将提醒他们“多加注意可能失礼的工作习惯，这将有助于澳大利亚商人在海外取得成功”。

第三节　沟通与礼仪禁忌

（一）常见沟通与礼仪禁忌

1. 握手禁忌

- 用左手与人握手；
- 戴墨镜与人握手；
- 戴手套与人握手（社交场合中女士戴薄纱手套与人握手例外）；
- 伸脏手与人握手；
- 握手时目光左顾右盼；
- 用双手与人握手（熟人之间例外）；

如果有人不愿意握手怎么办?

尽量若无其事的收回手，然后继续做你该做的事。

---

① 来源：中国网，http：//www.china.com.cn/international/txt/2009—01/17/content_17144903.htm

- 长久地握着异性的手不放；
- 交叉握手，即越过其他人正在相握的手与另外一人相握。

2. 讲话时的禁忌

- 精神不振传达出缺乏热情——会使听话者对谈话内容失去兴趣；
- 讲话太大声——对于西方人而言，声音太大代表强势或气愤；
- 同一个人讲话时，一个人主导整个谈话——一个好的倾听者非常具有吸引力；
- 同几个人讲话时，控制整个谈话——千万不要成为唯一的发言人。

你会接受别人的恭维吗？

接受恭维是一种技能，拒绝夸奖代表你质疑那个欣赏你的人的欣赏品味。

3. 恭维人的禁忌

- 忌太夸张（太夸张显得虚浮和矫揉造作）；
- 忌陈词滥调（陈词滥调显得鹦鹉学舌，没有诚意）；
- 忌触及别人的忌讳（触及别人的忌讳时极易引起他人反感）。

小贴士

交谈词语中的“交谈杀手”，少用为妙。例如：

- 俚语；
- 污言秽语；
- 行话；
- 有关某人种族、宗教信仰或残疾的词语。

4. 谈话的禁忌

- 单位的人事纠纷和涉及决策的积怨；
- 个人的不幸；
- 有争议的兴趣爱好；
- 询问某人婚姻是否触礁；
- 低级笑话；
- 小道消息；
- 争议性很大的问题；
- 谈论别人的不幸遭遇；
- 谈论被解雇的朋友，而不表示同情；
- 有关私生活的细节。

（二）涉外礼俗禁忌

在涉外交往中，我们必须重视避免触犯对方的一些礼俗禁忌，否则将带来很严重的后果，和不同国家、民族的人们交往时，要特别关注他们的礼仪禁忌。如俄罗斯人忌讳别人送钱，认为送钱是一种对人格的侮辱；如果送花，要送单不送双，双数是不吉利的；对颜色的好恶和东方人相似，喜红忌黑；对数字，他们却和西方人一样，忌讳“13”，但对“7”这个数字却情有独钟；忌食狗肉；忌讳以历史上的某些有争议的领袖人物及当前的改革等作为话题。波兰人忌讳谈及二战中的苏联和法国；一切有战略意义的地点和建筑都严禁拍照。匈牙利人习惯以白色代表喜事，黑色表示庄重或丧事。罗马尼亚人忌穿堂风，认为穿堂风有损健康，他们不允许两个对着的窗子同时打开。在荷兰，人们大多习惯吃生、冷食品，送礼忌送食品，且礼物要用纸制品包好；到荷兰人家庭作客，切勿对女主人过于殷勤。瑞典是个半禁酒的国家，即使在家中饮酒，也要持“购酒许可证”到指定的地点购买，还得交一笔可观的税，在瑞典忌讳送酒，禁忌蓝黄白色的组合。在瑞士，猫头鹰是死亡的象征，忌作商标，也忌用黑色，喜欢几何图形等。

具体而言，常见的礼俗禁忌有以下几种。

1. 涉外交往中的数字、肢体和颜色禁忌

（1）数字禁忌。各民族及不同宗教信仰的人们对数字均有一些忌讳，如信奉天主教、基督教的信徒十分忌讳“13”和“星期五”，认为这一数字和日期是厄运和灾难的象征。在涉外活动中要避开与“13”、“星期五”有关的一些事情，更不要在这一天安排重要的政务、公务、商务及社交活动。日本人忌讳4字，是因4字与死的读音相似，意味着倒霉和不幸。所以与日本友人互赠礼品时切记不送数字为4、谐音为4的礼品；不要安排日本人入住4号、14号、44号等房间。

（2）肢体禁忌。同一个手势、动作，在不同的国家里表示不同的意义，比如拇指和食指合成一个圈，其余三个手指向上立起，在美国表示OK，但在巴西，这是不文明的手势。在中国，对某一件事、某一个人表示赞赏，会跷起大拇指，表示“真棒”！但是在伊朗，这个手势是对人的一种侮辱，不能随便使用，想赞赏伊朗人忌伸大拇指。在我国摇头表示不赞同，在尼泊尔则正相反，表示很高兴、很赞同。另外注意适当地运用手势，可以增强感情的表达；但与人谈话时，手势不宜过多，动作不宜过大，应给人含蓄而彬彬有礼的感觉。

（3）颜色禁忌。日本人认为绿色是不吉利的；巴西人以棕黄色为凶丧之色；欧美国家以黑色为丧礼的颜色；叙利亚人将黄色视为死亡之色；比利时人最忌蓝色；土耳其人认为花色是凶兆，布置房间时不用花色；埃及人认为蓝色是恶魔的象征。

2. 涉外交往中常见的宗教禁忌

（1）基督教。进教堂要态度严肃，保持安静。在聚会和崇拜活动中禁止吸烟。基督徒一般饮食中不吃血制品。

（2）天主教。根据教会的传统，天主教的主教、神父、修女是不结婚的。所以，同天主教人士交往时，见到主教、神父、修女不可问他（她们）“有几个子女”、“爱人在哪里工作”等问题。

进入教堂应保持严肃的态度，切忌衣着不整或穿拖鞋、短裤。禁止在堂内来回乱串、大声喧哗、交头接耳、东张西望、打情骂俏、争抢座位等，更不允许在堂内吃东西、抽烟。

（3）伊斯兰教。接待穆斯林客人一定要安排清真席，特别要注意不要出现他们禁食的食物。穆斯林禁食自死物、血液、猪肉以及诵非真主之名而宰的、勒死的、捶死的、跌死的、抵死的、野兽吃剩的动物。此外，还禁食生性凶猛的肉食动物，如狮、虎、豺、狼、豹等；穴居的肉食动物，如狐、獾、狸等；猛禽，如鹰、隼、鹞、鹫、猫头鹰等；污浊不洁的动物，如鼠、蜥蜴、穿山甲等；两栖动物，如蛇、蛤蟆、鳄鱼等；以及豢养而不能吃的动物，如马、驴、骡、狗、猫等。穆斯林严禁饮用一切含酒精的饮料，对他们是不能祝酒的。

虔诚的穆斯林信徒每天都要面向圣城麦加方向礼拜五次，要注意避开他们朝拜的方向。伊斯兰国家规定星期五为休息日（聚礼日），穆斯林晌午要到清真寺集体做礼拜，即聚礼。如果遇星期五，注意安排时间让虔诚的穆斯林做礼拜。

穆斯林忌讳用左手给人传递物品，特别是食物。给穆斯林递东西时，注意不要用左手。

（4）佛教。在信奉佛教的国家里，如缅甸、泰国等东南亚国家，人们非常敬重僧侣。僧侣和虔诚的佛教徒一般都是素食者。他们非常注重头部，忌讳别人提着物品从头上掠过；长辈在座，晚辈不能高于他们的头部；小孩子头部也不能随便抚摸，他们认为只有佛和僧长或是父母能摸小孩的头，意为祝福，除此就是不吉利，会生病。当着僧人的面不能杀生、吃肉、喝酒等，男女也不能做过分亲昵的举动。在与僧人有直接面对的场合，女士穿着要端庄，不要穿迷你裙等过于暴露的衣着。

（5）印度教。信仰印度教（比如印度、尼泊尔等国）的教徒奉牛为神，认为牛的奶汁哺育了幼小的生命，牛耕地种出的粮食养育了人类，牛就像人类的母亲一样。他们不吃牛肉，而且也忌讳用牛皮制成的皮鞋、皮带。

（6）犹太教。犹太教认为唯一可以食用的哺乳动物是反刍并有分蹄的动物，如牛肉，而不允许吃猪肉和马肉。大多数饲养禽类（如鸡、鸭、鹅等）是被允许的，但禁食鸵鸟和鹂鹋，食用的鱼类必须有鳃和鳞，禁食软体动物和甲壳类动物。犹太教认为血是“生命的液体”而严禁食用。此外，奶品和肉品必须分开食用。

3. 涉外交往中特殊的礼俗

有一些特殊的国外民族的文化礼俗是需要我们特殊记忆的，如保加利亚人和阿尔巴尼亚人习惯“点头不算摇头算”；在阿尔巴尼亚的某些乡村，男女有别较为严格，有些地方还设有不许女人进入的“男人堂”；波兰洗手间的表示方式极为独特，

“△”符号表示男用，“○”表示女用；荷兰人日常生活中必不可少的饮料是牛奶，但为客人倒牛奶时，讲究倒到杯子的 2/3 处，否则会被认为是一种失礼或缺乏教养的行为，荷兰人在男女同上楼梯时，其礼节恰好与大多数国家的习俗相反——男士在前，女士在后；沙特人特大方，若友人对他身上的某物表现出好感，他往往会马上送给你，你若不接受，反而会得罪他，所以不可轻易赞美沙特人身上的物品，尤其要注意沙特的甸蛮人，他们忌讳笑，小辈见了长辈，笑为不敬不孝的举动；在越南，如遇到同自己年龄相仿的人，不要以“先生”、“小姐”、“师傅”相称，更不能称“大哥”、“大姐”，而应礼貌地尊称对方为“二哥”、“二姐”，同时，路口悬有绿色树枝的村寨和门口悬有绿色树枝的人家，外人不得进入；缅甸认为“右为大，左为小”，“右为贵，左为贱”，随时都要遵守“男右女左”的原则，星期天忌讳送东西给人，星期二忌讳做事，睡觉时，头必须朝着代表光明的东方等。

（三）主要国家礼仪禁忌

1. 美国

美国人讨厌蝙蝠，认为是凶神恶煞的象征。因此，凡有蝙蝠图案的旅游商品，不能向美国旅游者介绍销售，以免引起麻烦。

2. 英国

英国人忌用大象图案，把孔雀看作淫鸟、祸鸟。忌用人像作商品装潢。不要以百合花作礼物送人，百合花意味死亡。不要系杂色领带，以免与英国各学校的制服领带相仿。

3. 法国

法国洽谈贸易时，严忌过多谈论个人私事。法国人忌讳“13”以及“星期五”。忌讳男人向女人送香水。在法国，不得提出年龄、职业、婚姻状况、宗教信仰、政治面目，甚至个人收入等问题。如果初次见面就送礼，法国人会认为你不善交际，甚至认为粗俗。

4. 德国

忌用茶色、红色或深蓝色；忌食核桃，尊重传统和权威。与德国人打招呼时要带上头衔，如某博士、某教授等，切不可称呼名字。交谈中不要议论打垒球、篮球或美国式的橄榄球，最好谈德国的原野、个人的业余爱好和足球之类的体育项目。

5. 日本

日本人忌讳绿色，认为是不祥的颜色，忌讳荷花图案。赠送礼品时，勿赠数字为“4”和“9”的礼品。因日语中“4”发音近“死”，“9”发音与“苦”相似。

6. 印度

印度人奉牛为神圣，一般人忌用牛皮鞋或牛皮箱。在印度人心目中，孔雀和“神牛”一样，任何人不准伤害它。

第四节　涉外礼仪

一、东西方礼仪的差异

东方礼仪主要指中国、日本、朝鲜、泰国、新加坡等为代表的亚洲国家所具有的东方民族特点的礼仪文化。西方礼仪主要指流传于欧洲、北美各国的礼仪文化。

1. 在对待血缘亲情方面

东方人非常重视家族和血缘关系，“血浓于水”的传统观念根深蒂固，人际关系中最稳定的是血缘关系。

西方人独立意识强，相比较而言，不很重视家庭血缘关系，而更看重利益关系。他们将责任、义务分得很清楚，责任必须尽到，义务则完全取决于实际能力，绝不勉为其难。处处强调个人拥有的自由，追求个人利益。

2. 在表达形式方面

西方礼仪强调实用，表达率直、坦诚。东方人以“让”为礼，凡事都要礼让三分，与西方人相比，常显得谦逊和含蓄。

在面对他人夸奖所采取的态度方面，东西方人也不相同。面对他人的夸奖，中国人常常会说“过奖了”、“惭愧”、“我还差得很远”等字眼，表示自己的谦虚；而西方人面对别人真诚的赞美或赞扬，往往会用“谢谢”来表示接受对方的美意。

3. 在礼品馈赠方面

在中国，人际交往特别讲究礼数，重视礼尚往来，往往将礼作为人际交往的媒介和桥梁。东方人送礼的名目繁多，除了重要节日互相拜访需要送礼外，平时的婚、丧、嫁、娶、生日、提职、加薪都可以作为送礼的理由。

西方礼仪强调交际务实，在讲究礼貌的基础上力求简洁便利，反对繁文缛节、过分客套造作。西方人一般不轻易送礼给别人，除非相互之间建立了较为稳固的人际关系。在送礼形式上也比东方人简单得多。一般情况下，他们既不送过于贵重的礼品，也不送廉价的物品，但却非常重视礼品的包装，特别讲究礼品的文化格调与艺术品位。

同时在送礼和接受礼品时，东西方也存在着差异。西方人送礼时，总是向受礼人直截了当地说明："这是我精心为你挑选的礼物，希望你喜欢"，或者说"这是最好的礼物"之类的话；西方人一般不推辞别人的礼物，接受礼物时先对送礼者表示感谢，接过礼物后总是当面拆看礼物，并对礼物赞扬一番。而东方人则不同，中国人及日本人在送礼时也费尽心机、精心挑选，但在受礼人面前却总是谦虚而恭敬地说"微薄之礼不成敬意，请笑纳"之类的话。东方人在受礼时，通常会客气地推辞一番。接过礼品后，一般不当面拆看礼物，唯恐对方因礼物过轻或不尽如人意而难堪，或显得自己重利轻义，有失礼貌。

4. 在对待"老"的态度方面

东西方礼仪在对待人的身份地位和年龄上也有许多观念和表达上的差异。东方礼仪一般是老者、尊者优先，凡事讲究论资排辈。

西方礼仪崇尚自由平等，在礼仪中，等级的强调没有东方礼仪那么突出，而且西方人独立意识强，不愿老，不服老，特别忌讳"老"。

5. 在时间观念方面

西方人时间观念强，做事讲究效率。出门常带记事本，记录日程和安排，有约必须提前到达，至少要准时，且不应随意改动。西方人不仅惜时如金，而且常将交往方是否遵守时间当作判断其工作是否负责、是否值得与其合作的重要依据，在他们看来这直接反映了一个人的形象和素质。

遵守时间秩序，养成了西方人严谨的工作作风，办起事来井井有条。西方人工作时间和业余时间区别分明，休假时间不打电话谈论工作，甚至在休假期间断绝非生活范畴的交往。相对来讲，中国人使用时间比较随意，时间观念比较淡漠。包括改变原定的时间和先后顺序，中国人开会迟到，老师上课拖堂，开会作报告任意延长时间是经常的事。这在西方人看来是不可思议的，他们认为不尊重别人拥有的时间是最大的不敬。

6. 在对待隐私权方面

西方礼仪处处强调个人拥有的自由（在不违反法律的前提下），将个人的尊严看得神圣不可侵犯。在西方，冒犯对方"私人的"所有权利，是非常失礼的行为。因为西方人尊重别人的隐私权，同样也要求别人尊重他们的隐私权。

东方人非常注重共性拥有，强调群体，强调人际关系的和谐，邻里间的相互关心，问寒问暖，是一种富于人情味的表现。

二、涉外交往基本礼仪原则

礼仪的核心是尊重，不但尊重对方的人格，而且要尊重对方的民族文化、宗教信仰。由于各个国家和地区历史文化、宗教信仰、民族构成等方面的差异，在礼仪方面可谓千差万别，同时，在千差万别的礼仪中，大致而言还是有一定原则的。涉外交往基本礼仪原则有以下几种。

1. 服从国家大局

无论是谁，也无论是以怎样的形式，在涉外交往的时候，都要服从国家的相关规定，以国家大局为重，不能偏执己见，更不能因为个人利益而做出有损国家利益的行为。

2. 不卑不亢

商务人员的形象体现了国家和民族的尊严，不卑不亢是每一名涉外商务人员必须高度重视的大问题。因此，在涉外商务场所，言行应当从容得体、乐观坦承，既不畏惧自卑，也不狂傲自大。

3. 平等相待

在涉外交往时，不能过分排外，歧视异族，也不能崇洋媚外，对于交往的国家，不应有三六九等之分，即使政府之间关系平淡，甚至冷漠，但作为友人之间的交往，最好还是要平等待客。尊重不同的文化，尊敬所访问的国家或者是来访的外国宾客的文化习俗，面对宗教、文化、习俗不同的国家，在商务交往时，要采取求同存异的原则。

4. 要懂得欣赏差异

到其他国家去要带着开明的心态，即使前往的国家不如自己的国家富裕。对自己生活的地方感到自豪没有什么错，但是自夸和比较并不能达到预期目标，不会帮助你成功地建立人际关系。当你到一个公共场所，那里所有的人都说另一种语言，你就很容易忘记周围的人可能会有人听得懂你的语言，因此要时刻保持自己在语言上的风度。

5. 信守约定

遵时守约，在国际交往中是取信于人的一项基本要求。在现代社会，信誉就是效率，信誉就是形象。所以，涉外商务人员在国际交往中，必须认真严格遵守自己的所有承诺，说话务必算数，许诺一定要兑现，约会一定要守时。

（1）谨慎许诺。在涉外交往中，许诺必须谨慎，量力而行，以免因做不到而失信。

（2）如约而行。承诺一旦做出，必须要兑现，尽可能不对自己已有的约定进行任意变动，随心随意做出解释。

（3）失约致歉。如果由于难以抗拒的因素致使失约，要第一时间通知对方，并郑重其事地做出道歉，不能一再推诿，避而不谈。

6. 保守机密

商务人员在涉外交往中，要小心翼翼，慎言慎行，以防止国家和商业秘密泄露，被居心叵测的人利用。

7. 要灵活有耐心

性格死板的人在商务活动中往往会遇到困难。在新的环境中，应该尝一尝新的食品，学一学新的言谈举止。开始时，可能由于不熟悉这些新的举止，你会觉得“很可笑”，但一定要坚持下去，即使你学得不太好，当地的主人也会赞赏你积极尝试的态度。

8. 热情有度

所谓热情有度，是指要对交往对象热情友善，又要注意度，不能有碍于人，影响于人，骚扰于人。

（1）关心有度。由于大多数外国人都强调个性独立，绝对自由，过分的关心会让人感觉碍手碍脚、多管闲事，所以要礼待外国客人，不该关心的事不能关心。

（2）距离有度。中国人讲究亲密无间，外国人则主张人与人之间的关系和场合不同时，距离应该有别，与对方距离过近，会让对方产生被“侵犯”、不自在的感觉；距离过远，又使对方感觉被冷遇。

9. 三思而后“说”

当对方使用与我们不同的语言时，就会减弱沟通渠道的作用，而且很容易产生误会。当微妙的商业谈判处于危险的境地的时候，翻译的作用是至关重要的。如果你需要翻译来帮助你同来自其他国家的人沟通，要看着对方直接跟对方说，而不是跟翻译说。如果你不用翻译的话，要使用简单直接的言语方式。幽默是一种主观的行为，很多笑话和俚语都很难翻译得原汁原味，这可能会带来混乱和冒犯。一定不要说诸如政治、宗教这类比较有争议的话题，除非是东道主首先提到这个话题。

10. 女士优先

女士优先是国际社会公认的一条重要的礼仪原则，在西方国家更是如此。这要求一个成年男子，在社交场合都要尽一切可能来尊重妇女、照顾妇女，并做好准备，随时挺身而出为妇女排忧解难。

三、国际交往中的见面礼仪

（一）见面礼的类别

世界上见面礼的类型很多，如跪拜礼、拱手礼、握手礼、鞠躬礼、亲吻礼、拥抱礼、合十礼、点头礼、举手礼、脱帽礼、名片礼、碰鼻礼等。其中中国常见的见面礼有：传统的跪拜礼，现在的拱手礼、握手礼。西方常见的见面礼有：握手礼、亲吻礼、拥抱礼。当我们在国外进行商务活动时，一定要注意见面礼的东西方差异，莫因习俗的不同而因小失大丢了生意。

握手礼的起源可追溯到上古，人们在交往时为了向对方证明自己没有恶意，就伸出手掌让对方抚摸手心，以示友好。这种习惯逐渐演变成常用的见面礼。有关亲吻来历流传最广的说法是，古罗马时严禁妇女喝酒，男子外出归来，常常要检查一下妻子是否饮酒，便凑到她的嘴边闻一闻，嗅一嗅。这样沿袭下来。夫妇把嘴凑到一起的举动逐渐成为夫妇见面时的第一道礼节。后来，这种礼节逐渐普及，范围逐渐扩大，终于演化成今天的接吻礼。

日本人的见面礼节则是鞠躬，鞠躬越深越有礼貌。一般初次见面时行 90 度鞠躬，同时相互问候，经常挂在嘴边的问候语是“您早”、“请多关照”等。

泰国 90%以上的人信仰佛教，泰国人见面一般都行合十礼，手掌相合，置于颏的下方，稍稍低头，相互说一声“沙越里”，也就是“安乐吉祥”之意。

印度是四大文明古国之一，民族和宗教成分复杂，大多数印度人见面时用合十礼，相互问好。在北部，弯下腰用右手触摸长者的脚表示尊敬。

就吻礼而言，常见的有吻面礼、吻手礼。吻面礼，又称亲吻礼，一般来说，长辈与晚辈亲吻的话，长辈吻晚辈的额头，而晚辈吻长辈的下颌，同辈人或兄弟姐妹亲吻的话，只能相互贴一贴面颊。吻手礼，即男士亲吻女士的手背或手指，吻手礼的接受只限于已婚的女性，男士以右手或双手轻轻抬起女士的右手，俯身弯腰用微闭的双唇，象征性去轻触一下女士的手背或手指。

具体在吻的方式上各国之间也有差别，如同样是吻面，有礼貌的英国人通常只吻一次（在右面颊），法国人吻两次（左边、右边各一次），而充满激情的比利时人吻三次（左边，右边，再左边）；而沉默寡言的德国人似乎很少吻人的面颊，同意大利人和西班牙人类似，德国人更喜欢吻女性的手；波兰盛行吻手礼，他们认为吻手象征着高贵，连街头执勤的女警，也要求人们行吻手礼。欧洲人非常注重礼仪，他们并不习惯与陌生人或初次交往的人行拥抱礼、接吻礼、面颊礼等，所以初次与他们见面，还是以握手礼为宜。

而且，对那些愿意吻人的男性而言，需要注意的是，当你吻女性的手或面颊时，实际上你不能碰到她们的皮肤，只是在距离她们手或面颊皮肤某些毫米（一英寸距离）的地方空吻就行了。

（二）东西方会见礼的异同

东西方会见礼中的一些通行礼仪有以下几种。

1. 会见前

会见前，接到请柬、邀请信或口头的邀请，能否出席要尽早答复确认。对注有R. S. V. P（请答复）字样的，无论出席与否，均应迅速答复；注有“Regrets only”（不能出席请复）字样的，在不能出席时才回复，但也应及时回复；经口头约妥再发来的请柬，上面一般注有“To remind”（备忘）字样，只起提醒作用，可不必答复；答复对方，可打电话或复以便函；在接受邀请之后，不要随意改动，万一遇到特殊情况不能出席，尤其是主宾，应尽早向主人解释、道歉，甚至亲自登门表示歉意；应邀出席一项活动之前，要核实宴请的主人、活动举办的时间地点、是否邀请了配偶以及主人对着装的要求等情况；活动多时更应注意，以免出现走错地方，或主人未请配偶却双双出席等尴尬。

2. 会见过程

在会见过程中，在涉外场合介绍他人时，应把身份低、年纪轻的先介绍给身份高、年纪大的，把男子先介绍给女士，而且介绍时，除女士和年长者外，一般应起立，但在会谈桌上、宴会桌上可不必起立，被介绍者只要微笑点头示意即可。

会见过程中的入座礼仪有：

- 应邀出席重大的涉外政务、公务、商务活动或隆重的仪式活动，须服从礼宾次序安排；
- 入座前，预先了解自己的桌次和座次；
- 入座时注意桌上座位卡是否写着自己的名字，忌鲁莽或随意入座；
- 女性入座时应注意姿态端正并整理裙装；
- 在条件许可时应从坐椅的左侧入座；
- 入座时如遇邻座是身份高者、年长者、妇孺、残疾人士，应主动礼让或协助他们先坐下。

会见过程中的交谈礼仪包括：

- 谈话的表情要自然、亲切，表达得体。说话时可适当做些手势，但动作不要过大，更不要手舞足蹈，不要用手指指人。与人谈话时，忌与对方距离太远或过近。谈话时不要唾沫四溅。参加别人谈话要先打招呼，别人在个别谈话时，不要凑前旁听或插话。有人与自己主动说话，应乐于交谈。第三者参与谈话，应以握手、点头或微笑表示欢迎。发现有人欲与自己谈话，可主动询问。谈话中遇有急事需要处理或需要离开，应向谈话对方打招呼，表示歉意。

- 谈话要照顾在场的所有的人。现场有多人时，注意与在场的所有人攀谈，忌只与一两个人说话，不理会在场的其他人，或仅与个别人谈两个人知道的事而冷落其他人。

- 交谈时要给别人发表意见的机会，别人说话，也应适时发表个人看法。善于聆听对方谈话，不轻易打断他人的发言。一般不提与谈话内容无关的问题。如对方谈到一些不便谈论的问题，不对此轻易表态，可转移话题。在相互交谈时，目光应得体，注视对方，以示专心。对方发言时，忌伸懒腰、看手表、玩物品、左顾右盼、心不在焉、注视别处等漫不经心的样子或动作。

- 交谈中不涉及他人隐私，尤其是不问收入、不问女士年龄；主动回避敏感问题，如宗教信仰、人权、当事国的内政事务等；谈话的内容不涉及疾病、死亡等不愉快的事情；不谈一些荒诞离奇、耸人听闻、黄色淫秽的事情；对方不愿回答的问题不要追根问底；无意中谈起对方反感的问题或发现对方对自己谈论的话题不感兴趣时，立即转移话题；不批评、议论长辈或身份高的人员。

四、涉外赠送礼仪

（一）选择礼物

涉外交往的馈赠更多是为了表示对他人的祝贺、慰问、感谢的心意，因此在选择礼品时应挑选具有一定纪念意义、民族特色，或具有某些艺术价值，或为受礼人所喜爱的纪念品、食品、花束、书籍、画册、一般日用品等。事先了解收礼人的性格、爱好、修养，以及所在国的习俗等，因人而异。

（二）讲究礼品包装

国外非常讲究礼品包装，礼品一定要用彩色纸包装，然后用丝带系成漂亮的蝴蝶结或梅花结。在信奉基督教的国家里，礼品包装要避免把彩带结成十字交叉状。

（三）对等平衡

注意送礼双方身份的对等，双方身份和礼品规格要一致。送礼要讲究平衡，有多方外国友人在场的情况下尤其要注意，避免厚此薄彼。

（四）送花时应考虑到花的寓意、颜色及数目

最好送外宾所在国的国花及相应的辅花，花束大小应视场面大小及宾主之间的关系而定，花枝的数量以单数为宜，但忌13枝。要注意外方的禁忌。德国人认为郁金香是没有感情的花；日本人认为荷花是不吉祥之物；菊花在意大利和南美洲各国被认为是妖花；在法国黄色的花被认为是不忠诚的表示；绛紫色的花在巴西一般用于葬礼。

（五）涉外受礼的礼仪

1. 握手致谢

在参加各种涉外交往中，当接受宾朋的礼品时，应恭敬有礼地双手接过，并握手致谢。

2. 适当赞美

许多欧美人，喜欢别人接受礼品时，打开包装亲眼欣赏并赞美一番。此时，我

们可仿效他们的做法，适时赞誉礼品，以表示自己的感谢之情。

收到寄来的或派人送来的礼品，应及时复寄一张名片或简函，以示谢意。

游戏互动

1. 乾隆五十八年（1793 年）英国政府派马戛尔尼来中国，想以给乾隆皇帝祝寿的名义，与中国建立稳定的商务关系。带了许多礼物，据说价值一万三千英镑。乾隆帝却以为是来向他进贡祝寿的，旨称英使为“贡使”、礼品为“贡品”，并在其车船上插着“英国特使进贡”的旗子。……在避暑山庄的万寿庆典上，英使会见乾隆帝的礼仪成为双方反复争论的焦点：清朝要求马戛尔尼行三跪九叩礼，以表示英国的“臣服”；而马戛尔尼行的是什么礼节呢？——单膝跪礼。马戛尔尼拒绝行三跪九叩礼，只同意行单膝跪礼，并提出通商的要求。而乾隆帝认为向英国这种“蛮邦”只配向我天朝大国朝贡，单膝跪礼和通商要求都不合天朝体制，断不可行。于是乾隆向英王发出回书，对英王的要求，逐条批驳，断然拒绝。这标志着马戛尔尼使团访华失败。

从这件事的表面看，导致马戛尔尼使团访华失败的原因就是一个跪拜的礼节。但在这次礼仪之争的背后传递的是时代和文化的内涵。

2. 情景模拟实训，请同学上来表演，大家一起思考，为什么会这样呢?

请同学分角色表演下列情景，并思考其中所出现的礼仪失误是如何造成的。

有一位先生为一位外国朋友订做生日蛋糕。他来到一家酒店的餐厅，对服务小姐说：“小姐，您好，我要为我的一位外国朋友订一份生日蛋糕，同时打一份贺卡，你看可以吗?”小姐接过订单一看，忙说：“对不起，请问先生，您的朋友是小姐还是太太?”这位先生也不清楚这位外国朋友结婚没有，从来没有打听过，他为难地抓了抓后脑勺想想说：“小姐？太太？一大把年纪了，太太。”

生日蛋糕做好后，服务员小姐按地址到酒店客房送生日蛋糕，敲门，一女子开门，服务员小姐有礼貌地说：“请问，您是罗格太太吗?”女子愣了愣，不高兴地说：“错了!”服务员小姐丈二和尚摸不着头脑，抬头看看门牌号，再回去打个电话问那位先生，没错，房间号码没错。再敲一遍，开门，“没错，罗格太太，这是您的蛋糕。”那女子大声说：“告诉你错了，这里只有罗格小姐，没有罗格太太。”啪一声，门被大力关上，蛋糕掉地。

3. 情景模拟实训，请同学分角色表演下列情景，并思考所带给我们的是什么启发。

18 世纪的一天深夜，一位有钱的英国绅士，走在回家的路上，被一个蓬头垢面衣衫褴褛的小男孩儿拦住了。“先生，请您买一包火柴吧!”小男孩儿说道。“我不买。”绅士回答说，接着躲开男孩儿继续走。“先生，请您买一包吧，我今天还什么东西也没有吃呢。”小男孩儿追上来说。绅士看到躲不开男孩儿，便说：“可是我没有零钱呀。”

“先生，你先拿上火柴，我去给你换零钱。”说完男孩儿拿着绅士给的一个英镑快步跑走了。绅士等了很久，男孩儿仍然没有回来，绅士无奈地回家了。

第二天，绅士正在自己的办公室工作，仆人说来了一个男孩儿要求面见绅士。于是男孩儿被叫了进来，这个男孩儿比卖火柴的男孩儿矮了一些，穿的更破烂。“先生，对不起了，我的哥哥让我给您把零钱送来了。”

“你的哥哥呢？”绅士问道。

“我的哥哥在换完零钱回来找你的路上被马车撞成重伤了，在家躺着呢。”

绅士深深地被小男孩儿的诚信所感动，“走！我们去看你的哥哥！”

去了男孩儿的家一看，家里只有他们的继母在招呼受到重伤的男孩儿。一见绅士，男孩连忙说：“对不起，我没有给您按时把零钱送回去，失信了！”

绅士却被男孩的诚信深深打动了。当他了解到两个男孩儿的亲父母都双亡时，毅然决定把他们生活所需要的一切费用都承担起来。

拓展阅读

世界各国送鲜花的禁忌

山茶花忌：日本人在探望病人时，忌用山茶花、仙客来、淡黄花及白花。因为山茶花凋谢时整个花头落地，不吉利；仙客来花，日本念为“希苦拉面”，而“希”同日文的“死”发音相同；淡黄花与白花，多为日本人不喜欢。

荷花忌：印度人，忌以荷花作馈赠品，因为印度人多以荷花为祭祀之花。

白花忌：在欧洲，人们以花为礼时，除生日与命名日之外，一般忌用白色鲜花。

香花忌：一些欧洲国家的人，在探望病人时，往往忌用香气浓烈的或具有特殊象征意义的鲜花。送给中年人的，忌用小花；送给年轻人的，忌用大花。

盆花忌：在通常以花为礼的交往中，许多欧洲人爱用切花，忌用盆花，但在复活节之际，可用盆栽的风信子为礼。

菊花忌：在欧洲许多国家，人们忌用菊花为礼。传统习俗认为：菊花是墓地之花。日本人忌用菊花作室内装饰，认为菊花是不吉祥的。

双花忌：波兰人与罗马尼亚人以花为礼时，所用的花束必须是单数，即使一枝也可，忌讳双数，但罗马尼亚人的生日除外。

干花忌：除人造花之外，波兰人忌送干花或枯萎的花。波兰人认为，送干花或枯花，意味着情谊的终结。

郁金香忌：德国人往往忌以郁金香为馈赠品。他们认为它是无情之花。

黄玫瑰忌：英国人忌以黄玫瑰为礼花。英国传统习俗认为，黄玫瑰象征亲友分离。

黄花忌：法国人往往忌送黄花。法国传统的习俗认为：黄色花象征着不忠诚。

妖花忌：许多拉丁美洲人，将菊花视为“妖花”，他们忌用菊花装饰房间，忌以菊花为礼。

紫花忌：巴西人忌用绛紫色的花为礼，因为巴西人惯以紫花为葬礼之花。

沟通技巧实务

第二章

导读

本章主要内容为沟通技巧实务，重在训练有效沟通技巧，分为有效倾听、有效交谈、团队沟通和跨文化沟通四节。其中，第一节设置了“我还要回来”、“考考谁的心算能力最强”、“听到什么”、“海璐到底想说什么”、“商店打烊时”、“身体语言传信息”、主动倾听技巧自测”等7个技能训练项目和游戏互动、知识竞答等趣味环节；第二节设置了“观测哈雷彗星的传话”、“用换位思考的方式交谈”、“如此面试”、“用幽默应对尖锐的交谈”、“晚归的丈夫”、“积极的表达”、“用积极的语言来表达”和“和组长的面谈”等8个技能训练项目以及游戏互动、知识竞答等游戏环节；第三节设置了“墨子师徒的沟通”、“摩托罗拉公司的有效沟通”、“如何Team Work”、“研发部的梁经理”、“双输的沟通”、“角色模拟——企业上下级沟通与平级沟通”等6个技能训练项目以及游戏互动、知识竞答等游戏环节；第四节设置了“我叫陈阿土”、“为什么不给我机票”、“沉默的力量”、“全球服务项目和企业学院”和“理解文化的差异”等5个技能训练项目以及游戏互动、知识竞答等游戏环节。本章相关教学资源可扫描二维码进行观看和学习。

第一节　有效倾听

有些同学可能会感到疑惑，倾听也算是沟通吗？听人说话是再简单不过的事情了，有技巧可言吗？

听＝倾听吗？

倾听是指用心、用眼、用耳朵去听。

情境导入　大难不死的美国人缘何自杀?!

那是一个圣诞节，一个美国男人为了和家人团聚，兴冲冲从异地乘飞机往家赶。一路上幻想着团聚的喜悦情景。恰恰老天变脸，这架飞机在空中遭遇猛烈的暴风雨，飞机脱离航线，上下左右颠簸，随时随地有坠毁的可能，空姐也脸色煞白，惊恐万状地吩咐乘客写好遗嘱放进一个特制的口袋。这时，飞机上所有人都在祈祷，也就是在这万分危急的时刻，飞机在驾驶员的冷静驾驶下终于平安着陆，于是大家都松了口气。这个美国男人回到家后异常兴奋，不停地向妻子描述飞机上遇到的险情，并且在满屋子转着、叫着、喊着……

然而，他的妻子正和孩子兴致勃勃分享着节日的愉悦，对他经历的惊险没有丝毫兴趣。男人叫喊了一阵，却发现没有人听他倾诉，他死里逃生的巨大喜悦与被冷落的心情形成强烈的反差，在他妻子去准备蛋糕的时候，这个美国男人却爬到阁楼上，用上吊这种古老的方式结束了从险情中捡回的宝贵生命。

资料来源：改编自百度文库《倾听的意义》. http：//wenku. baidu. com/view/66ad8057804d2b160b4ec088. html

人在内心深处，都有一种渴望得到别人尊重的愿望。倾听是一项技巧，是一种修养，甚至是一门艺术。学会倾听应该成为每个渴望事业有成的人的一种责任，一种追求，一种职业自觉。倾听也是优秀人才必不可缺的素质之一！

沟通的四大媒介（听、说、读、写）中，花费时间最多的是在听别人说话。有人统计：工作中每天有70％以上的时间花在各种形式的沟通上，而用于沟通的时间中有45％是用来倾听的。绝大多数人天生就有听力（听得见声音的能力），但听得懂别人说话的能力，则是需要后天学习才会具备的。

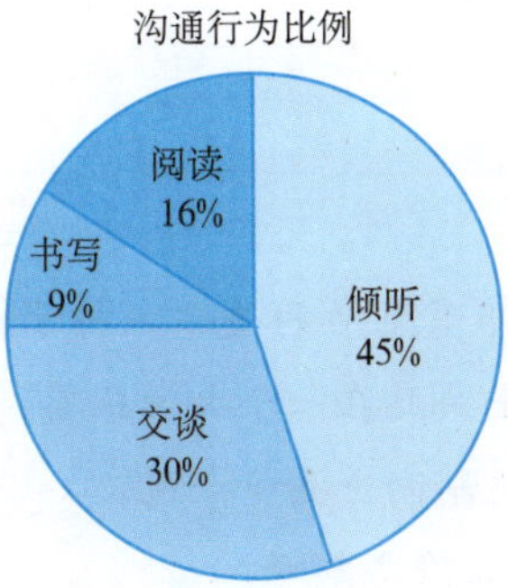

技能训练

训练项目一：我还要回来

美国知名主持人林克莱特有一天访问一名小朋友，问他说："你长大后想要当什么呀？"小朋友天真地回答："嗯……我要当飞机的驾驶员！"林克莱特接着问："如果有一天，你的飞机飞到太平洋上空时所有引擎都熄火了，你会怎么办？"小朋友想了想："我会先告诉坐在飞机上的人绑好安全带，然后我挂上我的降落伞跳出去。"当在场的观众笑得东倒西歪时，林克莱特继续注视着这孩子，想看他是不是自作聪明的家伙。没想到，接着孩子的两行热泪夺眶而出，这才使得林克莱特发觉这孩子的悲悯之心远非笔墨所能形容。于是林克莱特问他说："为什么你要这么做？"小孩的答案透露了这个孩子真挚的想法："我要去拿燃料，我还要回来！！！"

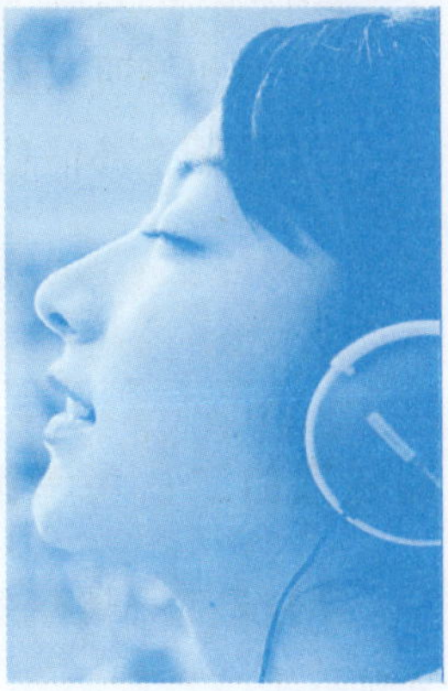

请讨论：

1. 为什么观众会笑得东倒西歪？
2. 如果林克莱特没有继续追问孩子，结果会怎样？
3. 在我们的沟通中有何启示？

一、倾听的重要性

- 获取重要信息；
- 给予对方高度的尊重；
- 激发对方的谈话欲望；

- 掩盖自身弱点；
- 善听才能善言；
- 可以获得信任和友谊。

【故事】巴顿尝汤

巴顿将军为了显示他对部下生活的关心，搞了一次参观士兵食堂的突然袭击。在食堂里，他看见两个士兵站在一个大汤锅前。

“让我尝尝这汤！”巴顿将军向士兵命令道。

“可是，将军……”士兵正准备解释。

“没什么‘可是’，给我勺子！”巴顿将军拿过勺子喝了一大口，怒斥道：“太不像话了，怎么能给战士喝这个？这简直就是涮锅水！”

“我正想告诉您这是刷锅水，没想到您已经尝出来了。”士兵答道。

二、倾听的原则

- 倾听者要适应讲话者的风格；
- 倾听不仅要用耳朵听，用眼睛看，还要用心感受；
- 在倾听的过程中要站在对方角度看问题，要理解对方；
- 表现出倾听兴趣，鼓励对方表达自己；
- 要聆听全部信息。

技能训练

训练项目二：考考谁的心算能力最强！

汤姆开了一辆公交车，车上有28名乘客，到了第一站，上了5名，下了3名；又到一站，上了10名，下了2名；下一站没上人，下了4名；又到一站，上了2名，下了7名；下一站，上了3名，没有下车的；下一站就是终点站。请问……（停顿十秒钟），

公交车一共经过多少站？

请分析：你能准确回答出问题的答案吗？

为什么大家都认真听了，却回答不出培训师的问题？

对于抢答的同学，为什么你没有耐心听完培训师的问题呢？

倾听对我们来说有什么重要性？

三、倾听的层次

- 听而不闻；
- 假装在听；
- 选择性地听；
- 专注地听；
- 设身处地地听。

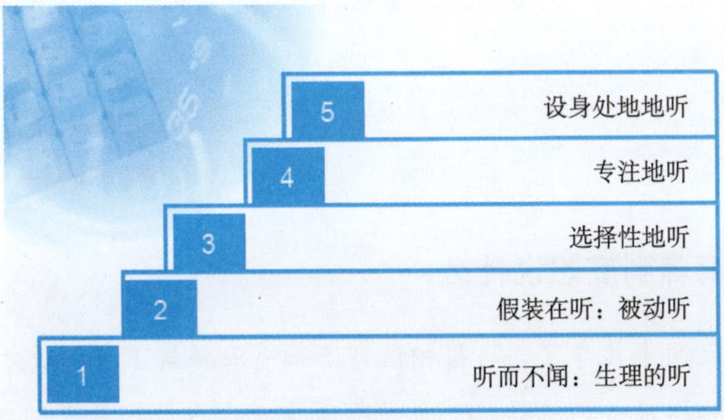

事实上，大概60%的人只能做到第一层次的倾听，30%的人能够做到第二层次的倾听，15%的人能够做到第三层次的倾听，达到第四层次水平上的倾听仅仅只有至多5%的人能做到了。我们每个人都应该重视倾听，提高自身的倾听技巧，学会做一个优秀的倾听者。作为优秀的倾听者，从对员工或者他所说的内容表示感兴趣，开始不断地创建一种积极、双赢的过程。

技能训练

训练项目三：听到什么

王磊私下对阿杜说："我真的不知道该怎么办？我老是犯错，老板对我很不高兴，已经骂我好几次了。"

请分析阿杜的五种不同回答，分别处于倾听的哪个层次，同时说明每个回答存在的问题是什么。

A. 不要紧，你最近比较倒霉，犯错总是难免的。

B. 你到底犯了哪些错？

C. 你可以把你的心情告诉老板啊！

D. 这样啊……对于这个情况，你有什么看法呢？

E. 你的老板骂你是对的，你应该自己反省一下。

基金与鸡精

老婆："你买鸡精（基金）吗？"

丈夫："鸡精？咱家里不是还有鸡精吗？"

老婆：（没有回答，接着自顾自地说）"我打算买5000的基金……"

丈夫：（汗！～）"老婆，你买5000块鸡精做什么啊？咱家里不是还有鸡精吗？再说也不用买5000啊。"

老婆：??????

丈夫：……

训练项目四：海璐到底想说什么

马莉和海璐做同事几年了，马莉相信自己知道海璐接下来要说什么。

海璐：我不知道应如何选择，如果没有至少三个人来回复求助电话的话……

马莉：你应该转移所有的电话到服务器，保留号码，这样就会少处理一些电话了。再说我们今年没有招新人的计划，其他岗位的同事也很忙！

海璐：你让我说完，我是说我们至少需要三个人在岗位上接电话以保证客户服务的信息能准时接听，现在上午人员安排超过5个人，而过了5：00就没人接电话了。我们是否可以尝试将人员分开安排两个班次，这样就没问题了。

请分析马莉的倾听存在什么问题？如何改进？

四、倾听的障碍

- 环境障碍
- 生理障碍
  - ☆ 发出的信息质量低下；
  - ☆ 遗忘；
  - ☆ 听力受损及生理差异。

- 心理障碍
  - ☆ 注意力不集中或厌倦疲劳；
  - ☆ 急于发言，缺乏倾听的习惯；
  - ☆ 武断，以为自己知道对方想说什么；
  - ☆ 排斥异议，不能接受不同观点；
  - ☆ 心理定势，某些经验或者偏见影响；
  - ☆ 先入为主的观念；
  - ☆ 没有回应或消极的身体语言；
  - ☆ 感情过滤，只听想听到的。

平均每个人接收并保持的信息只占听到的50%～65%，两天之后就只记得25%了，甚至有些人会完全遗忘。

技能训练

训练项目五：商店打烊时

本项目是一个简单的倾听测试。老师将说一个情节，学生根据听到的内容迅速对习题一的12个判断题圈出自己的选择。认为正确的就圈出“T”，错误的就圈出“F”，不能确定的就圈出“?”。

习题一：商店打烊时

请不要耽搁时间	正确	错误	不知道
1. 店主将店堂内的灯关掉后，一男子到达	T	F	?
2. 抢劫者是一男子	T	F	?
3. 来的那个男子没有索要钱款	T	F	?
4. 打开收银机的那个男子是店主	T	F	?
5. 店主倒出收银机中的东西后逃离	T	F	?
6. 故事中提到了收银机，但没说里面具体有多少钱	T	F	?
7. 抢劫者向店主索要钱款	T	F	?
8. 索要钱款的男子倒出收银机中的东西后，急忙离开	T	F	?
9. 抢劫者打开了收银机	T	F	?
10. 店堂灯关掉后，一个男子来了	T	F	?
11. 抢劫者没有把钱随身带走	T	F	?
12. 故事涉及三个人物：店主，一个索要钱款的男子，以及一个警察	T	F	?

完成习题一后，再请完成习题二，请学生根据刚才说的情节进行判断，圈出自己的选择。认为正确的就圈出“T”，错误的就圈出“F”，不能确定的就圈出“?”。请不要受习题一的影响。

习题二：商店打烊时

某商店刚关上店里的灯，一男子来到店堂并索要钱款，店主打开收银机，收银机内的东西被倒了出来而那个男子逃走了，一位警察很快接到报案。

仔细阅读下列有关故事的提问，并在“正确”、“错误”或“不知道”中作出选择，划圈。

请不要耽搁时间	正确	错误	不知道
1. 店主将店堂内的灯关掉后，一男子到达	T	F	?
2. 抢劫者是一男子	T	F	?
3. 来的那个男子没有索要钱款	T	F	?
4. 打开收银机的那个男子是店主	T	F	?
5. 店主倒出收银机中的东西后逃离	T	F	?
6. 故事中提到了收银机，但没说里面具体有多少钱	T	F	?
7. 抢劫者向店主索要钱款	T	F	?
8. 索要钱款的男子倒出收银机中的东西后，急忙离开	T	F	?
9. 抢劫者打开了收银机	T	F	?
10. 店堂灯关掉后，一个男子来了	T	F	?
11. 抢劫者没有把钱随身带走	T	F	?
12. 故事涉及三个人物：店主，一个索要钱款的男子，以及一个警察	T	F	?

最后公布答案。

习题：商店打烊时（答案）

1. 店主将店堂内的灯关掉后，一男子到达	? 商人不等于店主
2. 抢劫者是一男子	? 不确定，索要钱款不一定是抢劫
3. 来的那个男子没有索要钱款	F
4. 打开收银机的那个男子是店主	? 店主不一定是男的
5. 店主倒出收银机中的东西后逃离	?
6. 故事中提到了收银机，但没说里面具体有多少钱	T
7. 抢劫者向店主索要钱款	?
8. 索要钱款的男子倒出收银机中的东西后，急忙离开	?
9. 抢劫者打开了收银机	F

10. 店堂灯关掉后，一个男子来了 T

11. 抢劫者没有把钱随身带走 ?

12. 故事涉及三个人物：店主，一个索要钱款的男子，以及一个警察 ?

请讨论：

1. 前后两次你的选择一样吗?
2. 在整个的训练过程中，是什么影响了你的正确判断?
3. 如何克服倾听中的障碍?

克服倾听中的障碍

- 选择适宜的沟通环境，避免不良环境影响倾听；
- 倾听者要集中注意力，必要时做简要记录，对信息最大化接受；
- 及时沟通，对相关信息及时提问和确认；
- 克服情感因素和思维定势的影响，加强解码过程中的信息接收；
- 不随便打断对方，让对方把话说完。

五、积极倾听的技巧

- 使用目光接触；
- 积极的行动反馈：表现出积极鼓励的身体语言；
- 避免出现分心的举动；
- 要提出意见，以显示自己不仅在充分聆听，而且在思考；
- 用自己的话重复对方所说的内容；
- 要有耐心地听完，不随便插话；
- 不妄加批评和争论；
- 顺利实现听众与讲话者的角色转换。

技能训练

训练项目六：身体语言传信息

下列动作和表情传达了什么心理状态和信息?

要达到最有效的人际沟通，除具备说话的技巧之外，还要学习到以下的六种技巧才行。

- 手势

拍手——高兴　捶胸——悲痛

挥拳——愤怒　鼓掌——认同

摩掌——期待　手相握——急躁

摊开手——真诚、坦然无可奈何

手挠后脑勺——尴尬、为难、不好意思

双手叉腰——挑战、示威、自豪

双手放在背后——指导心态、优势地位

环抱双臂——不欣赏、不同意或防御

轻拍背部——鼓励或同情

扭绞双手——紧张、不安或害怕

- 头部

点头——同意　摇头——否定

昂首——骄傲　垂头——沮丧

侧看——不服

- 面部表情

眉毛上扬——不相信或惊讶

咬嘴唇——紧张、害怕或焦虑

皱眉——疑惑、不解或不同意

正视对方——友善、关注、诚恳、自信或感兴趣

- 两腿姿势

两腿分开——稳定和自信

两腿交叉——害羞胆怯或不热情、不融洽

并拢双腿——正经、严肃和拘谨

坐在椅子边上——不安、厌恶或警觉

懒散地坐着——无聊或轻松一下

向前倾——注意或感兴趣

训练项目七：主动倾听技巧自测

主动倾听技巧自测题

问题	分数				
1. 知道倾听时应选择安静、平和的环境	5	4	3	2	1
2. 知道在倾听时应避免盛气凌人的态度	5	4	3	2	1
3. 知道倾听时应该避免心存偏见	5	4	3	2	1
4. 知道人们习惯于关注自我，总认为自己才是对的	5	4	3	2	1
5. 倾听时尽可能了解说话者所要传达的内容	5	4	3	2	1
6. 知道不恰当地使用省略语会造成不良的倾听	5	4	3	2	1
7. 倾听时注意保证信息的质量	5	4	3	2	1
8. 倾听时多用少说	5	4	3	2	1
9. 针对具体的行为或事实进行反馈	5	4	3	2	1
10. 与说话者建立信任关系	5	4	3	2	1
11. 让对方讲述完整，不打断说话者的谈话	5	4	3	2	1
12. 知道做笔记不但有助于聆听，而且有集中话题和取悦对方的优点	5	4	3	2	1
13. 用眼神、点头或摇头等身体语言鼓励信息传递者传递信息和要求别人倾听你的发言	5	4	3	2	1
14. 知道事前明确倾听目的将促使我们积极参与人际交流	5	4	3	2	1
15. 能顺利地转换说话者和倾听者的角色	5	4	3	2	1
16. 沟通中能保持平和的心态，不将其他的人或事牵扯进来	5	4	3	2	1
17. 能关注中心问题，不使自己的思维迷乱	5	4	3	2	1

说明：

首先认真审读表格中的各项陈述，并根据自己的情况为自己打分，分为完全符合（5分）、大部分符合（4分）、基本符合（3分）、大部分不符合（2分）和完全不符合（1分）。

然后计算出自己的总得分，如果得分在65分或在65分以上，则倾听技巧用得十分好；如果得分在50分

与65分之间，则倾听技巧运用良好；如果得分在50分以下，则必须改进倾听技巧。

好和不好的倾听习惯

学会倾听是成功领导者的基本素质	
不好的倾听习惯	良好的倾听习惯
喜欢批评，打断对方谈话	了解对方的心理
表现出对话题没有兴趣	倾听时集中注意力
没有眼神的交流	创造谈话的兴趣
反应过于情绪化	观察对方的身体语言
只为了了解事实而听	辨析对方意思，并给反馈
注意力不集中	注意听取谈话者的全部意思

游戏互动

人　　数：8～10位组员

时　　间：30分钟

材　　料：眼罩及贴纸

场　　地：空地

游戏方法：

1. 让每位组员戴上眼罩。
2. 工作人员给予每位组员一个号码贴纸，组员不得告诉他人自己的号码。
3. 让组员根据每人的号数，从小到大顺序排成一条直线。
4. 整个过程不能说话，只要有人说话或脱下眼罩，工作人员即宣布游戏结束。

讨论题目：

1. 组员之间如何通知对方有关自己的位置及号数？
2. 沟通中遇到了什么问题，组员是怎样解决这些问题的？
3. 组员觉得有什么更好的沟通方法？

知识竞答

在每个题目给出的选项中，请仔细阅读，并把正确的说法选出来。

1. 虽然麦克的双眼盯着讲话者，脸上露出微笑并不时点头示意，给人留下了正在倾听的印象，但是交谈结束后他对交谈内容并不十分确定。这种倾听是属于(　　)。

A. 听而不闻　　B. 假装专心倾听

C. 选择性倾听　　D. 同理心地听

2. 词语是沟通与思维的工具，而多义词是有效倾听的潜在障碍。这个词对讲话者而言是这个意思，对倾听者来说却可能是另外一个意思。这说明(　　)。

A. 措词晦涩妨碍倾听效果　　B. 倾听的人理解能力太差

C. 语言内涵深厚　　D. 说话的人表达能力差

3. 身体障碍如疲惫、疾病以及听力差等也会影响有效倾听。人们的精力在一天中有低潮阶段和高潮阶段。这是影响倾听的(　　)。

A. 环境因素　　B. 心理因素

C. 生理因素　　D. 时间因素

4. 有效倾听表现为(　　)。

A. 集中精力，集中思想，积极思考　　B. 保持开放式姿势

C. 使倾听在一个宽松的氛围中进行　　D. 以上都是

5. 重复和提问的方式可以帮我们(　　)。

A. 核实所获信息正确与否

B. 为对方纠正你的错误提供机会

C. 有助于向信息提供者表达自己的兴趣所在

D. 以上方式都是

6. 下列造成倾听效果不佳的原因是(　　)。

A. 缺乏目光接触　　B. 声音缺乏活力

C. 话题准备不够　　D. 以上都是

7. 对良好的倾听原则表述不正确的是(　　)。

A. 用心感受　　B. 表现出兴趣

C. 不必适应讲话者风格　　D. 倾听完整信息

8. 倾听中的环境障碍是指(　　)。

A. 吵闹声　　B. 急于发言

C. 用心不专　　D. 排斥异议

9. 观察倾听者的身体语言对我们及时了解倾听者的状态非常必要。对方倾听时头向后仰，眯起眼睛，俯视自己，双手抱胸或叉腰，这属于(　　)。

A. 怀疑型表情　　B. 高傲型表情

C. 欺骗型表情　　D. 焦虑型表情

10. 如果你一时没有听懂对方的话或有疑问，应该(　　)。

A. 保持沉默　　B. 适当提问

C. 用“对，嗯”等话表示自己听到了　　D. 结束倾听离开

同学们，你都答对了么?

第二节　有效交谈

我们每天都在沟通，与他人进行交谈，是一种面对面的沟通。交谈方式不同沟通的效果也不同。

情境导入

“小林，你知道，今天下午我们有个非常重要的大客户要过来考察，我希望你的部门能做好充分准备。”

“是的，我明白，我想我会尽力的；但是你为什么不早点通知我呢？你要知道，我手下那些家伙是不太好对付的。”

“哦，我感到抱歉，我本应该这样做的。但是我一直都强调你们在平时就要加强工作纪律方面的整顿，难道你忘了这一点吗？”

“不，事情不是这么简单的”，小林说。“我承认你一直都在强调这一点，但是这一次的情况的确非比寻常，而且我真的需要时间。”

“等等！我理解你的处境，但是我现在是在向你分配工作，这是你的工作职责，你明白吗？”“什么，你竟然怀疑我对工作的负责程度？……”

一、有效交谈的基本要求

- 明确要说的内容和交谈的目的；
- 表达简明清晰，避免造成曲解；
- 充分了解沟通对象，换位思考；
- 真诚正向积极的交谈态度；
- 适应并幽默应对对方的情绪变化；
- 慎选合适时间；
- 准备适宜环境；
- 合理结束谈话。

技能训练

训练项目一：观测哈雷彗星的传话[①]

美军的一次部队的命令传递是这样的。

营长对值班军官：明晚大约 8 点钟左右，哈雷彗星将可能在这个地区看到，这种彗星每隔 76 年才能看见一次。命令所有士兵穿着野战服在操场上集合，我将向他们解释这一罕见的现象。如果下雨的话，就在礼堂集合，我为他们放一部有关彗星的影片。

值班军官对连长：根据营长的命令，明晚 8 点哈雷彗星将在操场上空出现。如果下雨的话，就让士兵穿着野战服列队前往礼堂，这一罕见的现象将在那里出现。

连长对排长：根据营长的命令，明晚 8 点，非凡的哈雷彗星将身穿野战服在礼堂中出现。如果操场上下雨，营长将下达另一个命令，这种命令每隔 76 年才会出现一次。

排长对班长：明晚 8 点，营长将带着哈雷彗星在礼堂中出现，这是每隔 76 年才有的事。如果下雨的话，营长将命令彗星穿上野战服到操场上去。

班长对士兵：在明晚 8 点下雨的时候，著名的 76 岁哈雷将军将在营长的陪同下身着野战服，开着他那彗星牌汽车，经过操场前往礼堂。

请讨论回答：

1. 为什么关于士兵收到的观测哈雷彗星的命令与营长的初衷差别那么大？
2. 在交谈中如何避免出现上述问题？

训练项目二：用换位思考的方式交谈

请把下列非换位思考的说法，改成换位思考的说法。例如：

非换位思考的说法

今天下午我们会把你们 9 月 21 日的订货装船发运。

换位方式：

你们订购的两集装箱服装将于今天下午装船，预计在 9 月 30 日抵达贵处。

①非换位方式：

我们很高兴授予你 5000 元信用额度。

换位方式：

____

① 改编自雅虎资讯：http：//yxk. cn. yahoo. com/articles/20100420/2qgv. html

参考回答：您的牡丹卡有5000元的信用额度。

②非换位方式：

我们为所有的员工提供健康保险。

换位方式：

____

参考回答：作为公司的一员，你会享受到健康保险。

③非换位方式：

你在发表任何以在该机构工作经历为背景的文章时，必须要得到主任的同意。

换位方式：

____

参考回答：本机构的工作人员在发表任何以次工作经历为背景的文章时，必须要得到主任的同意。

二、交谈时的常见错误

- 出现争辩时，把对方逼上绝路；
- 过于卖弄自己；
- 喋喋不休发牢骚诉说自己的不幸；
- 在朋友痛苦无助时，谈自己得意的事情；
- 用训斥的口吻去说别人；
- 随意触及隐私；
- 谈话时做一些不礼貌的动作；
- 只注重个人而冷落了他人；
- 随便地打断别人的谈话；
- 谈对方不懂的问题。

技能训练

训练项目三：如此面试

2012年11月高校招聘会上，杭州著名W集团销售岗位的20个招聘计划受到毕业生们的追捧。

面试官：派你到大西北工作，车子在戈壁滩上开几个小时见不到人咋办？

学生：既然选择了销售这个岗位，我做好了吃苦的准备，而且我对做销售很有兴趣。

面试官：销售不是有兴趣就能做的，需要能力。

面试官立刻否定了这位学生的说法。

学生：既然有兴趣，我一定会努力做好。

可是考官显然不满意。

面试官：起码从现在看，我觉得你的能力不行。

听到面试官直截了当的奚落，这位学生顿时满脸通红。而很多冲着W集团来的大学生都转身另觅其他公司求职。

请讨论：

1. 为什么很多冲着W集团来的大学生都转身另觅其他公司求职？

2. 面试官和学生的交谈过程有什么问题？

训练项目四：用幽默应对尖锐的交谈

1. 有人从鞋垫下拿出钱，收费员不高兴地说："你怎么把钱藏在鞋子里，是不是怕偷？"请你为此人设计一个幽默的回答。

参考回答："这东西过去一直压迫我，现在我也要压迫它。"

2. 夫妻吵架，丈夫愤怒地嚷道："我真后悔，早知道这样，我娶个魔鬼也比娶你强！"

请你设计一个幽默的回答。

参考回答："这是不可能的，你难道不知道吗？近亲结婚是不允许的。"

训练项目五：晚归的丈夫

丈夫又晚归，进门就嚷："炒盘蛋炒饭来吃吧！"

妻子很生气，没好气地回应："什么蛋炒饭，应该叫饭炒蛋，你说是饭多还是蛋多？"

"你说得对，是饭炒蛋。半夜三更的，别叫得那么大声。"

"半夜应是二更半，哪是三更。"丈夫又被顶了一句。

"你今天怎么了？怎么这么凶？是不是不满意我？"

"不满意你，你能怎么的？"妻子怒气更甚。

"不怎么的，不满意我你可以走嘛。"

"走就走！"乓的一声，妻子用力关上房门，开始怒气冲冲地收拾东西。

"好，你走好了，把你的东西全拿走，走了就不要再回来！"丈夫以为妻子做做样子而已，不由自主地火上浇油。

妻子收拾好行李后，发觉这深更半夜的，无处可去，忍不住坐在床边伤心地流泪，心里萌生退意。丈夫后悔说话不当，可又拉不下面子马上认错，只好可怜巴巴地坐在客厅的沙发上，等着妻子出来。

请讨论：在这种处境中，如果你处在妻子这个位置，你将采取何种行动？请尝试用幽默的方式来改变现状尴尬的局面。

参考回答： 朝客厅中的丈夫喊：“你赶快进来！”然后指着装好衣服的箱包命令：“老老实实地躺进去吧。”“干什么？”“我要把属于我的东西全带走。”（主动退让、幽默）

三、交谈效果的取决因素

交谈的效果取决于：

- （7%）你在说什么；
- （38%）你是怎么说的；
- （55%）你的身体语言。

技能训练

训练项目六：积极的表达

一位华侨老太太游武夷山时，不小心把自己心爱的长裙划破，顿时游兴大减，山路也不愿走了。

陪同的女导游见状，和颜悦色地说道：“你看，这是武夷山对你有情啊！她不想让你匆匆离开，想让你多看她几眼呢！”老太太听了，立即转忧为喜，站起来兴致勃勃地继续登山了。

请讨论分析：什么样的说法会让我们的交谈效果更好？（用积极的语言说）

训练项目七：用积极的语言来表达

需要改进的语言	更积极有效的表达形式
你在预算报告中所犯的错误必须立即加以补救	
你与同事之间的问题已经影响到了工作……	
让我告诉你这件事你应该怎么处理……	
在这件事上你大错特错了……	
你为什么不早点告诉我这件事情的真相呢？	
不要再说了，我很快把他做完就是了！	

四、交谈中的身体语言运用法则

- 保持微笑并适时点头；
- 身体适度前倾；
- 保持真诚有效的目光交流；
- 开放的手势。

技能训练

训练项目八：和组长的面谈

一个组长经常大声呵斥工人，使得工人们开始抵制这名组长，经理决定和组长谈一次话，并想安排他参加下个月公司举办的“管理人员沟通技巧”培训课程。

经理：是否经常呵斥工人。

组长：是的，我经常大声呵斥他们，我没有其他办法。

经理：大声呵斥工人可以为你做到些什么？

组长：大声呵斥，他们才会乖乖的工作，不会搞事。

经理：工人乖乖的工作，不搞事可以带给你什么？

组长：这样的话，才能很快地把工作完成，我便能准时完成公司交给我的任务。

经理：你准时完成公司的任务又意味着什么？

组长：我会觉得我是一个能干的组长，有工作安全感。

经理：原来你所追求的是一个能干的组长的感觉和工作安全感。很支持你有这份需要，可是因为你经常呵斥工人，他们不敢与你交谈，有不懂的地方也不敢来问你，结果是往往把工作做错了。你那组的产品质量是最低的一批，你知道吗？

组长：这也没有办法，我已经尽力了。

经理：如果有其他方法，既能使你的工人很快地把工作完成，同时他们也乐意向你请教，学到正确的做法，把工作更好更快地完成，你便会是一个能干的组长，更有工作安全感了，你肯试试吗？

组长：有这样的可能吗？

经理：有，我安排你去参加下月举办的“管理人员沟通技巧”培训，学习一些新的沟通技巧，好吗？

组长：好的，谢谢你，我一定会用心上课。

1. 请分析讨论：经理和组长的交谈过程在哪些方面做得比较成功？

2. 请分角色扮演经理和组长，并尝试采用不同的交谈技巧。

说的艺术

急事，慢慢说	大事，清楚地说
小事，幽默地说	没把握的事，谨慎地说
未发生的事，不胡说	做不到的事，别乱说
伤害人的事，不能说	讨厌的事，对事不对人地说
开心的事，看场合说	伤心的事，不要见人就说
别人的事，小心地说	自己的事，听听自己的心怎么说

表达的几大失误

1. 目的不清。你试图通过特定的方式来激发听众的活力，但听众却无法从你所表达的意思中搞懂你的目的所在。

2. 缺乏组织和驾驭语言的能力。你的发言缺乏好的架构，从一个要点到另一个要点之间没有逻辑关系。

3. 讲话中充斥过多的信息。你的细节性信息大大加重听众的负担，这些信息中有些是过于技术性的，这些都毫无必要。所讲的论点缺乏足够的论据、范例作为支撑。你提出了某个具有争议性的论点，却没有生动、清晰易懂地表达出来。

4. 声音单调。你为自己谈论的主题感到激动不已，但你的声音和肢体动作却一潭死水，毫无活力。

5. 未能满足听众的真实需求。你讲述的是自己感兴趣的事物，而非听众感兴趣的事物。

游戏互动

游戏背景：

一架飞机坠落在荒岛上，只有7人存活。这时逃生工具只有一个且只能容纳一人的橡皮气球吊篮，没有水和食物，谁应该先行离开？

1. 孕妇：怀胎八月。

2. 发明家：正在研究新能源（可再生、无污染）汽车。

3. 医学家：多年研究艾滋病的治疗方案，已取得突破性进展。

4. 宇航员：即将远征火星，寻找适合人类居住的新星球。

5. 生态学家：负责热带雨林抢救工作组。

6. 退伍军人：获得多次荣誉勋章，熟悉无线通讯。

7. 流浪汉：历经生活困苦，生存能力强。

游戏方法：

将学生分成 14 人一组，每组中 7 人分别承担下面的 7 个角色，其他人作为定向角色的观察者和评审团。各个角色除了第一位发言的同学以外，其他的角色阐述理由时，要先简要概括上一位发言人的观点后，再阐述自己的观点。观察员和评审团分别观察各个角色在沟通中的倾听、表达的方式和内容、身体语言运用等方面的优缺点，并用积极的语言提供相应的建议。最后评审团最终讨论决定谁先离开。

知识竞答

在每个题目给出的选项中，请仔细阅读，并把正确的说法选出来。

1. 不论是初识还是旧识，你需要掌握在短时间内和对方很“谈得来”的诀窍，下列做法中不合适的是(　　)。

A. 带着欢喜、欣赏的眼神来看对方

B. 根据对方的表现来确定自己是不是喜欢，如果不喜欢也不必接纳，有什么说什么

C. 通过观察对方的“眼神”来调整和他言语沟通的切入点

D. 通过观察对方的“手势”来调整和他言语沟通的切入点

2. 下面列举的衔接句在同事之间不宜运用的是(　　)。

A. 太棒了，我佩服你的见解　　B. 有意思，你的见解很特别

C. 我了解你的意思　　D. 你不应该……你不可以……

3. 下列化解误会的方法中，正确的是(　　)。

A. 不要意气用事　　B. 不要急于辩解

C. 学会一笑置之　　D. 以上都包括

4. 在商务沟通时，若碰到对方咄咄逼人或固执己见时，不妨快速转换语词和态度，使现场气氛缓和下来而使用的方法是(　　)。

A. 分段式沟通法　　B. 同理心沟通法

C. 主动趋前法　　D. 及时逆转法

5. 在商务沟通的过程中，下列关于多使用问句的优点中表述不正确的是(　　)。

A. 避免替对方下决定　　B. 听出对方的需求
C. 帮助我打发沟通时间　　D. 收集对方信息的过程

6. 交谈过程中说的话一定要非常明确，让对方有(　　)的理解。
A. 准确　　B. 猜测
C. 多种　　D. 模糊

7. “葡萄藤式的沟通”指的是通过非正式管道传递沟通信息，也就是所谓的(　　)。
A. 借言　　B. 流言
C. 传言　　D. 放风

8. 家庭成员间要相处的愉悦融洽，应该做到(　　)。
A. 放下个人的价值评判观　　B. 学习听出对方内心的声音
C. 改进声调、语词速度　　D. 以上都包括

9. 在交谈过程中应避免出现的错误表述中完整的是(　　)。
A. 随便打断谈话　　B. 触及隐私
C. 卖弄自己　　D. 以上都是

10. 在交谈过程中关注自己的想法，充分表达自己感兴趣的事情(　　)。
A. 是非常好的沟通方式　　B. 可能会忽视听众的需求和兴趣
C. 可以让听众感兴趣　　D. 缺乏身体语言

同学们，你都答对了么？

第三节　团队沟通

高绩效的优秀团队拥有一致的特征：高度的向心力和凝聚力；良好有效的沟通；队员有明确的职责分工；团队目标一致，有共识；成员互相帮助，乐于合作；团队士气高涨，充满积极向上的气氛。

团队的管理就是沟通，良好的团队沟通是提高团队执行力，打造优秀团队的重要保障。美国沃尔玛公司总裁萨姆·沃尔顿曾说过：“如果你必须将沃尔玛管理体制浓缩成一种思想，那可能就是沟通。因为它是我们成功的真正关键之一。”团队沟通就是为了达成共识，而实现沟通的前提就是让所有员工一起面对现实，共同参与，让大家一起解决问题。

> 管理就是沟通、沟通再沟通。
>
> ——GE总裁 杰克韦尔奇

企业管理过去是沟通，现在是沟通，未来还是沟通。

——日本经营之神　松下幸之助

无论何时，管理者应将沟通视为最重要的工作，职位越高，沟通工作越为重要。

——卡耐基

未来竞争是管理的竞争，竞争的焦点在于每个组织内部成员之间及其外部组织的有效沟通上。

——美国著名未来学家　奈斯比特

情境导入

今年××公司所有部门都卷入一场内讧，大家彼此指责对方。产品研发部对营销部大为不满，认为他们没有为新产品提供详细的计划书；研发部对销售人员也不满，认为销售人员没有向他们反馈客户对新产品的意见。生产部认为销售部的人员只关心他们的销售额，不惜以牺牲公司利益的方法来推销产品。同时，他们也信不过市场营销部的人，因为他们缺乏准确预测市场趋势的能力。而市场营销部则认为，生产部的人思想保守、不愿冒险，他们对生产部的不合作和无休止的诽谤非常愤怒。他们也看不惯产品研发部的人，认为他们动作迟缓，对他们的要求根本没反应。而销售部的人则认为营销部的人没有工作能力。有时他们在电话上跟生产部的人大吵大闹，指责生产部的人对客户提出的售后服务的要求置之不理。

请分析并讨论：该公司面临什么危机？产生这场内讧的原因是什么？怎样才能帮助该公司走出这场危机？

一、优秀团队沟通要求

- 树立“内部顾客”的理念，要用对待外部顾客的态度、思想和热情服务于内部顾客；
- 建立相互尊重、坦诚信任的沟通氛围；
- 倾听而不是叙述，换位思考；
- 选择准确的沟通形式，对症下药；
- 上下级沟通讲究技巧；
- 设立多层次的沟通渠道。

技能训练

训练项目一：墨子师徒的沟通

春秋战国时期，耕柱是一代宗师墨子的得意门生，不过，他老是挨墨子的责骂。有一次，墨子又责备了耕柱，耕柱觉得自己真是非常委屈，因为在许多门生之中，大家都公认耕柱是最优秀的人，但又偏偏常遭到墨子指责，让他面子过不去。一天，耕柱愤愤不平地问墨子："老师，难道在这么多学生当中，我竟是如此的差劲，以至于要时常遭您老人家责骂吗?"墨子听后，毫不动肝火："假设我现在要上太行山，依你看，我应该要用良马来拉车，还是用老牛来拖车?"耕柱回答说："再笨的人也知道要用良马来拉车。"墨子又问："那么，为什么不用老牛呢?"耕柱回答说："理由非常的简单，因为良马足以担负重任，值得驱遣。"墨子说："你答得一点也没有错，我之所以时常责骂你，也只因为你能够担负重任，值得我一再地教导与匡正你。"

请分析讨论：

1. 如果耕柱没有和墨子沟通，那么结果会怎样呢?
2. 墨子如何让耕柱理解安排，开心地工作的?
3. 上下级沟通时应该注意哪些技巧?

二、营造良好的沟通氛围

- 建立共同愿景：管理者首先要为企业和员工建立共同的发展愿景，让员工认识到沟通可以帮助企业和自己更快地实现目标。
- 倡导公平竞争：好的沟通是一种心态与信息的交换，只有建立公平的竞争机制，员工的心态才能够平衡，才愿意自觉和主动地进行沟通。
- 享受快乐沟通：管理者要在企业内部营造坦诚、信任、协作的氛围，让员工乐于沟通、善于沟通，能感受到沟通的快乐，能在沟通中得到知识和技能的提升。
- 加强日常管理：管理者要通过日常管理，培养员工良好的工作习惯和企业文化，促使员工愿意与他人分享，并能够主动承担责任。

技能训练

训练项目二：摩托罗拉公司的有效沟通

摩托罗拉公司是一家受人尊敬的有着非常优秀的企业文化的公司，它的有效沟通经验，被众多公司效仿。在摩托罗拉公司，每一个高级管理层都被要求与普通操作工形成介于同志和兄妹之间的关系——在人格上千方百计地保持平等。“对人保持不变的尊重”是公司的个性。最能表现摩托罗拉“对人保持不变尊重”的个性的是它的“Open Door”（开放式管理），所有管理者办公室的门都是绝对敞开的，任何职工在任何时候都可以直接推门进来与任何级别的上司平等交流。每个季度的第一个月的 1 到 21 日，中层干部都要同自己的手下和自己的主管进行一次关于职业发展的对话，回答“你在过去三个月中受到尊重了吗?”之类的 6 个问题，这种对话是一对一和随时随地进行的。

摩托罗拉的管理者们为每个下层的被管理者们还预备出了 11 条这种“开放式管理”意见表达和抱怨发泄的途径：

- 我建议；
- 畅所欲言；
- 总经理座谈会；
- 报纸与杂志；
- 每日简报；
- 员工大会；
- 教育日；
- 墙报；
- 热线电话；
- 职工委员会；
- 589 信箱。

请分析摩托罗拉的 11 条途径对公司沟通能够解决什么问题?

训练项目三：如何 Team Work

请观察下面的漫画，试着说说漫画中团队沟通出了什么问题？请分组讨论，并提供沟通的解决方案。

训练项目四：研发部的梁经理

研发部梁经理才进公司不到一年，工作表现颇受主管赞赏，不管是专业能力还是管理绩效，都获得大家肯定。在他的缜密规划之下，研发部一些延宕已久的项目，都在积极推行当中。

部门主管李副总发现，梁经理到研发部以来，几乎每天加班。他经常第2天来看到梁经理电子邮件的发送时间是前一天晚上10点多，接着甚至又看到当天早上7点多发送的另一封邮件。这个部门下班时总是梁经理最晚离开，上班时第1个到。但是，即使在工作量吃紧的时候，其他同仁似乎都准时走，很少跟着他留下来。平常也难得见到梁经理和他的部属或是同级主管进行沟通。

李副总对梁经理怎么和其他同事、部属沟通工作觉得好奇，开始观察他的沟通方式。原来，梁经理是以电子邮件交代部署工作。他的属下除非必要，也都是以电子邮件回复工作进度及提出问题，很少找他当面报告或讨论。对其他同事也是如此，电子邮件似乎被梁经理当作和同仁们合作的最佳沟通工具。

但是，最近大家似乎开始对梁经理这样的沟通方式反应不佳。李副总发觉，梁经理的部属对部门逐渐没有向心力，除了不配合加班，还只执行交办的工作，不太主动提出企划或问题。而其他各部门的经理主管，也不会像梁经理刚到研发部时，主动到他房间聊聊，大家见了面，只是客气地点个头。开会时的讨论，也都是公事公办的味道居多。

李副总趁着在楼梯间抽烟碰到设计部陈经理时，以闲聊的方式问及他与梁经理的合作。陈经理认为梁经理工作相当认真，可能对工作任务以外的事不关注。

这天，李副总刚好经过梁经理房间门口，听到他打电话，讨论内容似乎和陈经理业务范围有关。他到陈经理那里，刚好陈经理也在说电话。李副总听谈话内容，确定是两位经理在谈话。之后，他找了陈经理，问他怎么一回事。明明两个主管的办公房间就在隔邻，为什么不直接走过去说说就好了，竟然是用电话谈。

陈经理笑答，这个电话是梁经理打来的，梁经理似乎比较希望用电话讨论工作，而不是当面沟通。陈经理曾试着要在梁经理办公室当面沟通，梁经理不是用最短的时间结束谈话，就是眼睛还一直盯着计算机屏幕，让他不得不赶紧离开。陈经理说，几次以后，他也宁愿用电话的方式沟通，免得让别人觉得自己过于热情。

了解这些情形后，李副总来找梁经理聊聊。梁经理觉得，效率应该是最需要追求的目标，所以他希望用最节省时间的方式，达到工作要求。李副总以过来人的经验告诉梁经理，工作效率重要，但良好的沟通绝对会让工作进行顺畅许多。

请分析讨论：

1. 梁经理和陈经理的沟通属于团队中的哪类沟通?

2. 你认为梁经理的沟通存在什么问题？会有什么样的影响?

3. 你建议梁经理应如何改变沟通方式?

参考回答：这是平级沟通。梁经理忽视了沟通的重要性，而是一味地强调工作效率。实际上，面对面沟通所花的时间成本，绝对能让沟通大为增进。

沟通看似小事情，实则意义重大！沟通通畅，工作效率自然就会提高，忽视沟通，工作效率势必下降。梁经理不但应该加强面对面的平级沟通，还要加强部门内部上下级沟通。

三、与下属沟通

- 牢记下属的名字；
- 要和颜悦色，不要一脸严肃；
- 不要居高临下，要从内心认为下属与你是平等的；
- 不要使用模糊语言来表现自己的渊博和高深；
- 多倾听、多发问，引导下属畅所欲言；
- 切忌对员工进行猛烈批评；
- 言出必行，不要轻易向下属做出许诺；
- 时常赞美和表扬下属。

技能训练

训练项目五：双输的沟通

以下是A公司老板和下属人力资源专员Mary的沟通QQ记录：

老板 10：41：01

请问Ricky和Jenny上次的加薪日期是什么时候?

Mary 10：41：00

[自动回复] 您好，我现在有事不在，一会再和您联系。不再提醒。

老板 11：02：25

?

Mary 11：03：04

==

Mary 11：04：44

Jenny：2008年10月加过一次，至今无加过。Ricky：去年年头（还是前年年尾）加过一次，至今未加过，具体请查找P-file（即编号为P的人事文件夹），以上资料由 Sandy 提供。

老板 11：05：22

你们到现在还没有整理好相关记录吗？

Mary 11：07：00

你想让我整理公司以前岗位分析的信息记录呢？加薪记录一直都是 hardcopy（书面文档），放在 P-file 里的，无 softcopy（电子文档）的，一线员工和支持性岗位都是这样的。

老板 11：12：16

我之前已经和你说过，有关的晋升和调薪要有 softcopy，不能老是去查 p-file，你好像一直没有去跟进。

老板 11：15：01

以前的记录可以慢慢录入，但是新的记录需要尽快完成。你当我求你了，好吗？

Mary 11：17：45

我入职以来从来没有经手过行政管理类员工晋升/调薪的 case，所以根本无 softcopy 可查。至于历史记录，就只有 hardcopy 要整理，也是等年底全套 P-file 归档的时候整理。至于一线员工，有加薪的，也没有 softcopy 发到我这里，都是同事手写签的 hardcopy，也放在 P-file 里。

Mary 11：18：01

要整理资料，不是问题。但是不是今天你叫我整理，我明天就可以给你一个结果。

Mary 11：18：14

我们三个人，每人都有自己的工作安排。

Mary 11：18：54

需要晋升，加薪这个记录的 softcopy，要求整理出来的，可以，但我要安排时间去做。

老板 11：18：59

我对你真是一点办法都没有了，你心情好的时候，工作就 OK，但是心情不好的话……，我已经不想再说了。

老板 11：19：27

算了，我已经没有办法在管理你了，随你想怎样吧。我不知道是不是你觉得我给你了很大压力，如果是的话，我以后都不再把任何工作安排给你。你的态度真的是越来越差了，不知道你自己有没有感觉到？而我就一直对自己说，不要给那么大压力给你。我真的不知道应该怎样去面对你。

Mary 11：24：18

请你搞清楚，我从来就没有心情不好过，工作我也是一样的做，该做什么就做什么。只是你今天跟我说，这个重要要先做；明天跟我说，那个重要，又要先做，你究竟想我做什么？计划我每次都有做，但是计划赶不上变化，这个你也是看到的，我每次都以积极的心态面对我的工作，每次你都不满意，我都不知我要做什么你才满意。

老板 11：24：36

也许我从一开始就错了，而且错的很厉害。

老板 11：25：13

算了，当我不对。

改编自新浪博客凌波亦舞．http：//blog.sina.com.cn/s/blog_63c3a8090100hu5l.html

请分析并讨论：

1. 作为上下级沟通来说，A公司老板和Mary的沟通有什么问题？

2. 如果你是老板或者Mary，你会怎样沟通，获得双赢的结果？

四、与上级沟通

- 举止大方，谈吐得当，时刻表达出对上级的尊重；
- 能够有效倾听并准确把握上级的想法意图；
- 做好多种任务方案，带着方案去见上级；
- 定期向上级汇报工作；
- 尽量不要把问题留给上级，超出自己能力范围的事情除外；
- 对于自己干不了的事情，一定要主动向上级汇报；
- 回答上级的提问做到客观、全面、就事论事；
- 在上级面前，尽量不要抱怨，千万不要搬弄他人是非。

技能训练

训练项目六：角色模拟——企业上下级沟通及平级沟通

第一幕

主管：营销部主管马林

下属：营销员小刘

小刘刚办完一个业务回到公司，就被主管马林叫到了他的办公室。

“小刘哇，今天业务办得顺利吗?”

“非常顺利，马主管，”小刘兴奋地说，“我花了很多时间向客户解释我们公司产品的性能，让他们了解到我们的产品是最合适他们使用的，并且在别家再也拿不到这么合理的价钱了，因此很顺利就把公司的机器，推销出去一百台。”

“不错，”马林赞许地说，“但是，你完全了解了客户的情况了吗，会不会出现反复的情况呢? 你知道我们部的业绩和推销出的产品数量密切相关，如果他们再把货退回来，对于我们的士气打击会很大，你对于那家公司的情况真的完全调查清楚了吗?”

“调查清楚了呀，”小刘兴奋的表情消失了，取而代之的是失望的表情，“我是先在网上了解到他们需要供货的消息，又向朋友了解了他们公司的情况，然后才打电话到他们公司去联系的，而且我是通过你批准才出去的呀!”

“别激动嘛，小刘，”马林讪讪地说，“我只是出于对你的关心才多问几句的。”

“关心?”小刘不满道，“你是对我不放心才对吧!”

第二幕

平级：营销员老王

下属：营销员小刘

在一周之内马主管不搭理小刘，开会不点他发言，平常也不和他打招呼，他如果有工作汇报，简单地应付一下，让小刘感到上司对他是冷落的。一天，小刘感到很苦恼，找到了老王，想沟通一下。在一个快餐店里面，小刘请客，开始请教老王。

“最近我感到很苦闷，我知道我得罪马林了。”小刘说。

“哦，怎么会呢? 你们相处没有多长时间。”老王笑眯眯地看着小刘。

小刘挠挠头说：“可能是我上司说他对我不放心，惹他生气了，他现在都不理我了。”

“上次的事，我也听说了，你们当时好像搞得很僵。我觉得没有必要，工作就是工作嘛，哪来那么多想法，更不能有情绪呀。”老王还是微笑着。

小刘委屈地说：“我最后带着情绪，这是我不对。但他问得那么细，就是不相信我，还说万一这个单子反复，会影响士气，当时我就生气了。”

“那么你说如果这个单子反复了，会不会影响士气? 马林说的有没有错呢?”老王说。

“如果反复了就一定会影响士气，其实他说的都没错，但我感觉他不相信我。”

小刘说。

老王笑着抬起头说:“他为什么要相信你?你凭什么被别人相信?他相信你,谁相信他?等你坐到了那个位置就知道了,我们部门出了问题就是他出了问题,老板不会骂你,只会骂他,他的压力比我们都大。你看我们已经下班了,在这里吃饭,他还在加班,又没有加班费,工资比我们高不了多少,也不容易,你有没有站在他的角度想想?”

小刘在低着头沉思。

老王接着说:“人都是首先相信自己,其次才能相信别人。你也一样首先相信你自己,相信凭你的能力,那个客户一定没问题。但你的上司相信自己也没有错,所以他对你的工作问得仔细一点,自己来判断,这些都是正常的。他相信自己没有问题,你作为下属,盲目地相信自己就有问题了,毕竟他是主管为公司负责呀,出了问题你的责任大,还是他的责任大?这个问题你想过没有?”

小刘点点头:“你说得有道理,他是主管,为部门负责。”

“所以对我们员工来说,关键是要争取到他的信任,怎么争取是个问题。你看我现在要到客户那里,打个招呼就可以了,签回来单子只要说一下也可以了,他都不管我,为什么呢?我刚来时和你也一样,每次他都问得很仔细,但我每次都能让他满意,以后他就不问了,只看结果。所以我认为要争取到信任,还是要从自己做起。”

小刘豁然开朗似地说:“那我应该怎么做?我现在一点头绪都没有,头发蒙。”

老王吃了一口饭,慢慢咀嚼完说:“我当年为这个问题付出了很大的代价,碰了很多壁,换了几家公司,才发现‘天下乌鸦一般黑’,上司都是这样的,也有一些体会。以后你要请我吃大餐,不是今天的快餐就可以打发的,至于在哪里吃就看你的诚意了,哈哈。”

小刘不好意思地说:“今天是简单了点,下个月发工资,我请个大的。”

“我的经验很简单,就是一句话,从自己做起,提升自我价值。你要让你的上司满意,你给他的要超过他的期望,刚开始他一定是不信任的,但你的成果每次都超过他的期望,他怎么还会不信任呢?其实他没有太多的时间关注细节,那个时候他就只问结果,而不问过程了。如果还问过程,只能说明他有点变态,哈哈,根据我对马林的长期了解,他也不是这样的人。”

请同学们分角色扮演,演一下上述的沟通过程,并谈谈上下级沟通中的技巧有哪些。

游戏互动

培训目的：对组织结构信息失真有一定的认识

培训时间：30分钟

培训程序：

①将全班同学分成若干小组，确定每小组传递信息的第一人和最后一人，所有学生一字纵队排列。

②先给排列最后一个人（信息传递第一人）一个信息（成语、物体名称），学生根据老师说的信息比划动作传递给第二人。

③信息由每小组的第一人依次向小组其他成员传递，直至最后一人，传递过程中不能说话。

④最后一人将接收到的信息还原为最原始的信息。

⑤判断最后一人所给的信息是否正确。

培训规则：

①每次传递动作比划时允许将动作比划几次，但不能有声音。

②轻轻地将自己理解的信息比划给你旁边的人，并依次传递下去，只有当轮到小组某个成员时，他（她）才可以转身看。

③听到信息后，必须完全按照自己的理解比划给下一名成员。

教师任务：

①在上课前，为每个小组准备一份“附注”的复印件，然后将每条信息剪开。

②宣布完规则后，发放纸片，给每小组第一人3～4分钟时间，然后收回纸片。

③监控传递人员，他（她）们只能将信息说一遍，防止说数遍或防止同学一点一点传递。

④监督最后一人上交他（她）写的纸条，或者组织学生上黑板写下所听到的。

考核标准：

在规定时间内传递信息最准确者获胜。时间依人数的多少自定。

附注：消息内容

信息一：我将于7月2日到8月4日外出度假，因此我希望这段时间能够停送报纸。我记得你们可以在周六晚上送出周日的报纸，因此我也希望为我安排提早投递周日的报纸。

信息二：我想将我的私人账户转为两人共有，我还想知道你们对小额商业贷款的新规定。此外，少于10000元的短期商业贷款的利率是多少？

信息三：我有意于7月6日带队参观博物馆，成员包括10名儿童，3位老人和4个年龄超过18岁的成年人，这4个成年人中有一人是学生。请问分别买票享受老年人和学生折扣同购买团体票相比较，哪种方法更划算呢？

信息四：我想订购两束玫瑰，分别送往两个地方。一束送给我的母亲，她居住在苏州；另一束送给我的姐姐，她居住在安吉。玫瑰一定要新鲜。

知识竞答

在每个题目给出的选项中，请仔细阅读，并把正确的说法选出来。

1. 营造良好的沟通氛围不合适的做法是(　　)。

A. 寻找融洽的题外话　　B. 赞美

C. 建设企业文化　　D. 保持距离

2. 在对人进行批评的时候，将对方的以前的错误拿出来做证明，并且确定对方就是这类人，这样会让对方心服口服。这样做对吗(　　)。

A. 对　　B. 错

3. 下列关于跨部门沟通技巧描述中错误的是(　　)。

A. 把事情要做的复杂化

B. 只要有利于沟通效果，可以大胆使用相应的方式

C. 面对面沟通是一种有效的形式

D. 沟通时要给双方尊重和信任

4. 在信息时代，如果不能快速学习，并在团队中相互传递知识，那么团队成员自身会被淘汰(　　)。

A. 对　　B. 错

5. 下列关于理解上司的说法中错误的是(　　)。

A. 了解上司的兴趣和爱好

B. 要站在自己的位置上面做事情

C. 必须站在上司的立场去考虑问题

D. 必须了解部门的主要任务

6. 说服下属，最不合适的面谈座位排放是(　　)。

A. 左侧着坐　　B. 并排坐

C. 面对面坐　　D. 右侧着坐

7. 挨上司骂的时候正确的处理方式是(　　)。

A. 低头不语偶尔点头　　B. 把骂记在心里

C. 把骂看成很丢面子的事情　　D. 上司骂得不对的时候要反击

8. 上司表扬下属要(　　)。

A. 选择最激动时候　　B. 时机越及时越好

C. 原因越模糊越好　　D. 人越少越好

9. 团队内，最优秀的向上管理方法是(　　)。

A. 少向上司汇报情况　　B. 让上司对自己有很大期望

C. 把自己的看法变成上司的看法　　D. 多让上司做问答题

10. 下列关于团队内部与人相处的法则理解中正确的是（　　）。

A. 要尊重个别差异　　B. 不需要激励别人

C. 确定自己的需求　　D. 心态并不重要

同学们，你都答对了么？

第四节　跨文化沟通

随着世界经济的日益全球化，跨文化的沟通越来越走入我们的生活。不同政治经济发展、地理环境、价值观、历史传统、宗教习俗、生活方式带来了不同文化的差异性和独特性。不同文化背景的人们之间的沟通必然存在非常多的不同，甚至是文化冲突。未来的人才和组织都必须熟练掌握跨文化沟通的技能。

情境导入

在澳大利亚布里斯班市有一家大公司，该公司的员工来自23个不同国家和地区。由于语言、风俗习惯、价值观等千差万别，使员工平时的沟通很不顺畅，误解抱怨和纠纷不断。于是人力资源部的培训经理就对这些员工进行集中培训。

考虑到这些员工大都是新雇员，培训经理首先向他们介绍了公司发展的历程及现状，并向他们解释员工守则及公司惯例，然后做问卷调查。该调查要求这些员工列出公司文化与母语国文化的不同，并列举出自进公司以来与同事在交往中自己感受到的不同态度、价值观、处事方式等，还要写出个人对同事、上司在工作中的心理期待。

问卷结果五花八门，其中最有趣的是，来自保加利亚的一位姑娘抱怨说，她发现所有同事点头表示赞同，摇头表示反对，而在保加利亚则刚好相反，所以她很不习惯。公司一位斐济小伙子则写道，公司总裁来了，大家为表示敬意纷纷起立，而他则条件反射地坐到地上——在斐济表示敬意要坐下。

培训经理将问卷中的不同之处一一分类之后，再让这些员工用英语讨论，直到彼此能较好地相互理解在各方面的不同之处。

经过培训，这些员工之间的沟通比以前顺畅多了，即使碰到障碍，也能自己按照培训经理的做法解决了。

一、跨文化沟通中的障碍

- 言语和非言语方面的障碍；

- 信仰与行为方面的障碍；
- 文化的多样性而产生的障碍。

技能训练

训练项目一：我叫陈阿土！

陈阿土是个暴发户，他觉得自己有钱了就该出国去玩玩了，于是，他跟随旅行团来到了外国，住了间五星级的酒店。酒店的服务很好，每天早上陈阿土打开房门就有个服务生对他热情地说："Good morning，Sir"。陈阿土愣住了。这是什么意思呢？在自己的家乡，一般陌生人见面都会问："您贵姓？"于是陈阿土大声叫道："我叫陈阿土！"

如此这般，连着三天，都是那个服务生来敲门，每天都大声说："Good morning，Sir！"而陈阿土亦大声回道："我叫陈阿土！"但他非常的生气。这个服务生也太笨了，天天问自己叫什么，告诉他又记不住，很烦的。

终于，他忍不住去问导游，"Good morning，Sir！"是什么意思，导游告诉了他。那是人家在跟你问好呢，啊～，陈阿土恍然大悟，心里别提多难受了，于是他也跟导游学了"Good morning，Sir"，想在第二天早上和服务生好好地打个招呼。

第二天早上，陈阿土早早地在房内练着这句话，等他一开门，果然这服务生很礼貌地出现并向他微笑，还没等他开口，陈阿土先说了："Good morning，Sir"，服务生一愣，于是回答到："我叫陈阿土"。

请分析：为什么服务生对陈阿土的问好会这样回答？如何避免出现上述笑话？

训练项目二：为什么不给我机票

美国幽默作家大卫·贝雷（Barry，1993）曾经在日本机场遇到过这样一件事。他要坐飞机从东京去大阪，临时去飞机场买票。

大卫：请买一张从东京到大阪的机票。

服务员（满面笑容）：嗯，去大阪的飞机票……请稍等。

大卫：多少钱？

服务员：从东京坐火车去大阪挺不错的，沿途可以看风景。是不是要买一张火车票？

大卫：不要。请给我买一张飞机票。

服务员：那……其实，坐长途巴士也很好，上面设备齐全，豪华舒适，要不要来一张巴士票？

大卫：不要。请给我一张飞机票。

请讨论：为什么服务员不给大卫卖机票？美日文化差异在哪里？

揭秘：原来飞机票已经卖完了，美国文化讲求直接，所以大卫希望能得到直接的答案。

而日本崇尚委婉的文化令服务员又不好意思直接告诉大卫，才拐弯抹角地试图用其他手段来帮助他到达目的地。

训练项目三：沉默的力量

玛　莎：谈判进行得怎样？

珍妮特：不是很好，我们位于下风。

玛　莎：出什么事了？

珍妮特：哎，我报价后，Maruoka先生什么也没说。

玛　莎：什么也没说？

珍妮特：他就坐在那里，看上去很严肃的样子，所以，我就把价格又降了一些。

玛　莎：后来呢？

珍妮特：他还是没有说话，但是有点惊讶的样子。所以我就把我方的价格降到了底线，再等他的反应，我已经不能再降了。

玛　莎：他怎么说？

珍妮特：他沉默了一会儿，就答应了。

玛　莎：我们最后还是成交了，你应该开心才是。

珍妮特：我也这样想的，但后来得知Maruoka先生认为我一开始的报价太优惠了而没说话。

请分析讨论：

为什么珍妮特的商务谈判做出了过度的让步？从这里可以看出美国和日本文化在哪方面的差异？

日本文化和美国文化还有什么特点？如果我们与美国人和日本人进行商务沟通，要做好哪些准备？

揭晓：很明显，美国人和日本人对“沉默”的理解非常不同。美国人害怕沉默，如果沉默，会感到是对方不满意、不高兴的表现，而不是深思熟虑。所以当Maruoka先生不说话时，玛莎担心他嫌价格太高而不肯答应成交。因为想做成生意，玛莎就一个劲地

主动降价。美国人对沉默的不可忍受恐怕是世界之最，平时不管上课、开会，还是一起出去用餐，总是说个不停，所有时间都用言辞填满。如果偶尔出现大家都不做声的场面，很快会有人“冲”进来填补这个空白。在这里，Maruoka 先生无意间用沉默获得了有利于自己的交易。

二、跨文化沟通的策略速查表

不同国别的文化与沟通策略如下所示。

不同国别的文化	沟通策略
法国文化	1. 法国人很注意生活情调，他们把在优美环境中的会面、小酌、喝咖啡看作是交友的好时光，从不在餐桌上谈生意 2. 法国人的自我感觉很好，但一味奉承，法国人反而被看不起；无论是对人，还是对事，若能有根有据地指出其缺点、不足，反而能获得法国人的尊敬 3. 法国人要求别人赴约一定要准时，而自己却常常迟到。越有身份的人参加活动时，越晚出现，以此表明其身份 4. 与法国人交往，应注意穿衣。应根据不同的场合、活动选择合适的衣服。如果始终穿同样一套衣服经历很多活动、很多天数，则会被小觑 5. 法国人喜欢追求完美，所以爱抱怨、发牢骚 6. 美国人表示 OK 的手势在法国则表示一文不值，千万别误解
美国文化	1. 赴约准时至关重要，早到在门外等，晚到要说明原因并致歉 2. 美国人喜欢自信的品质。在他们面前过分谦虚往往只能招致对方怀疑自己水平、能力、实力不够 3. 美国人，人人平等的观念深入人心，在交往中稍不注意，就会引起冲突 4. 多数服务行业的工作人员靠小费谋生，因为工资很低，向伺者支付一定数量的小费，既是对其劳动的尊重，也是有教养的体现 5. 美国人比较温和、直率，结交很容易。认识之后一般就可直呼其名，称呼其职务，会被误以为拒绝友谊 6. 用餐时千万别浪费食物 7. 美国人对年龄、收入、婚姻等视为个人隐私，应回避讨论
日本文化	1. 日本人喜欢委婉，不喜欢直接。日本人讲究礼仪，希望外国人见面也行鞠躬之礼，不是握手。鞠躬越深就越表示尊重 2. 地位越高、年龄越高越受重视和尊重。一口流利的英语常会使日本人对你刮目相看 3. 日本人在会谈之始从职务高的人开始交换名片，接受时鞠躬。如果交换名片之后，后来再次同该日本人见面，却忘了其姓名，日本人会认为这是一种污辱 4. 日本人颇以自己的烹饪术为自豪。同日本人吃饭，如果能从色香味的角度表示欣赏之意，日本人会对你产生大大的好感；如果喜欢上生鱼片、四喜饭之类典型的日本饭菜，则非常有利于搞好宾主关系 5. 日本人聚会喜欢唱歌。日本人的笑未必是表示快乐，可能是表示她不好意思 6. 日本人最爱面子。如果我们做了有损其面子的事，就无异于与其彻底断交 7. 日本男性为尊，应派级别相当的男性代表出访或接待日宾 8. 在日本人眼中，首先作让步既是弱者，也无诚意。所以如果有必要让步，那也一定要使日本人作相应的让步。这种针锋相对近乎固执的谈判策略反而能赢得日本人的尊重 9. 合同签好并不意味着大功告成，日本人可能会经常对已达成的协议要求重新商谈

续表

不同国别的文化	沟通策略
英国文化	1. 不事先约定而直接登门拜访英国人是非常失礼之举 2. 英国人酷爱动物，虐待动物犯法，要“平等友好”对待宠物是良策 3. 英国人认为“7”是个能带来好运的吉祥数字，而“13”则是个不吉利的数字，所以商务活动避免13人参加，也不要安排在13日 4. 和英国人握手不能越过两人正在握的手去和第三人握手，因为这样交叉握手被认为会带来不幸。点火时也不可连续点三支烟，应该在点完两支后重新点火再为第三人点烟，否则也会被认为会给其中某人带来不幸 5. 英国人最怕自己被别人称老 6. 英国人得到馈赠的礼品必定当面打开，无论礼轻礼重，都会热情赞美，同时表达谢意 7. 慎用“聪明”（clever）一词。英国人常把它用作贬义词 8. 内向而含蓄的英国人寡言少语是出于对别人的尊重，怕的是影响了别人 9. 不佩戴条纹领带；免谈政治，包括英皇室、北爱和平、日不落帝国的消亡等等——天气才是最安全的话题；向英国出口商品，忌用大象、人像作商标、图案

技能训练

训练项目四：全球服务项目和企业学院

可口可乐公司成立“全球服务项目”，这个项目由500位中高级管理人员组成，每年约有200人调动工作岗位。这些人一方面为公司的全球发展做出贡献，一方面提高自己的国际经验。这个项目的最终目的之一，是建设一个具有国际头脑的高层经理团，公司的高层管理人员将从这些人中进行选拔。

高露洁公司从1987年开始，就设立全球性强化培训项目，项目成员是美国的商学院MBA毕业生，他们至少会讲一门外语，并且在国外生活过，他们中有很大一部分是外国公民。受训者要在美国培训24个月。在每项为期三个月的培训中，他们除了学习商务和产品外，还要参加语言和跨文化知识教育。项目成员完成项目培训后，被派到世界各地担任助理产品经理。

许多著名的跨国公司都设立类似的特殊项目来培养高级国际人才，如花旗银行的全球管理人才项目，渣打银行的国际毕业生项目。大部分跨国公司都在内部设立企业学院，培训国际人才，如摩托罗拉大学、西门子大学、中国台湾宏基的Aspire学院，等等。在这些企业学院中，最有名的要数通用电气公司的Crotonville管理学院，通用电器前行政总裁Jack Welch每月都要花两天时间亲自到Crotonville给他的经理们讲课，十几年风雨无阻，Crotonville成为通用电气全球发展的“引擎”。

请讨论：可口可乐的全球服务项目和跨国公司设立企业学院的目的和效果如何？

训练项目五：理解文化的差异

观看电影《刮痧》，找出电影反映出的主要的中美文化冲突。思考并交流作为中国未来国家的脊梁，如何让中国文化走出国门，获得更多的认同和理解。

游戏互动

游戏方法：

将学生分成四组，以小组为单位根据给定的背景材料来编写情景剧，并公开演出。教师根据学生在情景剧表演中对文化的把握和表演效果来评定最佳表演奖。

背景资料：

在会议室里，不同国家的学生正在讨论“如何处理好和父母的关系”问题。中国学生提出一定要孝顺父母，并且讲了一个中国有名的古代故事——割肉救母。故事说的是儿子在母亲病危之际，从腿上割下一块肉给母亲煮汤喝。结果所有的美国学生都读不懂这个故事，对儿子的行为迷惑不解：有的猜测他有工夫，能使肉汤治愈母亲的疾病；有的干脆认为儿子有自残的嗜好，就是没有一个学生认为这是儿子用特有的方式向母亲表示孝心。其他国家的学生也各自有着不同的理解。如何让外国学生理解这个中国故事的含义呢？

沟通从心开始

跨文化沟通，尽管存在很多差异性，但是人与人之间交流的尊重、真诚、平等、信任是最基本的准则。我们在跨文化沟通中，要用真诚的心去了解和尊重他们的文化，运用所了解的知识，与异域文化群体进行交流和商务。同时，我们也要在国际化进程中有意识、有目的、有计划地学习和训练，向国际化人才转变。

知识竞答

文化习俗小测试：请根据不同国家的文化选出表达正确的选项。

1. 在日本，喝汤时发出很大吮吸的声音会被认为是(　　)。

A. 粗鲁而讨厌的　　B. 你喜欢这种汤的表现

C. 在家里不要紧，在公共场所则不要　　D. 只有外国人才这样做

2. 在拉丁美洲，管理者(　　)。

A. 一般会雇佣自己家族的成员

B. 认为雇佣自己家族成员是不合适

C. 强调雇佣少数特殊员工的重要性

D. 通常雇佣比实际工作所需更多的员工

3. 马来西亚的主要宗教是(　　)。

A. 佛教　　B. 犹太教

C. 基督教　　D. 伊斯兰教

4. 在泰国(　　)。

A. 男性之间挽手同行很常见

B. 男女之间在公共场所挽手很常见

C. 男女同行是很粗鲁的举止

D. 传统上男性和女性在街上遇见会互相轻吻

5. 在印度，进食时恰当的举止是(　　)。

A. 用右手取食物，用左手吃　　B. 用左手取食物，用右手吃

C. 取食物和吃都用左手　　D. 取食物和吃都用右手

6. 美国在墨西哥工作的企业管理者发现，通过给墨西哥个人增加工资，他们会(　　)。

A. 增加工人愿意工作的时间长度　　B. 诱使更多工人加夜班

C. 减少工人愿意工作的时间长度　　D. 降低生产率

7. 在一些南美国家，出席社交约会怎样才是正常，可接受(　　)。

A. 提前10～15分钟　　B. 迟到10～15分钟

C. 迟到15分钟到一个小时　　D. 迟到1～2个小时

8. 在西欧，当送礼送花时，不要送(　　)。

A. 郁金香和长寿花　　B. 雏菊和丁香

C. 菊花和马蹄莲　　D. 丁香和苹果花

9. 在沙特阿拉伯，一个从事商业工作的男性行政官恰当的送礼方式是(　　)。

A. 托一个男人把礼物送给妻子

B. 当面把礼物送给妻子中最宠爱的一个

C. 只送礼物给排行最长的妻子

D. 根本不送礼物给妻子

10. 如果你想送领带或围巾给一个拉丁美洲人，最好不要送(　　)。

A. 红色的　　B. 紫色的

C. 绿色的　　D. 黑色的

11. 德国办公室和家里的门通常是(　　)。

A. 敞开着，表示接受和欢迎朋友及陌生人

B. 微开着，显示进门前要先敲门

C. 半开着，显示一些人是受欢迎的，而另一些人不受欢迎

D. 紧闭着，为了保护隐私和个人空间

12. 在越南，当你觉得自己在生意往来中被利用了，最重要的是要(　　)。

A. 在表情而不是言语中表现出自己的愤怒

B. 说自己很生气，但是面部表情保持很镇定

C. 不以任何方式表现出自己的愤怒

D. 立即结束这场交易，转身离开

13. 在印度，当一个出租车司机左右摇头时，他的意思可能是(　　)。

A. 他觉得你出的价钱太高了　　B. 他不想去你要去的地点

C. 他会带你去你要去的地方　　D. 他不懂你在问什么

14. 在英国，手背朝向对方，食指和中指做成 V 字形(　　)。

A. 表示和平的手势　　B. 表示胜利的手势

C. 表示某样东西你想要两分　　D. 粗鄙的手势

15. 在法国，下列对聚会迟到的看法中不对的是(　　)。

A. 被认为很正常

B. 身份越高的人到会越晚

C. 被认为很不礼貌，有失风度

D. 要求他人要准时，自己不一定做得到

同学们，你都答对了么？

个人形象礼仪实务

第三章

导读

本章主要内容为个人形象礼仪实务，重在训练个人形象礼仪，主要包括仪容、仪表、仪态和谈吐四节。其中，仪容一节主要就个人妆容知识展开较为详细的介绍；仪表一节主要介绍了个人着装礼仪和表情礼仪；仪态一节主要就日常生活中的坐、站、走、蹲、手势等几个方面的礼仪展开介绍；谈吐一节简单介绍了声音礼仪、交谈礼仪、电话礼仪等。本章相关教学资源可扫描二维码进行观看和学习。

引　言

周恩来总理在南开中学时，在大立镜旁贴了面“纸镜”，上书“面必净、发必理、衣必整、钮必结。头宜正、肩宜平、胸必宽、背宜直。气象：勿傲、勿暴、勿怠。颜色：宜和、宜静、宜庄。”并以此严格要求自己，时刻注重个人形象礼仪，塑造儒雅的个人风范，巧妙化解各种外交危机。

个人形象礼仪，是发自内心对人的尊重，是用得体的仪容、仪表、仪态、谈吐等塑造和维护良好的个人形象。在现今读秒时代的社交中，第一印象（即首因效应）在 7 至 8 秒内形成，心理学界最新显示在 0.38 秒内形成，无论结论如何，我们要在最短的时间里，给交往的人留下最好的印象。而在这以秒计数的时间里，仪容仪表占 55%，仪态谈吐占 38%，谈话内容只占 7%！可见个人形象礼仪在沟通中的重要性。

人与人之间的接触，先给予对方的印象，是外表而不是内心。假如给人的第一印象不好，又怎能获得别人的敬仰和接近的机会？

——何善衡

情境导入

图中小静和朵朵是某大学研究生，到某国企应聘文秘一职，如果 你是考官，你会选谁？

清爽职业装

运动休闲装

两张图片整体都比较和谐，但在面试的场合，还是要选择合适的职业装，以体现对面试的重视和对考官的尊重；后者较为休闲运动，不适合面试场合，如此装扮可以与好友郊游。

现今社会文化层次不断提高，而“高层次”人所表现的形象礼仪是否与之匹配呢？我们在管理自己的知识、健康、金钱等的同时，也应科学地管理自己的形象。让我们的外表更能体现我们的内涵！把形象作为我们一生要学习的战略问题！

个人形象礼仪中，仪容、仪表、仪态、谈吐相互依存，相互影响，共同塑造和维护较为完整、生动的良好个人形象！

形象直接影响到收入水平，那些更有形象魅力的人收入通常比一般同事要高14%。职场中一个人的工作能力是关键，但同时也需要注重自身形象的设计，特别是在求职、工作、会议、商务谈判等重要活动场合，形象好坏将决定你的成败。

第一节 仪 容

情境导入

仪容决定胜负

图片来自搜狗 http：//artforum.com.cn/uploads/upload.000/id01217/article02.jpg

1960年9月26日，在芝加哥哥伦比亚广播公司的一个电视直播间，当时的美国副总统理查德·尼克松和参议员约翰·肯尼迪进行竞选总统的第一次辩论。

据多数评论估计，经验丰富的电视演员尼克松击败缺乏电视演讲经验的肯尼迪可能性较大。但出乎意料的是，肯尼迪获胜。肯尼迪刚参加完加州竞选活动，还专门到海滩晒太阳，肤色黝黑，活力四射，穿黑色合体西服；尼克松则身穿灰色西服（直播间背景也是灰色），刚动完膝盖手术，体重减轻后未换合体衬衣，领子大了半个码，又选用不恰当粉底，显得面色苍白，疲惫萎靡。

可见仪容能影响一个人在他人眼中的印象，甚至影响到事业的成败！

一、仪容概述

1. 仪容的基本概念

仪容即指人的容貌，多指头面肩颈部及上臂部分。其中包括先天容貌和后天修饰，还有不可小觑的内心涵养，应做到秀外慧中，表里如一。

2. 仪容的基本要求

保持身体清洁，无异味（口腔、汗味、体味等），无分泌物（包括眼、耳、鼻分泌物、口水、汗水、头皮屑等)，体毛不外现（女士主要是腋毛、男士主要是鼻毛)，不留长指（趾）甲。

3. 仪容修饰的基本原则

- 适体性：仪容修饰符合自身性别、年龄、容貌、肤色、身材、个性气质、职业等。
- TOP 原则：仪容修饰要适合 Time（时间)、Occasion（场合)、Place（地点)。
- 整体性：要考虑整体修饰效果，突出重点。
- 适度性：即仪容修饰要适度，不过分修饰。

4. 先天容貌

即与生俱来的容貌。世间的人就像树叶一样，没有完全相同的容貌，每个人都有他特有的样貌。我们要学会肯定、尊重自己的容貌，爱独一无二的自己，做最自信的自己！

图片来源：百度

碰到过很多学生，特别是女孩子，对自己的容貌有这样那样的不满意：眼睛不够大、脸不够小、皮肤不够好、嘴太大等。试想一下，如果人都长得一样标准，那还有什么意义?！所以请不要只看到自己不满意的地方，其实它就是你独一无二的特点所在！

游戏互动

列举你身边朋友的至少三个优点：

1.
2.
3.

5. 后天修饰

在先天容貌的基础上，加以适当修饰，通过化妆、造型等手段，扬长避短，雕饰最优雅的自己！

修饰前

修饰后

二、化妆

（一）化妆：女士妆容

1. 化妆工具

（1）套刷

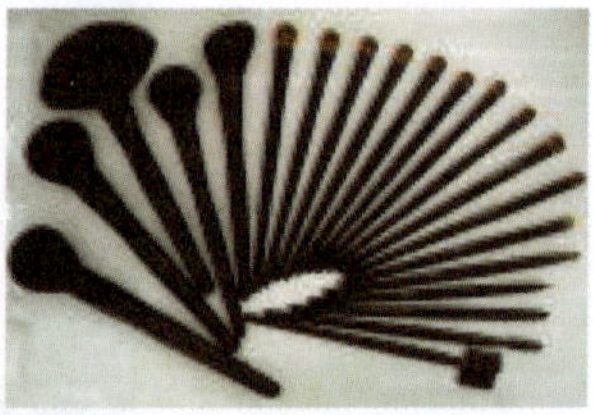

材质多为动物毛（马毛、山羊毛、灰松鼠毛、水獭毛、貂毛）、人造毛（尼龙和人造纤维）。

（2）化妆刷的选购

基本要求毛质完整，不掉毛，无异味，以动物毛为佳。

大粉刷 圆形腮红刷 斜形腮红刷 眼影刷 眼线刷 扇形刷

眉刷 唇刷 粉底刷 滚刷 眉梳 睫毛梳

遮瑕刷 修改笔 眉刀

化妆刷应每周清洗一次，清洗时应选用性质柔和的清洁剂或洗发水漂洗，再用干毛巾吸干水分，自然晾干，不可热风吹干。

（3）其他工具

剪刀

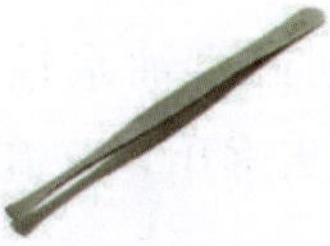
镊子

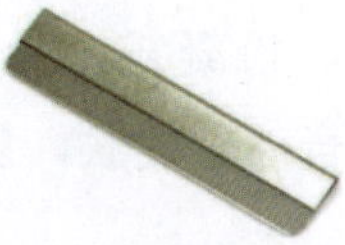
刀片

睫毛夹

睫毛胶

单束假睫毛

夸张型假睫毛

浓密型假睫毛

自然型假睫毛

下睫毛

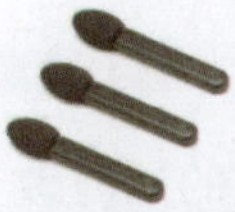
眼影棒

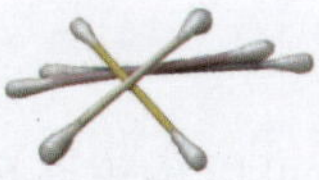
棉签

化妆棉

纸巾

透明美目贴

肤色美目贴

喷壶

2. 化妆品

包括底妆产品；眼、眉、腮、唇等部位的化妆品。

（1）底妆产品

固体粉底，成膏状，质地细腻、保湿、清爽、遮盖力强。

液体粉底，含水量高，质感薄且细腻，妆效自然，遮盖力较弱。

粉底霜，乳霜状，有一定的遮瑕力，属于油性配方，适合干性皮肤，质感细腻。

粉凝霜，无油或少油水性配方，质地清爽，适合油性皮肤，夏天多用，遮盖力较差。

饼状粉底，质地细腻，使用携带方便，遮盖力一般，可用于补妆。

妆前修颜液，可以矫正肤色的同时改变肤质，有黄绿色、蓝紫色和珠光之分，珠光可隐形毛孔。

粉底种类一览如下所示。

粉底种类	流动性	遮瑕力	透明度	保湿力	持妆度	适用肤质
水粉底/类凝胶型粉底	★★★★★	★	★★★★★	★	★	油性肤质
润泽型粉底液	★★★★	★★★	★★★★	★★★★	★★★	一般/混合型/干性肤质
粉底霜	★★★	★★★★	★★★	★★★★★	★★★★	混合型/干性肤质
固状粉底	★	★★★★★	★	★★	★★★★★	油性肤质
粉凝霜	★★★	★★★	★★	★★★	★★	一般/油性肤质
饼状粉底	★	★★★★	★★	★★★	★★★★	一般肤质

注：星级数量越多，代表该项评比表现越优异。

（2）眼线用品

眼线笔

液体眼线笔

眼线液

眼线膏

彩色眼线笔

（3）眼影用品

粉饼状眼影

粉末状眼影

膏状眼影

液体眼影

（4）眉毛用品

眉笔

眉粉

眉胶

（5）腮红用品

腮红粉

腮红膏

腮红液

（6）唇部用品

唇膏

唇彩

唇蜜

（7）修容用品

修颜粉

3. 脸型分类及五官比例分析

学习化妆之前，我们先要了解标准的五官比例和常见的脸型分类。这样有助于我们客观地认识自己的脸型和五官比例的不足之处，在化妆和造型时可以用不同的方法，在视觉上改变自己的五官比例和脸型等。

（1）脸型基本分类及适宜眉形

脸型基本分类及适宜眉形如下图所示。

名称	图形	说明
申字脸		其特征是颧骨较突，下巴尖瘦，额头较窄，整体呈上下窄，中间宽的状态。眉形平直略长为宜，不适合弧度大的眉形，画眉的重点应放在眉峰与眉头之间
由字脸	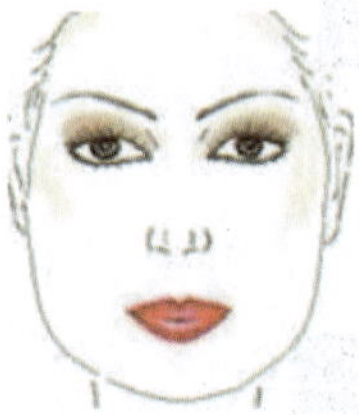	其头盖骨小、中下庭发达，腮帮较大，属下部发达的鹅蛋脸，脸蛋一般呈椭圆形。眉毛应和方形脸一样，适合柔和一点的眉形，以减弱脸部的棱角感，还可以适当拉长眉毛，有拉宽额部的作用
甲字脸		呈倒三角形，俗称瓜子脸，额头显得大而脸颊瘦，下巴尖，整体看上去是上宽下窄，面部线条优美柔和，没有硬朗的转折角度。几乎适合任何眉形
圆形脸	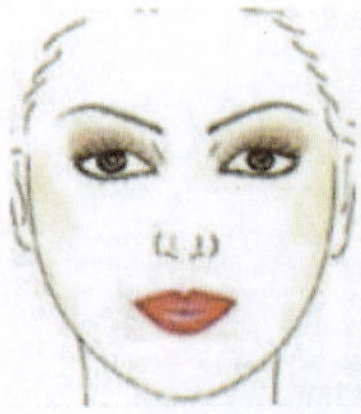	面颊圆润，面部骨骼转折平缓无棱角，脸的长度与宽度的比例小于 4∶3，给人珠圆玉润，亲切可爱的视觉感受。眉毛适宜标准眉或方眉，修整时眉头压低，眉梢挑起可拉长脸型

续表

名称	图形	说明
方形脸	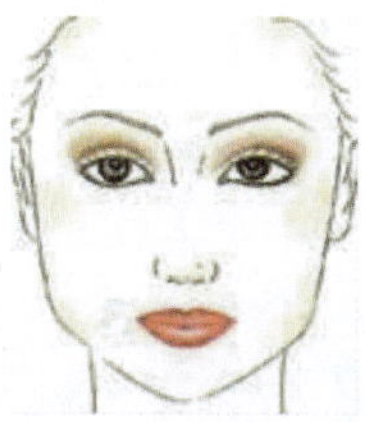	额角与下颌角较方，两腮明显，轮廓分明，极具现代感，给人意志坚定的印象。眉形平直略长为宜，不适合弧度大的眉形，画眉的重点应放在眉峰与眉头之间

（2）脸部的比例关系

三庭，即上庭、中庭、下庭，把脸竖向分成三等份。从发际线到眉间连线为上庭，眉间到鼻翼下缘为中庭，鼻翼下缘到下巴尖为下庭。

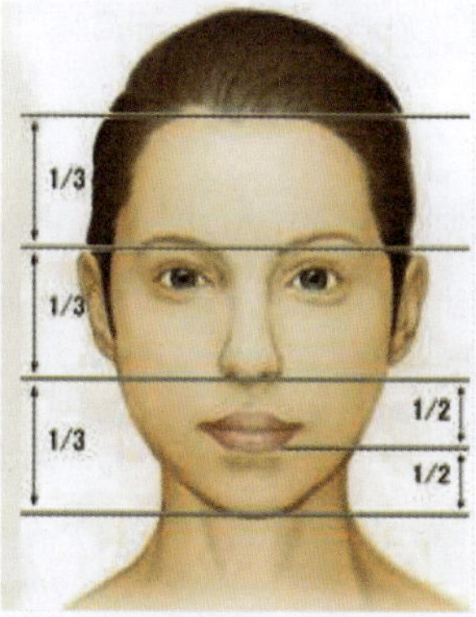

五眼，即两眼角外侧到同侧发际边缘，两个眼睛之间，同为一个眼睛的长度，把脸横向分为五等份。

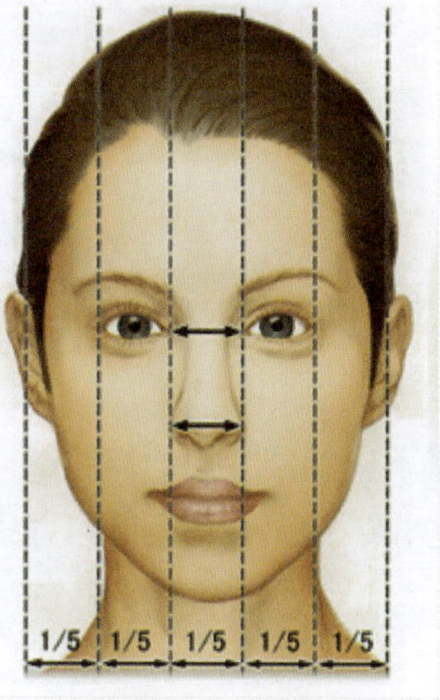

四高三低，额部、鼻尖、唇珠、下巴尖，为四高；两个眼睛之间、鼻额交界处、人中沟的凹陷，为三底。

4. 化妆基本步骤和方法

化妆基本步骤示意图如下所示。

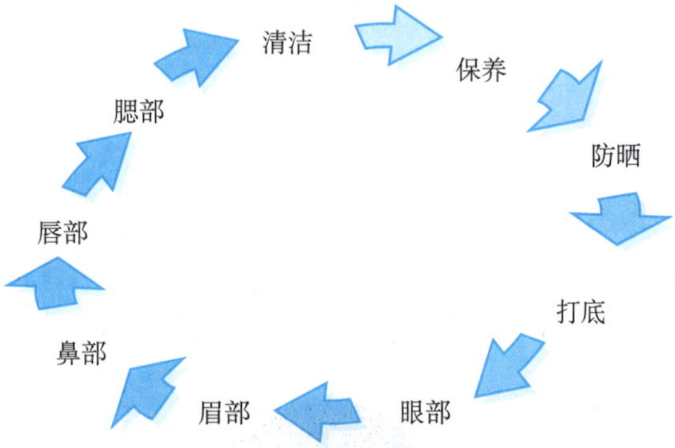

（1）修眉

对于初学者，可先让化妆师修出适合的眉形，再学着自己用刀片或镊子修整。

眉毛是人体面部位于眼睛上方的毛发，有保护眼睛的作用。

标准眉的位置是眉头和眉尾的落点基本在一个水平线上，眉峰位于眉毛的后三分之二处，在眼睛平视前方瞳孔外侧的垂直线，眉头在内眼角、鼻翼外侧的延长线上，眉梢在鼻角至外眼角延长线上。

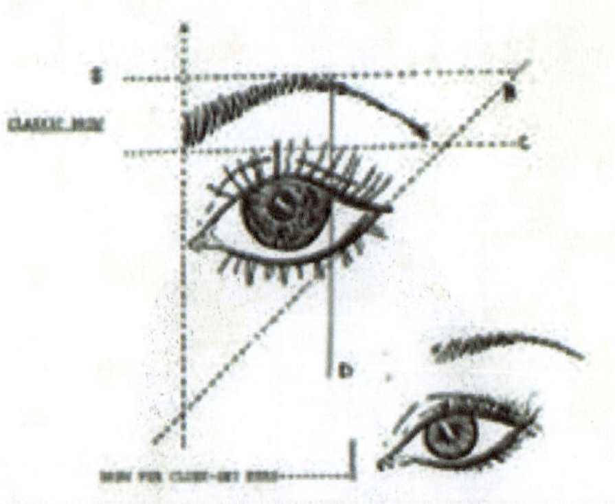

（2）清洁

应眼、脸分开卸妆，选择不同部位专用的卸妆品，如眼部专用卸妆液，可以保护眼部和唇部等娇嫩皮肤，卸妆产品的种类及使用方式，如下图所示。

名称	示意图	说明
卸妆水		纯液态的卸妆液一般含大量的滋润成分，比水油分离的卸妆液的清洁成分要少，有的甚至可以拿来当眼膜，但是较难卸除防水睫毛膏和眼影膏，适合略施粉蜜的淡妆。因此这种纯液态的卸妆液比较适合敏感肌肤，不易有油脂残留，也很适合痘痘肤质使用
洁面啫喱		洁面啫喱是解决出油问题的最佳选择。完全不含油分的质地，不给皮肤带来额外的负担，很多洁面啫喱还有控油、平衡油脂分泌的功能，帮助皮肤调整水油平衡
卸妆油		适合卸比较厚的妆容，我们一定要记得一句话，叫做“以油洗油”。就是说化的妆越油，那么就要用越油的卸妆产品来洗。如果不买太贵的卸妆产品，用 Baby 油也可以，可以先卸掉第一层，但是不能够就到此为止，接下来还要再卸一次或者再洗一次脸，可以防止毛孔堵塞
眼部卸妆液		眼部卸妆液是卸除眼部彩妆专用的卸妆液，因为专为眼部彩妆而设计的卸妆用品质地更加温和，含有不刺激配方，不会伤害到眼周脆弱的肌肤。眼部肌肤比较娇嫩，卸除眼妆时一定要轻柔
保湿卸妆霜	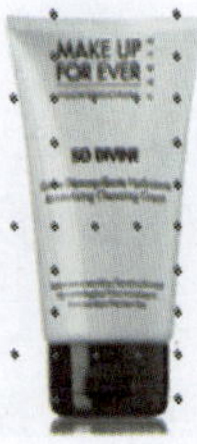	保湿功效优异的柔和卸妆霜，能迅速融合残妆及肌肤污垢并彻底除净。质感轻盈，霜质柔滑，具有优质按摩霜的丰盈感触，使肌肤由内部增强张力和弹性，紧致而柔软

（3）妆前保养

了解自己的肤质，有中性、干性、油性、混合性肤质，其中中性为肌肤水油分泌平衡，肤质平整，没有太大的肌肤问题；干性皮肤，两颊容易出现小雀斑，产生局部色素沉着的现象，时常伴随偶发性脱皮、过敏；油性皮肤，毛孔粗大，容易长痘，满面油光；混合性肤质为T字部位容易出油，两颊较干，易长斑。

小贴士

如何洗脸

用与体温接近的流动水、选择合适自己的洁面用品先在手心磨出丰富泡沫，再用指腹由内向外、由下至上打圈轻轻按摩面部。最后用干净化妆棉吸干水分。

纸巾自测皮肤肤质

早晨起床后，先不要洗脸，剪下三块吸水性强的纸巾分别擦拭前额、鼻翼两侧及面颊。如果纸巾上有油光，说明对应部位皮肤为油性；如果纸巾上变得有些透明，说明你的皮肤油脂太多；如果前额、鼻翼两侧有油光而面颊较干，说明你是混合性皮肤；如果每张都很干燥，你的皮肤就是偏干性的。这种测定方法在早晨未洗脸之前进行会提高准确度。

各个阶段皮肤保养的重点：皮肤保养越早越好，在20岁之前就应养成科学的皮肤清洁及保养习惯；20～30岁应注意预防皱纹的产生，可选用保湿类护肤品；30～40岁应防止皮肤光泽黯淡，除了合理清洁习惯和规律的生活之外，还应有一整套的系统保养。可选用果酸类护肤品，以清除皮肤表面的死细胞，促进新生细胞的生长；40～50岁应注意补充皮肤养分。应选用防皱、补水和再生类护肤品。为防止眼周及嘴角鱼尾纹产生，应使用维生素E面膜及胶原蛋白类面膜，并辅以按摩。50岁以后应补充水分、营养及进行再生细胞的处理应选用优质防皱及能增强皮肤新陈代谢的抗衰老护肤品。早、晚坚持使用，以弥补更年期被破坏的平衡。

下面介绍皮肤保养的基本方式。

①清洁：清洁可以说是皮肤保养最重要的步骤，清洁不够彻底，再好的护肤品都不能很好的吸收，而且容易长痘痘。特别是晚上睡前的清洁更为重要，经过一天的时间，皮肤表面的油脂、空气中的灰尘、彩妆等，都需要彻底地清洁。可以先用脸部卸妆产品轻轻擦去彩妆和表面污垢，再用洗面奶在手心打出泡沫后，在脸部由下而上、由内而外用指腹轻轻按摩，特别不要忽略鼻翼两侧。清晨起床的清洁就相对可以简单一些，非油质的皮肤可以不用洗面奶，以防止过度清洁而破坏皮肤本身表面的保护膜。清洁的水最好是接近体温的流动水，不能用太烫的水，也可以用冷热水交替洗脸。

②爽肤：爽肤也可以是清洁的最后一步，可用棉花片由下往上擦拭，并在鼻头、额头、下巴处多按几下，再换干净的化妆棉进行第二次动作，很多人为了节省爽肤

水而不用化妆棉而直接用手，其实是不可取的，化妆棉有利于皮肤均匀吸收爽肤水。此步骤不能忘了颈部。

③眼霜：涂抹眼霜时手势绝对要轻，正确位置是下眼眶骨，上眼皮可用保湿清爽的眼霜。每次取一粒“大米”分量，左右无名指腹对揉，直到温暖得有融开迹象，由内眼角经过上眼皮轻轻涂到眼尾，再由眼尾经过下眼睑涂到眼角处，直到吸收。不同年龄段要选用不同功效的眼霜。眼霜越早用越好。

④润肤露：选用适合的润肤露，不同季节、不同年龄、一天中的不同时间，都要选择不同的润肤露。涂抹润肤露也要注意动作要轻柔，而且不要忽视耳后、鼻翼、颈部等部位。

⑤面膜：清洁类的面膜一般要清洗，保养类的面膜可以不清洗。面膜必须距离眼睛和口周 0.5 厘米左右，以防眼睛和嘴唇涂上面膜而受到刺激，引起不良反应，与发髻也应保持一定的距离。面膜一般敷 15 分钟左右（睡眠面膜除外），不能敷太久，会导致肌肤失水、失氧。敷好后由下往上轻轻撕下。面膜不能天天使用，如果使用太频繁，容易引起角质层增厚，从而改变我们皮肤的正常代谢。

⑥防晒隔离：在润肤乳完全吸收之后，选择合适的防晒隔离霜，用指腹平涂不容易堵塞毛孔。一般 SPF 值在 20～30 之间，户外活动可以选用 SPF 值 30～50 的防晒霜，阴天和室内也要用防晒隔离霜。

皮肤保养除了基本的保养方式之外，还要有健康良好的作息和饮食习惯。晚上的 10 点至凌晨 2 点，这段时间是新陈代谢进行最多的时间，也是调整内部的最好的时间，所以大家一定要珍惜这个时间，不要去熬夜。中午的 12 点到下午两点是睡午觉的最佳时间，中午一个小时左右的午睡能让你下午的工作事半功倍。睡前泡一个热水澡，滴上几滴精油可以舒缓压力，睡觉时最好不要开灯，房间里的电器应拔掉电源。饮食应清淡，不暴饮暴食，食物不过度加工，多食粗粮和粗纤维食物。多吃水果、蔬菜，多喝开水。

不同肤质要对症保养，不要人云亦云，别人用得好的不一定适合自己，而且不一定是大品牌或贵的一定适合自己。

（4）妆前防晒隔离

防晒产品能抵御紫外线中对肌肤有害的辐射波 UVA、UVB。

SPF 主要抵挡紫外线 UVB，数字代表涂抹产品后能延长肌肤在紫外线下不被晒红的耐受倍数。如在阳光下 20 分钟后皮肤会变红，当用 SPF15 的防晒品时，可延长 15 倍的时间，也就是在 300 分钟后皮肤才会被晒红。

PA 值表示日系防晒品对抗 UVA 的防御力，PA 值后的＋号越多，代表指数越强。但两种防晒产品的防晒数值不会叠加。如涂抹 SPF30 和 SPF20 的两种防晒霜，SPF 值不会变成 50。涂防晒隔离霜时，可由内往外横向涂抹，减少毛孔堵塞。

（5）底妆

底妆包括饰底乳、粉底、遮瑕、修容、定妆。

①饰底乳。饰底乳是彩妆界的肤色修正液，如右图所示。

黄绿色饰底乳：多用来矫正泛红（如痘痘、红 血丝等）的肌肤区块。

蓝紫色饰底乳：用来改善肤色暗沉，让暗黄肤色看起来白皙。

珠光饰底乳：含有微量珠光，可以隐身于细纹毛孔中，制造健康肌肤光泽，提亮五官。

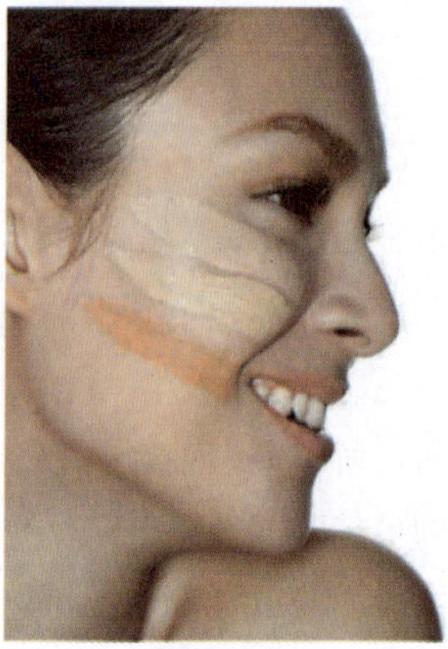

②粉底。粉底种类可详见化妆品部分。

选择适合自己的粉底：自然光线下涂于脸颊部，与肤色最接近的颜色就是适合的粉底颜色。不是越白越好，太白的粉底不自然，有种戴了面具的感觉。

各种粉底的正确上法。

粉底液（霜）：涂擦乳液的方式，由下往上。

固状粉底：搭配海绵使用，少量多次快速轻柔。

粉饼：U 形握法，轻蘸，按压面部。

③遮瑕。包括眼部遮瑕、痘痘的遮盖和面部斑点遮盖。

● 眼部遮瑕。选择比肤色略深的遮瑕棒遮盖黑眼圈，然后再整体给脸部打粉底。

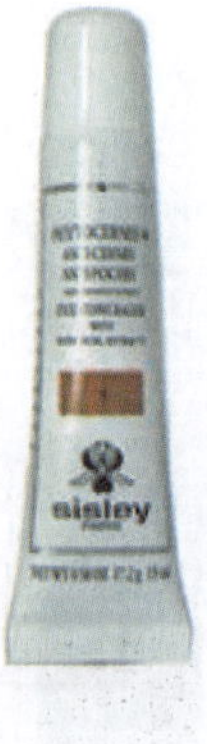

用遮瑕笔在黑眼圈处薄薄遮盖。如果黑眼圈过重不能彻底遮盖时，可用遮瑕笔在黑眼圈最下沿重复描绘（不是在黑眼圈上），可以减淡黑眼圈。

● 痘痘的遮盖。选用痘痘专用的遮瑕产品，有抗菌消炎作用。先要看清楚痘痘的状况，如果已有脓头浮出，就别遮住它，让它快点成熟自然愈合；刚刚冒出的痘痘，用笔状遮瑕膏轻抹后，再轻压即可。当痘痘长在腮红处时，可适量沾些腮红与遮瑕膏混合，让腮红依旧动人。

● 面部斑点遮盖。选择比肤色略深的遮瑕笔或遮瑕棒，可以很好地遮盖色斑，然后再用偏白的粉底将整个肤色提亮。无论是哪种斑点，都要做好防晒工作。

④修饰脸型。双色或多色修容饼；利用修容饼的深浅；浅色提亮五官；深色修小脸型。

⑤定妆。包括自然裸肌定妆、完美无瑕定妆。

自然裸肌定妆：粉扑蘸蜜粉，少量多次轻拍全脸。蜜粉放在粉扑上时，用手指弹掉余粉，脸上粉多的地方再用蜜粉刷轻轻扫过。清晰无痕蜜粉，如右图所示。

完美无瑕定妆：先用海绵蘸取少量粉饼拍打、定妆，再用蜜粉刷蘸粉饼进行第二层抛光。以画圈的方式由上而下、由内而外均匀刷全脸，打圆的过程中粉末的厚度跟着轻薄起来，创造出彷佛打蜡般光滑细致的妆效。

（6）眼部修饰

①眼影和眼线。不同眼形的眼影和眼线修饰如下所示。

名称	示意图	说明
小眼睛	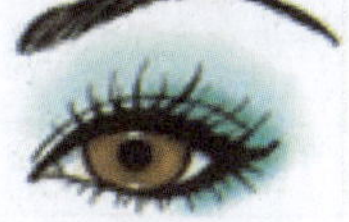	在整个眼皮部位涂上亮色的眼影，可以使整个眼睛看起来很清爽。从眼线的 1/2 处到外眼角和下眼皮距眼角 1/3 处到内眼部都涂上深色的眼影，可以使眼角更显修长
圆眼睛	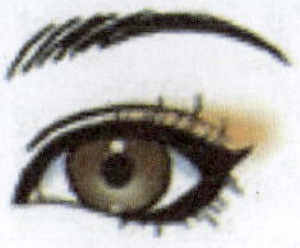	在眼角的上部涂上深色的眼影，可以使眼睛看起来很修长。如果在眼睛的中央涂上较深颜色的眼影，会使眼睛显得更圆。最简单自然的眼线，紧贴睫毛根部画隐形眼线。眼线略粗，尤其加重眼尾。晕开下眼线显的眼睛更大

续表

名称	示意图	说明
金鱼眼		不宜选用粉质眼影，否则会适得其反。应选用油质的冷色调眼影。注意不要涂得太厚重。用粉质眼影在眉毛的下方添加一点亮色，还可根据眼睛的形态通过线条添加一些着重色彩
眼距偏大	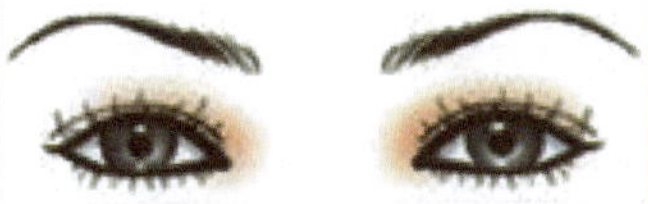	要使眼睛之间的距离看起来小一些，在眼角和鼻子中间的部位淡淡地涂上一层眼影。眼线也可以在内眼角拉伸
眼距偏小		可以在从眼角到眼睛中间部位涂上一些明亮的颜色，使眼距看起来大一些，还可在眼角略微加深一下眼影的颜色。眼线可在眼尾拉长加重
眼角上扬		外眼角和下眼睑处用深色眼影，从中间部位到眼角则要用浅一点的颜色。底色部分应该水平地来画。眼线可加深下眼线后 1/3 到 2/3 处
左右眼睛不对称		左右眼睛大小或模样不同时，用较深颜色的眼影把偏小的眼睛适当画大，再用比偏大眼睛略粗的眼线扩大轮廓，使之接近偏大眼睛。在画眼影和眼线时，应该看看睁开眼睛时双眼的大小和模样是否一致
眼角下垂	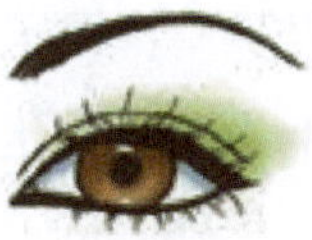	采用青色或者绿色这样冷色系的眼影上扬形晕染。眼线适当加深内侧下眼线，强调眼尾上眼线，使眼形上扬。开始要画得很细，以后慢慢加粗上扬
细长的单眼皮眼睛	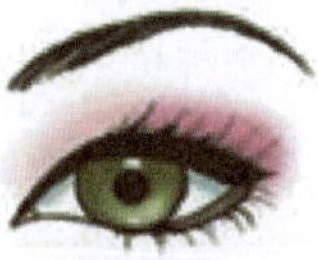	在眼眉下方添加一些亮色，然后从眼头到中间部位涂上明色眼影，从中间到眼尾涂上深色眼影。画眼线时将眼尾拉出，拉的位置细可以显得更加柔美
凹陷的眼睛	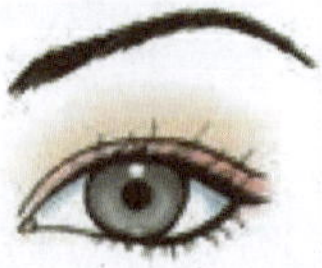	在凹陷的眼皮部位涂以亮色眼影或者粉质眼影。在增加了一些亮色之后，用红色系的中间色系眼影在双眼皮部位画上眼线，最好是选择没有光泽的眼影。眼线避免生硬

②睫毛。

• 夹睫毛：选取适合自己眼形弧度的睫毛夹，将睫毛夹与眼睛弧度对齐，使睫毛夹的弧形贴合睫毛根部的位置。轻轻用力，将睫毛向上提升至 60 度的角度，然后再向上提升至 90 度的角度连续慢慢往外，向上夹至睫毛尾部，使之自然卷翘。

• 刷睫毛：取适量睫毛膏，将睫毛膏调整到适合的分量，以 Z 字形的方式由睫毛根部开始向上向外重复刷到最丰盈的分量。然后使用小的刷头，局部型的睫毛膏左右横刷，将下睫毛刷满睫毛膏，让眼形显得更大，更加有立体感。

• 假睫毛：在戴假睫毛时首先要估算好位置和长度，而且短的睫毛在前，长的睫毛在后。位置的计算要精准，否则容易两眼不对称！假睫毛完成后，切记要使用睫毛膏再轻轻刷拭几遍，这样真假睫毛才能自然的贴合，才不会出现两层睫毛，假睫毛才不会太突兀。

③眉毛：包括修眉和画眉。

修眉：见妆前准备部分。先修出基本眉形，再做清洁保养步骤，有助于清理修剪下来的眉毛，保持脸部干净。

画眉：眉毛的颜色基本与发色相近。从浅到深、自然过渡，有立体感，顺着眉毛方向画。

常见的眉形种类如下所示。

柳叶眉，顾名思义眉毛两头尖，呈柳叶形，适合脸型或五官比较纤细。

拱形眉，弧度比较大，有拉长脸型的作用。

上挑眉：眉尾比眉头高，可以拉长额部。

平直眉，比较自然，弧度小，适合长脸型。

> 眉形与脸型的速配：长脸——自然眉
> 圆脸——拱形眉
> 倒三角脸——眉峰内移
> 三角脸——女优眉
> 方脸——圆弧拱形眉

不同脸型的眉毛画法，见基本脸型分类。

（7）腮红

①腮红的基本位置。太阳穴以下，鼻底线以上，脸颊骨下，笑肌最高点。

②腮红的颜色。根据妆容颜色选择粉红色系、橘红色系、棕红色系等与妆容相和谐。

③各种不同腮红画法。

圆形腮红：这是最常见也最简单的腮红画法。只要对着镜子微笑，在两颊凸起的笑肌位置，以画圆的方式刷上腮红即可。这款腮红的妆效比较甜美可爱。但圆形脸使用会使脸更圆。

扇形腮红：这款腮红的面积较大，不仅能修饰脸型，也能烘托出好气色。腮红的位置是太阳穴、笑肌、耳朵下方三者构成的扇形，注意刷腮红时的方向，要从颊侧往两颊中央上色，才能让最深的腮红颜色落在颊侧的位置，达到修饰脸型的目的。

颊侧腮红：如果你觉得自己的脸型太圆润，不妨试试颊侧腮红画法，可让脸蛋看起来较瘦长。颊侧腮红的技巧是，选择较深色的腮红如砖红、深褐色，刷在脸颊的外围，也就是耳际到颊骨的位置，范围可略微向内延伸到颧骨的下方，会让脸型看起来更立体。

晒伤腮红：想要赶搭度假风潮，不妨尝试这款充满阳光感的腮红画法。挑选带有亮泽感的金棕色腮红，淡淡打在鼻翼两侧的位置即可。还可从鼻峰推往两颊上色，就能创造出刚受过阳光洗礼的度假妆感。

④不同脸型的腮红位置。

圆脸：腮红只需要用腮红刷呈“U”形的扫上腮红，呈现出脸型的立体感就好了。

鹅蛋形的脸型：可以说是大多数女性都非常羡慕的完美脸型，适合多种腮红画法。不过虽然如此，我们也不可对腮红的画法掉以轻心，要不然好好的脸型就毁掉了。

长脸脸型：它虽然没有鹅蛋形脸型的优势，但是通过腮红来修饰这款脸型也是非常的简单，我们只要用横向腮红法就能够让你拥有意想不到的效果了。

国字脸：即方形脸，一般来说方形脸的棱角都是会太过明显的，给人一种不易亲近的感觉，没有温柔感。腮红由颧骨的顶端位置斜向下刷，可以修饰突出的双颊。

（8）鼻影

打鼻影的要诀是手势，要懂得如何勾画。与眉头自然衔接，界限不要太明显，否则会比较生硬。而选色方面，多以不同的咖啡色为重心。如不是要做出什么另类效果，绝不可以红、橙、黄等颜色。在日光下，可以较浅的咖啡色来加重鼻上的轮廓；在出席晚宴或在五光十色的室外派对，则可以较深的咖啡色来加重鼻上的阴影。

（9）唇部的修饰

标准唇形即上唇是下唇的 1/3 到 2/3，宽度不超过眼睛直视前方瞳孔内侧线。不同唇形的修饰说明如下。

嘴唇过厚：用遮盖霜涂于嘴唇边缘，甚至包括唇面，并用蜜粉固定。用深色唇线笔沿唇角勾画，保持嘴形本身的长度，将其厚度轮廓向内侧勾画。唇膏宜选用偏冷的深色，使厚唇得到收敛。

嘴唇过薄：用唇线笔将轮廓线向外扩展，在原有的唇线外勾画一条唇线，上唇的唇峰描画圆润，下唇增厚，唇面上涂亮光油，唇膏应选用偏暖的色彩。

嘴角下垂：用遮盖霜涂于唇轮廓周围，尤其是唇角部位，再用唇线笔勾画轮廓线，改动唇两侧的轮廓线使唇具有上翘的趋势。画上唇线时，唇峰略压低，唇角略提高，嘴角向内收。画下唇线时，唇角向内收与上唇线交会。唇中部的唇膏色比唇角略浅一些，突出唇的中部。

嘴唇突出：嘴唇过于突出有向外翻的感觉。修饰方法如画轮廓线时，唇角略向外延，嘴唇中部的上下轮廓线都尽量画直，收敛过于突出的感觉，唇膏宜选用偏冷色。

嘴唇过大：嘴唇过大向两侧延伸，使下颌显小，使人有不善言语的笨拙感。修饰方法为用遮盖霜涂于唇边缘，包括唇面，用蜜粉固定。画轮廓线时，上下唇角的轮廓线都要向内收缩，在原有的上下唇线内侧勾画唇线，使唇变薄变窄。用深色亚光唇膏，使过大的唇得到收敛。

嘴唇过小：嘴唇过小使下颌显大，使人有小气、琐碎的感觉。修饰方法：画轮廓线时，上下唇角的轮廓线都要向外延伸，在原有的上下唇线外侧勾画唇线，使唇变宽变厚。用浅色或亮光唇膏，使过小的唇看起来大一些。

平直形唇：唇峰不明显或唇平直没有唇峰，缺乏曲线美。修饰方法为用遮盖霜掩盖原有唇形，用蜜粉固定。勾画上唇线时，描画出明显的唇峰，下唇画成船底形或圆润形，唇线的颜色要略深于唇膏色。

给脸部整体平衡感

要注意五官比例和总体色彩平衡，如粉色眼影配粉色腮红粉色唇彩；大地色眼影配偏橘色腮红和橘色唇彩。

完美妆容需要美丽笑容。

（10）补妆

可用干湿两用粉饼补妆，皮肤较油的，可先用吸油纸吸去油光，再用粉饼补妆。

补妆的礼仪禁忌

忌当众补妆，更不宜在异性面前补妆，应去洗手间或化妆间补妆。

妆面不宜过浓过重，香气四溢，会影响他人。

勿借用他人化妆品，勿评论他人妆容。

（二）化妆：男士妆容

修饰前

修饰后

现今社会男士化妆已不是什么新鲜事了，特别是日韩的男士已经比较重视，男士也要选择适合自己的护肤品和能让自己看起来更精神的化妆方法。

1. 底妆

首先是选择合适的粉底，通常要选与自己肤色相近或稍深的，比较多的人会选棕色系，还要注意场合的需要。另外，干性皮肤的人最好选用粉底液，较油性的就应选用中性的干粉。擦粉底的手法多用敲和印，只要薄薄的一层就好，别像女士那样“浓妆艳抹”。而且要了解自己的脸型，脸圆的人上粉时要从脸颊往耳后扫，让脸看起来瘦一点；轮廓不分明的就要在下巴位置擦颜色较深的粉底，不过要注意过渡自然。最后用粉扑把定妆粉轻印在脸上，保持妆容在较长时间内透明自然。

2. 眉眼

“浓眉大眼”是男生的特点，眉画得不好就会破坏整个妆容。男生的眉毛大多比较浓密，画眉时多采用补的手法，让眉毛看起来均匀平整。有较多男生眉毛比较浓密，甚至长成“一字眉”显得比较凶相，这时我们可以适当修掉眉间的眉毛，使眉头舒展，看起来不会太凶悍；还有较多男生眉毛倒挂，显得很没精神，有点像“蜡笔小新”，这时我们可以适当修掉眉头上部和眉尾下部的眉毛，使之趋于平衡，再用眉粉或眉笔添补眉头下部和眉尾上部调整眉形，会使人看起来精神很多。眼部修饰是化妆的重头戏，原则是有神。在睡眠不足导致眼睛疲惫时可以用咖啡色的眼线笔勾画一下就可起到“提神”、“明目”的作用。睫毛要理顺，可以适当使用睫毛膏定型。遮盖眼袋、黑眼圈也很重要，大多使用浅色干粉提亮或补平，从视觉上弱化凸出的眼袋。

3. 画唇

男士化妆不能画唇线，如果唇色不好的可以涂自然肉色的唇膏，切忌太红润和有亮度。嘴唇干裂要先涂一层润唇膏。

4. 遮瑕

辛辛苦苦化妆好的妆容岂能让小斑点破坏呢？所以化妆后要用专业的遮瑕膏掩盖日晒斑、痘痕、雀斑。这样一个自然优雅的男妆就大功告成了。

补妆：男士皮肤更容易出油出汗，要及时补妆，特别是在重要场合，如上镜和演出前，一定要先吸油，再补妆，避免油光发亮的脸部。

（三）发型及手部

1. 发型

头发护理常识

洗发：清洗前轻轻理顺头发，用温水彻底湿润后，取适量适宜的洗发水于掌心（不要直接放在头皮上，以减少对头皮的刺激），揉出泡沫后从发梢到头皮用指腹轻柔，一般每周2到3次，油性头发可每天清洗。

干发：用干毛巾吸水，不要用力擦拭，自然干，最好不用吹风机，一定要用也不要用高温。

梳发：应轻柔忌用力拉扯，梳齿不宜太尖，材质以木质、牛角、玉梳为佳。适当梳发能促进血液循环和皮脂分泌。

扎发：头发不宜扎得太紧，以免给头皮造成压力。

防晒：头发也要做好防晒工作，帽子就能帮上忙。

不同脸型的发型修饰如下所示。

名称	视图	说明
宽额头、圆脸、大饼脸、宽颧骨		如果没有刘海的掩饰，完全露出的额头很容易增加整个面部的面积。想要小脸，最直接见效的就是选择偏分的圆弧刘海，弧线刘海遮住额头部分的肌肤，偏分处露出“人”字形的额头，从视觉上能帮助你打造“菱形”的脸型轮廓，达到瘦脸的目的
窄额头、大饼脸、宽颧骨		通过蓬松感和凌乱感的发流线条轮廓来创造小脸效果。用卷发棒将发束做出凌乱感发流，利用头发整体体积变大来与脸部形成视觉对比，凌乱的耳发和刘海向内收敛勾勒脸廓，让露出的脸好似变小了一样。此外凌乱发流能帮助转移视觉重点，让人容易忽略你脸型大小比较的事上
额头宽、颧骨宽、两腮肥嘟嘟		无论是额头宽、颧骨宽还是两腮肥嘟嘟，都可以利用这款发型来轻松搞定。中分的大波浪前发，正好制造倒“U”形线条轮廓，帮助遮挡住宽颧骨和两侧脸颊，令脸型看上去更加瘦削。配合从下巴开始卷曲的丰盈波浪卷发，形成对比，将脸部更显小巧

续表

名称	视图	说明
长脸、宽额头		齐刘海是长脸 MM 的最爱，因为它能最大程度的帮助缩短脸部形状。但同时这种内卷的厚重齐刘海也容易让额头看上去过于饱满和宽大。像这种齐刘海，一大细节很重要——从眼外侧开始斜向下内收，这种轮廓造型能解决齐刘海膨胀额头的问题，还能减弱颧骨的凸出感。
圆脸、 两颊婴儿肥		圆形脸或是两颊婴儿肥的最大问题就是如果让腮骨完全呈现出来，会令整张脸的比例看来很大很扁。我们可以利用垂下来的“人”字形长刘海覆盖住腮骨的轮廓线条，令脸型看上去更加小巧。长刘海长度延续至下巴，发尾向内收，进一步修饰两颊的嘟嘟肉，即使从侧面看也不会暴露
宽额头、 宽颧骨		基本上这款斜分的刘海发型适合大多数脸型的女生，能让额头呈现出尖尖的小巧轮廓，配合发尾反翘的“小伞头”，遮住宽颧骨，发尾部分又能反衬出尖下巴，使得露出的脸部肌肤整体轮廓就能呈现出黄金比例的菱形。秋冬季节，可以配合暖色系的挑染，从视觉上增加发量和层次感，进一步衬托出脸部的小巧。

参考资料来自秀美网

发型还要注意与服装、体型、场合等各种因素相和谐。如着休闲服装时，圆又脖子较短的女生，应选择低领或 V 字领服装，以拉长脸型，把头发放下来，以拉长脸型、遮盖肉肉；而脸型较好的女生，造型可有更多的选择，可以把头发盘起，显示娇养的领部轮廓。而且，头发的长度要与身高和谐，身高不高的女生不要留太长的头发。

男生的发型和妆容一样，以干净清爽为好，特别是在职场，又脏又油的长头发是不受欢迎的。

现在男士的发型也越趋于多样，建议职场男士，想要给对方以成熟、稳重、信任感，千万不要一味地赶时髦，把头发染成各种怪异的颜色，发型也不能太另类夸张。下表中介绍几款常用发型。

名称	视图	说明
刘海款男士短发发型	 	最适合脸长男生。额头全部遮住的设计，最能修饰脸颊，而围绕耳朵的鬓发，修剪上加入一点心思，体现精神又活力的职场型男
干净清爽的短发造型	 	短短的两鬓，尖尖的刘海，美型又时尚，又比较好打理
顶部烫卷的发型	 	头顶的区域部位用双手抓松，让整个头型看起来更自然丰厚。头顶的卷度慢慢地用手指搓出自然的C型卷度。蓬松的顶部还可以修饰较突出的颧骨

图片资料来自秀美网

2. 手部

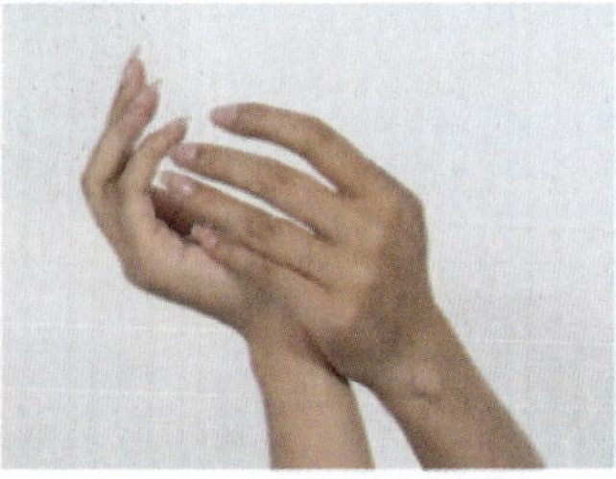

手被称为人的第二张名片，应加强护理。手部除了干净之外，应忌粗糙、长疮、皲裂。建议随身携带护手霜，保持手部滋润。指甲油要保持完整，职场选择中性色或透明色。

知识竞答

1. 请根据自己未修饰前面部肤色选择较合适的粉底颜色（　　）。

A. 　　B. 

C. 　　D. 

2. 某时尚女士下午参加公司商务会议，黑色西服加深灰色铅笔裙，蓝色内搭，请问选择什么颜色的指甲油合适(　　)。

A. 黑色　　B. 粉色

C. 蓝色　　D. 透明色

E. 银灰色

3. 某人脸部有红血丝，要选择什么颜色的粉底或隔离霜改变肤色(　　)。

A. 偏粉色　　B. 偏绿色

C. 偏蓝色　　D. 偏透明色

4. 脸部有较多色素（如雀斑、黄褐斑、晒斑等）要用怎样的颜色遮盖(　　)。

A. 比脸部肤色浅一号　　B. 比脸部肤色深一号

C. 接近脸部肤色　　D. 白色

5. 黑眼圈用怎样的颜色遮盖(　　)。

A. 比黑眼圈深一号　　B. 比黑眼圈浅一号

C. 接近黑眼圈　　D. 接近脸部肤色

6. 要让眼袋不那么明显，遮瑕膏用在什么部位比较合适(　　)。

A. 眼袋上　　B. 眼袋周围

C. 眼袋下　　D. 眼袋中间

7. 偏圆形脸要避免的腮红画法(　　)。

A. 上下倾斜形　　B. 圆形打圈

C. 左右横扫　　D. 扇形向外

游戏互动

请根据不同场合需要为自己或同学以未加修饰原型选择合适的发型和妆容修饰。

职业

休闲

晚宴

风采展示

综合仪容部分的内容，为自己找到适合的妆面发型，化一个淡妆，在班级进行评比。

第二节 仪 表

情境导入 **仪表关乎价值**

小静和朵朵在同一个部门竞聘部门经理一职，如你是上司，在能力相当时，你会选择谁？

干练职业装（小静）

甜美淑女装（朵朵）

小静表现了干练，专业，给人以信任和干练感；朵朵较为甜美，适合约会等轻松场合。经理一职当然是前者比较合适。

仪表即人的外表，包括人的体型、容貌、服饰、姿态、举止、表情等，是人的精神面貌和气质风度的外在体现。而服饰是其中面积最大，并能最直观体现仪表的因素。本节着重了解着装礼仪和表情礼仪。让我们开始一段关于美的旅程！

> 成功的形象塑造是获得高职位的关键。
>
> ——形象设计公司英国CMB

一、着装礼仪

TPO 着装原则

T——（TIME）穿着要注意年代、季节和一日的各段时间。

P——（PLACE）穿着要适宜场所、地点环境。

O——（OBJECT）穿着要考虑此去的目的及穿衣对象的状况。

着装礼仪也应遵循 TOP 原则，在不适宜的社会环境下，你的着装再华美、再时尚、再昂贵也是最差着装！服装本身没有好坏之分，当它穿在人身上，才能体现它的价值，而且，价值不直接取决于金钱，盲目追随流行和名牌也是不智之举。关键是要找到适合自己的着装风格，体现自己特有的气质。要找到适合自己的着装风格，首先要从了解自己开始。

着装风格＝视觉风格＋服装风格＋心理风格

准备好了吗？跟我出发！GO!

视觉风格是指人与生俱来的体型风格和色彩风格。体型风格包括脸型和体型的直曲；色彩风格包括人体的肤色、发色、眼珠色等。

（一）脸型的直曲

曲线脸型，即腮部呈圆形或曲线型，面颊圆润或丰满，圆眼睛，弯眉毛，丰满的嘴唇，圆形或丰满型鼻子。

圆形　　椭圆形　　心形　　梨形

棱角脸型，即方腮，锥形或纤细的鼻子，高颧骨，轮廓分明，尖下巴，杏仁眼，直线侧面，直眉毛，有棱角特征，直前额。

当然，人的脸型很少会只属于一种脸型，可能是介于两者之间，或偏向于一种。你的脸型偏向于哪一种？偏于直线还是曲线？

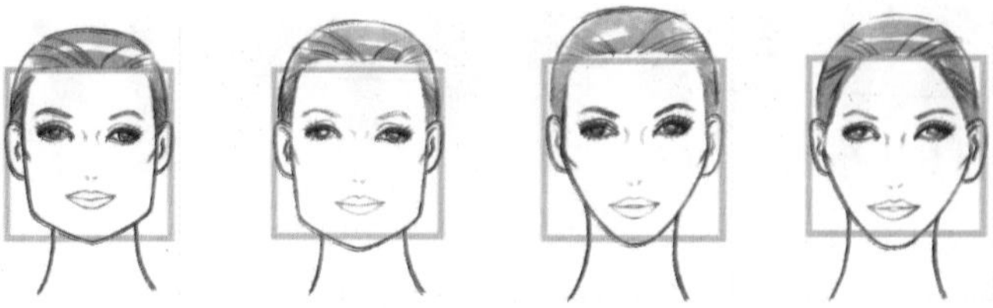

正方形　　方形　　三角形　　钻石形

（二）体型的直曲

1. 曲线型

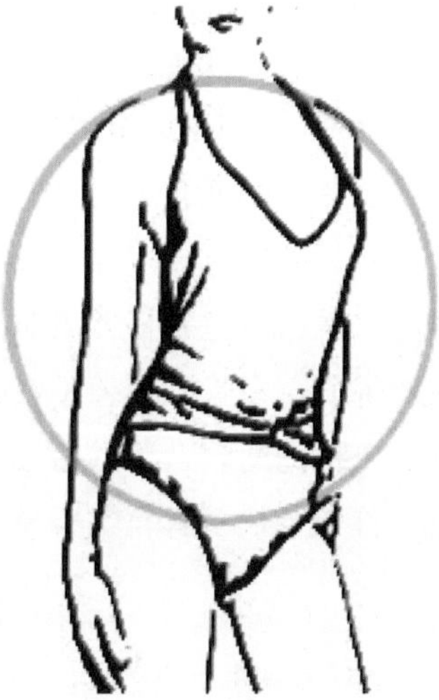

- 柔和的肩线；
- 圆润的胸部（经常是丰满的，但不一定都如此）；
- 小或椎形的胸腔；
- 臀线较高；
- 腰部很细（相对于臀部尺寸）；
- 臀部浑圆；
- 翘起的臀部姿态；
- 胸线较高；
- 腹部浑圆；
- 身体丰满；
- 腿部有曲线；
- 走路时臀部运动。

2. 直线型

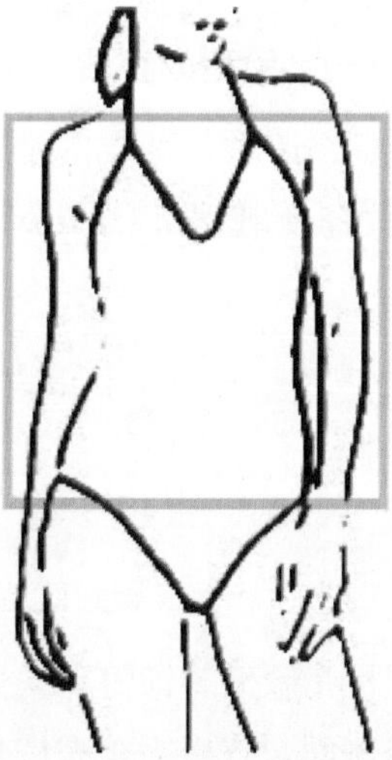

- 曲线形突出的锁骨；
- 宽中腹部、粗腰；
- 长躯干；
- 平直的肩线；
- 臀部较窄（也可能有突出的臀部）；
- 扁平臀部或腹部；
- 腿很直；
- 姿态很直；
- 行走时身体很直；
- 胸线较低；
- 臀线较低；
- 腰部、中腹部、臀部尺寸相近。

标准体型身高比例：以头长为单位衡量身高，标准体型为7.5～8个头长，如下图所示。

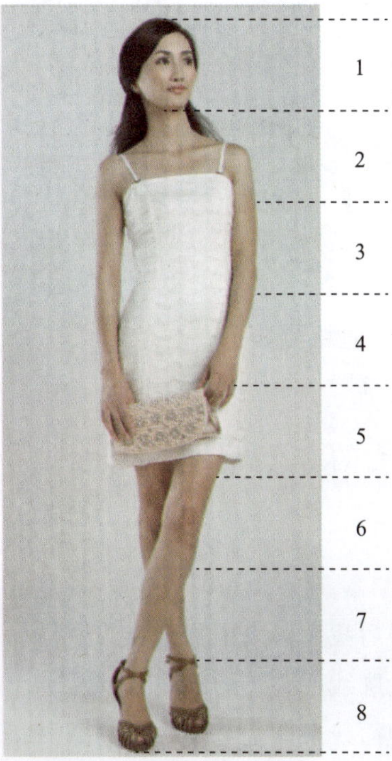

基本体型分型及特征如下所示。

类型	特征	适合服装
长方形	肩臀窄、平胸、细腰、四肢细 身体笔直有棱角、消瘦	淡化消瘦感的量感服装 暖色比冷色更有生气
正三角形	上半身小、背窄、腰细、腿短 臀围线低圆，下半身较笨重	上衣比下装宽松亮色 下装简单A形或喇叭形
倒三角形	肩宽、臀和大腿部窄、腰粗短 臀线高而扁，腿相对长且直	上衣宽松、简单有量感 有细部的宽松裤子
沙漏型	肩背臀宽、腰细 显胸臀部比实际大	腰部曲线不明显的连衣裙 宽腰带
菱形	腰腹粗、胸臀小 臀线较高	自然下垂、材质较轻的多层式 加长上衣、直筒裤、喇叭裤
圆形	背部和臀部较大， 圆胸、腰臀腿围较大	利用直线和棱角 表现轮廓

将脸型和体型相结合，得到下面四种基本体型，如下图所示。你的体形偏向于直线还是曲线？

柔和型：曲线型脸部 ＋ 曲线型体型；

柔和直线型：曲线型脸部 ＋ 直线型体型；

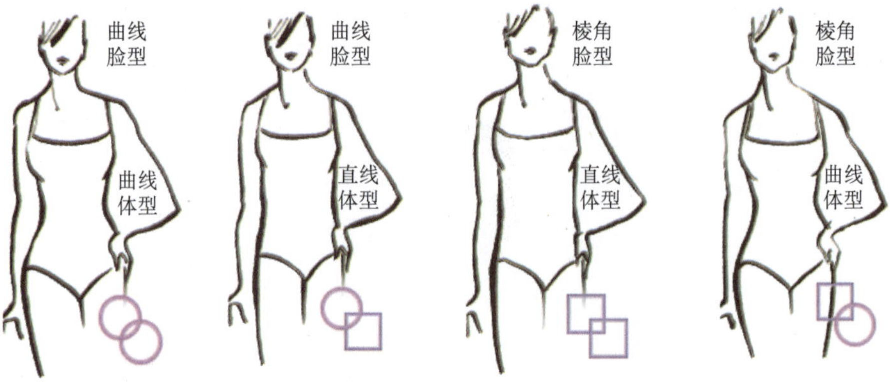

直线型：棱角型脸部 ＋ 直线型体型；

直线柔和型：棱角型脸部 ＋ 曲线型体型。

你找到了属于自己的体型风格了吗？

我的体型风格

了解了自己的体型风格后我们再来了解服装的型。

服装的型有两种：外轮廓线或服装的外观。

影响服装整体造型的表面线条即细节设计，包括中缝、接缝、口袋和垫肩。

直线型服装

直线型轮廓，腰线附近少有或没有收腰。如细长连衣裙和半截裙，上衣两侧直开叉，V 形领线或西服领罗纹针织衫或条纹衫带有几何图案的衣服。细条、方格或条纹的衣服束腰或宽松直筒连衣裙，如下图所示。

柔和直线型服装

脸部周围曲部线条较柔和，身体部分线条较直，如柔和的针织衫、悬垂领、圆领和圆形西服翻驳领、青果领。下装面料可以是几何图形、方格或条纹。衣面料可以是柔和的印花、花卉图案、旋涡纹和旋上动纹，帝国式高腰线设计的衣服，低腰线设计的衣服，如下图所示。

曲线型服装

成型的并带有腰带的外套和上衣。强调腰部设计圆形领口，悬垂领口、荷叶边、波浪边或柔和图案的面料，如花卉图案，漩涡图案和旋动图案斜向方格面料大摆裙或贴体造型裙、喇叭口或柔软褶宽松裤，如下图所示。

直线柔和型服装

成型的并带有腰带的外衣。强调腰部设计，西装领、中式领V形领。上衣采用挺括面料，下装采用柔软而富于流动感的面料。上衣带条纹或方格等几何图形，下装可以由花卉图案、旋涡图案的柔软面料制成。小喇叭裙、战壕风衣式服装围裹，如下图所示。

了解了自己和服装的型，找到与你体型一致的衣服，当然还要根据自己内心的喜好，再作一些细部的调整来掩饰体型的缺陷，突出自己的优点。

了解人体的“形”外，我们还要了解“色”

色彩是通过视觉对光产生的知觉现象，无光即无色。色彩分为有彩色（即可见光普中的全部色彩）和无彩色（即黑、白、灰系列）。

有彩色的色彩都具有三个属性：

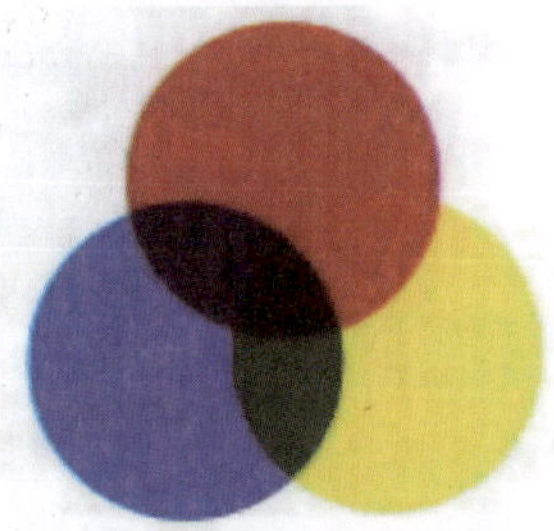

- 色相，即色彩的相貌，其中红、黄、蓝为三原色，三原色两两相加产生三个新的色彩为二次色；
- 明度，即色彩的深浅明暗程度；
- 纯度，即色彩的鲜艳饱和程度。

无彩色即没有色相和纯度，只有明度的变化。

色彩还能表现不同的温度：含黄色的颜色给人温暖感，为暖色；含蓝色的颜色给人冷的感觉，为冷色。正红正绿为中间色。颜色的冷暖是相对的。

色彩所表现的不同性格：

- 红色——热情、活力、紧张、健康、欢喜、抽象；
- 橙色——活力、丰富、元气、健康、愉快、温馨；
- 黄色——好奇、轻盈、幸福、注意、警告、轻率；
- 绿色——沉着、健康、安定、知性、成熟、可爱；
- 蓝色——宁静、寂静、神秘、冷静、永恒、广阔；
- 紫色——神秘、优雅、华丽、高尚、浪漫、冷艳；
- 棕色——自然、朴素、保守、沉着、稳定、大气；
- 白色——纯洁、高贵、神圣、干净、简单、广阔；
- 黑色——黑暗、不安、恐惧、死亡、权威、虚无。

个人色彩包括发色、眼珠色、肤色等。

暖色：发色、眼球、肤色为金棕色、青铜色或金属色。

冷色：肤色为玫瑰米色，中等明度和纯度。

深色：色彩对比强烈，肤色基调为橄榄色，发色和眼球颜色较深。

浅色：肤色柔和娇嫩，面颊粉红，肤色与发色对比度较小，中等纯度。

亮色：很浅的肤色，很深的发色，亮而深的眼球。

浊色：中等明度，无对比，自然的皮肤色，面颊很少或无色彩。

不论是哪种色彩理论，都离不开色彩的深浅、冷暖、艳浊。

人体颜色的清晰度包括发色、瞳孔色、肤色的反差度。色差越大清晰度越高。

游戏互动

以下是来自台湾形象设计师的个人色彩诊断测验

开始进行前，请谨记三要点！

- 一鼓作气，不要停顿思考或迟疑，根据你的直觉反应。
- 如果你不确定答案到底是哪一个，不用担心。只要选出你认为最接近的颜色就可以了。
- 每个色彩时钟（色彩组合）的眼珠颜色，都有蓝色、棕色、淡褐色和绿色；只不过有颜色的寒暖、亮浊和深浅。

start

第一大题，请参考图一。

Q：仔细观看下方这三张风景照片（图一）。你最喜欢哪一张照片里的颜色？

☐ 日出　　☐ 日落　　☐ 日光

图一

第二大题，请参考图二。

Q1：你最喜欢哪一种色彩组合？不要因为特别喜欢哪一个颜色，或认为哪个颜色正在流行，而选择该色彩组合。请选择你真正喜欢的“色彩时钟调色盘”（Colortime palette），尽量掌握色彩组合的全貌，还有这些颜色放在一起的感觉。

□ 日出　　□ 日落　　□ 日光

图二

Q2：如果你可以把衣柜里的所有衣服全部更新，你会选择三个当中的哪一个色彩时钟作为新衣服的颜色？

□ 日出　　□ 日落　　□ 日光

Q3：如果可以重新布置你的家，你会选择的颜色多半落在哪一个色彩时钟最多？

□ 日出　　□ 日落　　□ 日光

第三大题，请站在镜子前面，尽量利用自然光，好好看看自己，然后回答下列问题，找出你的个人色彩。也可以请一位朋友帮忙，选择最接近你色彩的答案。请勾选答案并将结果加总。

Q1：请问你的眼珠是什么颜色？

❶棕色

□ 日出：玫瑰棕。

□ 日落：琥珀色、暖金棕色。

□ 日光：棕色，不过我的眼睛里看不到上述的颜色分类，比较像是数种颜色的组合。

❷榛果褐色

□ 日出：灰榛果褐色（蓝色、灰色和一点点绿色的组合）。

□ 日落：金榛果褐色（棕色、金色、绿色，也许还有一点点蓝色的组合）。

□ 日光：榛果褐色，不过我的眼睛里看不出上述任何颜色类型，因为里面有很多颜色。

❸绿色

□ 日出：亮蓝绿色。

□ 日落：带有金色小斑点的绿色。

□ 日光：绿色，不过我的眼睛里没有明显看到上述的颜色。

❹蓝色

□ 日出：纯净的蓝色、冷调清澈的溗（色、中蓝色、或者蓝灰色）。

□ 日落：中到深的蓝色（往往带有温暖的彩色小斑点）。

□ 日光：蓝色，不过会因衣服的颜色而改变。

Q2：请问你的头发是什么颜色？（如果你染过头发，请根据你的天然发色作答。）

❶棕色

□ 日出：灰烬棕色（夹杂着红褐色）。

□ 日落：金棕色或焦糖棕（带点红铜色光泽）。

□ 日光：棕色，我无法清楚看到上述任何颜色；暖色调和寒色调同时都混在一起。

❷黑色

□ 日出：寒色调的深蓝黑色。

□ 日落：暖色调的深棕黑色（里面没有蓝色）。

❸灰色

□ 日出：雪白色、银灰色、带点冷蓝底色。

□ 日落：乳白色、冬白色、白镴白（不像银色那样的蓝灰）。

□ 日光：灰色，不过我无法明显看到上述的任何颜色；我是混合色。

❹淡金色

□ 日出：灰烬淡金色或沙金色（发色）。

□ 日落：金黄色、蜂蜜色或红铜淡金色。

□ 日光：淡金色（我看不到上述那些颜色，是所有淡金色的混合，有暖色调也有冷色调）。

❺红色

□ 日出：红褐色带冷冷的蓝色调。

□ 日落：金红铜色（酒的铁锈酒红色）。

□ 日光：红色，不过我同时有暖色调和寒色调。

Q3：请问你的皮肤底色是什么颜色？

❶白皙

□ 日出：白皙、冷白色。

□ 日落：暖色调、乳白色。

□ 日光：象牙白。

❷米色

□ 日出：玫瑰米色或玫瑰粉红色。

□ 日落：暖蜜桃米色。

□ 日光：米色，不过混合了玫瑰与蜜桃色调。

❸橄榄色（三种色彩时钟中，橄榄色的皮肤有一种奇特且略带黄绿的底色）。

□ 日出：带冷绿底色的橄榄色。

□ 日落：带暖金底色的橄榄色。

□ 日光：橄榄色，但我想我不属于上述任一类别。

❹黑色或棕色

□ 日出：蓝黑色或玫瑰棕色。

□ 日落：蜂蜜金棕色。

□ 日光：

请将所有问题的答案加总：

如果你有两个或三个答案落在某一类别，表示该类别一定是你的色彩时钟。如果你的答案平均分布在三个色彩时钟，请你选择“日光系列”。日光是日出与日落的均衡组合，是万无一失的搭配。找到了吗？你是日出、日落或是日光呢？不用担心，觉得好像什么都爱，等你日后对任何色彩组合出现特别的喜好，或者改变心意，都可以再做调整！那我们就要来公告属于你天生色彩最适合的色彩搭配法了！

日出型

如果你是日出型（上午）的话，你的色彩搭配法会是：

有些经典保守，适合职场，例如海军蓝、亮白色和樱桃红（组合 G）。有些则比较有趣富创意，是很棒的泳装颜色，例如蓝色珊瑚礁、卡布里微风和黛克瑞酒绿色，都是日出调色盘中最不会出错的“安全”组合。请根据你的需要去选择。例如：要让一件连穿两天的海军蓝外套不会显得重复的最佳做法，就是跟电光绿和宝石蓝色搭配（组合 H），会再次显得清新亮眼起来！

日落型

如果你是日落型（下午）的话，你的色彩搭配法会是：

如果想要适用职场穿着，例如冬麦色、驼色和黑色（组合 X）就会是不错的选择；有的比较适合咖啡色、镉橘红和鸢尾兰紫。请根据场合选择适当的颜色组合，利用这些建议，为你的调色盘开启所有可能。例如，要想让褐灰色长裤看起来焕然一新，最好跟一些意想不到的颜色搭配，像是暖褐灰色、九重葛紫和阳光珊瑚红（组合 J）。

日光型

如果你是日光型（中午）的话，你的色彩搭配法会是：

深褐灰色、简朴褐灰与沙漠玫瑰红（组合B），就是日光型相当经典的一种搭配；有些非常独特——很适合用在印花上。例如，冬梨绿、银湖蓝与红色紫罗兰都会是很不错的选择。或是拿一件老旧（但舒适）的铅笔裤，搭配硬玉绿和果仁冰淇淋色（组合C），创造全新的可能，都很适合天生就为日光型的你。

快来告诉我你们都是什么型！衣柜里真的都是这些颜色吗？

你找到了你的色彩风格了吗？

我的色彩风格

根据你的人体色彩深浅、冷暖、艳浊、清晰度等找到你适应的色调区块。

CNIDA色调图

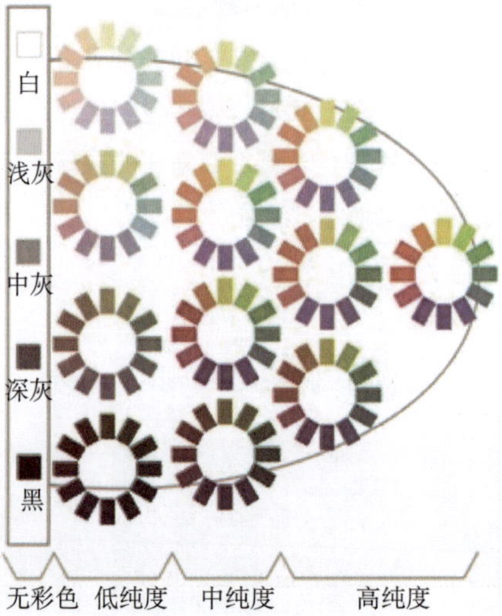

了解人体的“形”、“色”后，我们还需要了解人的心理风格！

心理风格：即人的性格取向。性格是人格的重要组成部分。个体在一定社会条件下表现出来的习惯化了的行为反应与情感，形成相人的性格。

性格可分为以下类型。

- 开放性：描述是否愿意与人交往，注重和谐发展；
- 完美性：描述追求完美，重视目标计划的程度；
- 较真性：描述对事物的钻研和完善程度；
- 认知性：描述是否重视积累知识，包括聪明程度；
- 成就性：描述是否注重成就的程度；
- 力量性：描述是否愿意支配和影响他人；
- 浪漫性：描述浪漫程度；
- 给予性：描述是否愿意给予他人，包含仁爱、慈孝、正义等；
- 活跃性：描述情绪的兴奋和活跃程度；
- 形体性：描述形体特征的状况以及重视享受的程度；对稳定人格心理特征。
- 疑惑性：描述是否倾向于探究他人的动机；
- 随和性：描述和平、随和与安静的程度；
- 传统性：描述对传统的坚守程度；
- 自由性：描述重视自由的程度；
- 智慧性：描述创造能力，智慧程度；
- 想象性：描述重视想象，追求至善的程度；
- 多面性：描述性格复杂程度；
- 多变性：描述机敏的程度。

适合的着装风格，是三者的和谐统一，在找到与自身视觉风格相和谐的服装风格的基础上，再根据自己内心的喜好，选择最适合自己的独特的着装风格。而且，每个人的风格都不是一成不变的，随着年龄、阅历的增加，环境的改变，着装风格也会改变。不要拘谨于自己只属于的一种或几种风格，可以随着各种因素尝试不同的着装风格，给自己不同的体验，展现多面的自己。

二、女士着装礼仪

1. 女士职业装

整体要求除基本着装要求外，还应干练、端庄、典雅、合体。

服装：根据体型选择合适的服装廓形，颜色上中性色最为正式，可选择适合的颜色的饰品适当点缀，如丝巾、胸针等。忌短（不短于膝上15cm）、紧、露、透；忌太花哨。内衣宜选择肉色无痕光面的款式，可以防止内衣颜色和花纹外透和内衣裤形成的勒痕等不雅情况。

鞋：以黑色皮质为佳，款式简单大方，无过多装饰物。在国际礼仪中，要求女士鞋不露趾、不露脚跟，浅口、船式。现代职场只要不参加正式的商务活动，也可以穿“鱼嘴”鞋，穿“鱼嘴”鞋时尽量不穿袜子，或选择趾部无加厚层的透明肉色丝袜，并做好腿部汗毛修饰。鞋应保持干净整洁。

袜：颜色以肉色、黑色、灰色等单色为宜，不应穿有花纹图案或艳色丝袜，质地不宜太厚、太松，特别注意不能在关节部位出现褶皱，最好穿连裤袜，避免滑落或看到袜口。包里和办公室最好有备用丝袜，有勾丝破损要及时更换，不应穿补过或破损的丝袜。

2. 女士宴会装

参加宴会应先了解宴会的级别、地点、性质、要求等，再选择合适的礼服。

最正式晚宴服装：白领结晚宴（White Tie），如国宴、诺贝尔颁奖典礼、交响乐团指挥、国标舞者比赛服装。女士应着大晚礼服，裙摆长度及地，裙摆越长越大越隆重，性感也是合乎礼仪的，在室外可加披肩，多佩戴豪华贵重的珠宝，搭配晚礼服高跟鞋（高跟凉鞋），小型晚礼包，可带长手套。

次正式晚宴礼服：黑领结晚宴（Black Tie），如金球奖颁奖、各类正式晚宴、观赏正式表演等。多半极地，裙长弹性较大，多配豪华闪亮珠宝，小晚装包、晚装高跟鞋，室外也可配披肩。

小晚礼服（Tuxedo）：如生日聚会等小型宴会场合。小礼服款型更多变，可超短可长至脚踝，相对没那么隆重。

正式日间宴会：欧洲尤其是皇室比较重视，如授勋加封典礼、婚礼等。多为及膝套装，也有连衣裙加外套，必须典雅端庄，不能过分华丽夸张，避免性感。可戴帽子（也可以是帽子状的头饰），进入室内可不脱帽。配饰宜低调、不闪亮。

中式礼服：在很多正式国际场合，也可穿上自己的民族服装，女性以旗袍或有民族特色的服装，既得体，也能宣扬自己的民族文化。

女式休闲服：选择合适的休闲服能让你拥有好心情。

女士服装的正式度表如下所示。

	正式　适中　自由
	1　2　3　4　5　6　7　8　9
形式	裙套装　裤套装　配套西装　连衣裙加外套　针织衫　衬衫
外套	有领　无领　束带式　拉链式　针织
袖长	长袖　七分袖　五分袖　短袖
裙子	及膝窄裙　长窄裙　膝上窄裙　A字裙　百褶裙　长宽裙
色彩	黑深灰深蓝　咖啡米白　墨绿酒红　鲜艳色　粉彩色

三、男士着装礼仪

1. 男士职业装

以稳重端正为原则，多穿黑色鞋袜，配质感良好的手表。

面料：选择纯毛料或含毛70%以上的毛绒合成材料。

色彩：选深蓝色、灰色、深灰色、黑灰色等中性色，有数据表明，深蓝色是最具信任度的颜色。亚洲人不适宜棕色、浅咖啡色，会显得黄皮肤更黄。

花纹：以纯色、暗或淡而含蓄的条纹为宜。

鞋、袜：以系带牛皮、单色、深色皮鞋为佳，配同色纯棉纯毛袜子，不穿尼龙和丝袜。

公文包：以牛皮、羊皮、黑色、棕色为佳。公文包、皮鞋、皮带的色彩以同一色系为佳。

穿西装的注意事项：

- 拆除衣袖或袋口外露的西服商标。
- 熨烫平整，保持挺括无褶皱。
- 扣好纽扣：双排扣全扣；单排三颗扣，站立时全扣，坐下时可只扣中间一颗，也可扣上两颗，防止西服变形扭曲；单排两颗扣，扣上不扣下。背心的扣子一般都要扣，单排扣式背心最后一颗也可不扣。
- 衣袖不能挽，裤管不能卷，不能脱下西装当披风。
- 慎穿毛衫：除衬衫和背心外，西服里最好不要穿其他衣物，特别寒冷时，可穿V领羊毛羊绒衫。
- 巧配内衣：一般衬衫内不穿背心，一定要穿时，颜色要与衬衫一致，且不长于衬衫。
- 少装东西：尽量不在西装口袋里装东西，西服左内侧口袋里可放小型皮夹也可插钢笔，右内侧口袋可放名片夹。左侧外胸口袋可插入装饰性真丝手帕，手帕不能用来擦汗、擦嘴、擦手等。裤腰上也不能挂钥匙、手机等东西。

西装配件：

衬衫：其领型可分扣领、系领、圆领、方领。

领扣：系领带时扣上，不系时解开第一颗扣。

袖口：衬衫袖口要露出1厘米左右。

领口：领口要高于西服1～2厘米，松紧能入食指。

下摆：要均匀掖进西裤腰内，要平展不皱。

领带：

面料：商务领带以丝质为佳，休闲领带中夏季有亚麻、丝麻、丝毛混纺，冬季有初毛呢、法兰绒等。

宽窄：经过几个较为极端的流行阶段，目前回归到中等宽窄为经典版。英国人喜欢最传统的中等版，宽度为8.3厘米，意大利人喜欢较宽的领带，但最宽也不大于12厘米。领带和领驳的宽窄与脸型和体型有关，较窄的脸型与较瘦的体型适合窄版，较胖较宽的脸型与较壮硕的体型适合宽版。

种类：领带有平头和箭头两种，领结是配礼服、翼领衬衫用的。箭头领带较正式，平头领带较休闲、时尚。还有“一拉得”领带是不可取的。领带下端的大箭头长度正好在皮带扣的上端。

花纹：较正式的是素颜色，要与西装衬衫搭配，圆点不能太大，斜条纹比较正式稳重，变化款的横条纹或直条纹比较时尚，英国人比较重视细小徽章的代表意义，还有小的几何图文；较休闲的有不规则，如渲染、油画、抽象图纹，花朵图案越大越不正式，卡通图案比较可爱。

领带夹：起到固定作用，夹在衬衫的第4～5颗扣之间。

保养：领带宜干洗，用后要拆开复原，收纳时可垂挂或卷起来。

领带打法：有平结、半温莎结、交叉结、温莎结几种，如下图所示。

平结

半温莎结

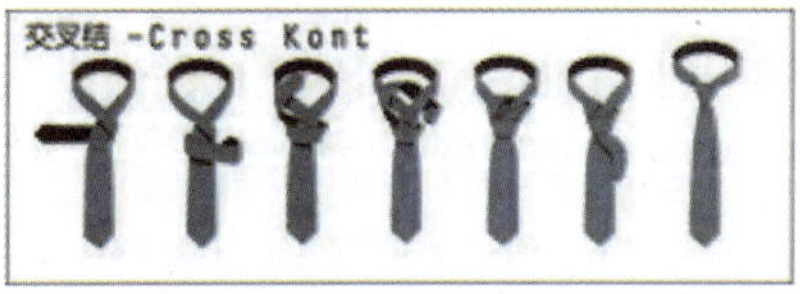

交叉结

温莎结

2. 男士社交服装

白领结：燕尾服（系白领结），前面是及腰短版假双排扣，且不能扣起，后片长及膝部中间开衩，领子是枪驳领，以黑色为主，也有深蓝色。搭配长裤侧面镶有黑缎条贴边，以背带系住。配礼服款白衬衫、白马甲、白领结。黑袜和黑色漆皮礼服鞋。

黑领结：一种无尾的小晚礼服，形式大致与西服相同，但色彩以黑色居多，夏季可穿白色。领子是缎面，领型多为青果领或枪驳领，偶尔也可见平驳领。长裤一律是侧面有黑色缎面贴边的黑色长裤。搭配白色小翅领、前襟有细皱或黑扣子装饰的礼服衬衫。打黑领结，配黑色腰封，黑袜黑色漆皮礼服鞋。

晨礼服：白天穿的礼服。领子多为枪驳领，一颗扣，扣子从腰部斜往下往后延伸，接到后片的长尾，侧面看下摆呈圆弧线条。色彩以灰色为主，长裤是深灰色细条纹，配白衬衫，较宽的银灰色蝉翼领结。

半正式礼服：黑色西服，配白衬衫，银灰色或黑色等无彩色领带，可在西装口袋加领带同色袋巾。可配袖扣，深色鞋袜。

中式礼服：中国的传统服装非常具有特色，男士的立领唐装礼服现在已经被国际认同，演艺界的人士也有不少人喜欢穿，成龙可以说是代表人物。

非正式社交服装：可穿成套或不成套商务休闲装，浅色或咖啡色系西装，半休闲鞋袜。

男性服装的正式程度表如下所示。

	正式　　适中　　自由
	1　2　3　4　5　6　7　8　9
西装	整套　配套打领带　不打领带　其他外套　不穿外套
色彩	深蓝深灰黑　中灰　浅色与大地色系
衬衫	白领宽领法式袖　系领　长领标准领标准袖　扣领
色彩	白　浅蓝浅灰浅米　浅黄绿褐　粉红紫鲜艳色深色
领带	素面斜纹小几何图案　小圆点　草履虫　抽象或大图案

四、配饰

配饰原则：以少而精为佳，注意不同饰品的同质同色搭配，如金色耳环可与金色胸针相协调。

首饰：包括戒指、项链、耳饰、手饰等。

戒指：国际上比较通行的戴法为食指—表示想结婚而未结婚；中指—表示已经在恋爱中；无名指—表示已经订婚或结婚；小指—表示独身。一般认为戒指应该戴在左手上，而且最好戴一枚，最多戴两枚。拇指通常不戴戒指，一个手指一般只戴一枚戒指。戴手套时戒指戴在手套里面。婚礼仪式上可以戴在手套外面。

项链：一般只戴一条项链，长条可绕数圈，男士戴项链一般不宜外露。吊坠在正式场合要简洁大方，不宜选择形状怪异或图形文字的吊坠，也不要带系有红线的平安符等。

耳饰：一般女性佩戴，正式场合成对佩戴。也有男子佩戴，一般戴左耳，右耳不戴，双耳皆戴会被视为同性恋。耳环要与脸型相配，如圆脸可以戴偏长形或垂坠耳环拉长脸型，但脖颈太短时不要戴太长的耳环；方形和菱形脸戴弧线或线条流畅的耳环可柔化脸型轮廓；肤色白皙可戴较为鲜艳的耳环，肤色偏黑可戴色调柔和的白色、浅蓝等颜色的耳环。

手饰：一般戴在左手，并且一只手上只戴一条。手腕粗的女性宜选择相对较粗的手链。手臂粗者不宜戴手环。

围巾：丝巾与披肩能起到画龙点睛的作用，而且四季可用。因丝巾一般离脸比较近，更要选择适合自己肤色的颜色，还要与服装整合，最好围巾中或服装中有一种颜色与对方相同或相近，更显协调。丝巾的打法有很多种，多见的有蝴蝶结和平结，可以发挥你的想象力，不拘于打结形式，让方寸丝巾生动起来。

帽子：小脸型选择帽子的范围较广，脸型偏大应选择有帽檐的帽子。

眼镜：眼镜不仅能矫正视力，还能矫正脸型。脸部线条柔和的脸型，稍带骨感的镜框可以加强脸部线条，如圆脸型戴圆形眼镜会显得脸更圆；脸部线条生硬的脸型，可选线条柔和感的眼镜，带棱角的眼镜会使脸型更硬。偏小的脸型不宜戴太大的镜框，偏大的脸型可戴较大的眼镜。眼镜的宽度还能改变上中庭的宽度。

胸饰：男士以袋巾为主，颜色与领带相配，方式有三种，一种是脚尖朝上成山形，显得朝气十足，一种是角尖朝下成荷包形，表现浪漫情怀，还有一种是简洁大方的一字形。

女士以胸花为主，颜色也要与服装相呼应，位置在胸部向前弓时锁骨的凹陷点，心脏向上约 10 厘米，位置太低会显得尴尬，以左侧为佳。

山形

荷包形

一字形

香水的使用：在做好自身嗅觉修饰，即减少不雅体味的同时，嗅觉美化，即香水的使用也是至关重要。香水与服装一样，也有不同的风格，不同风格的人和服装要配不同的香水。如着女性化服装可搭配花草香型。建议可以备有不同类型的香型。洗发水的味道不要浓于香水，也不能同时用多种香水。女性多选绿花香调或苔苔味的香调，女性穿中性服装时也可用男性香水。男性可选柑橘调或运动品牌的香调。正式场合宜用淡香。

五、表情礼仪

（一）笑容

微笑——是真正的世界语言，能超越文化而传播，成为世界通用的货币。交往中的微笑是对人的尊重、理解和奉献，成为增进友谊的纽带，它如润滑剂，可以化解一切，升华一切。微笑一下并不费力，却产生无穷魅力，受惠者成为富有，施予者并不变穷。

笑容是一种令人感觉愉快的，既悦人又悦己的发挥正面作用的表情。所有人都希望别人用微笑去迎接他。微笑是人际交往的润滑剂，是对生活的一种态度，跟贫富、地位、处境没有必然的联系。一个富翁可能整天忧心忡忡，而一个穷人可能心情舒畅；一位残疾人可能坦然乐观；一位处境顺利的人可能会愁眉不展，一位身处逆境的人可能会面带微笑……爱笑的人是最美的，只有心里有阳光的人，才能感受到现实的阳光。如果连自己都常苦着脸，那生活如何美好。

生活始终是一面镜子，照到的是我们的影像。

当我们哭泣时，生活也在哭泣；当我们微笑时，生活也在微笑。

微笑要做到自然、真诚、表里如一、适时微笑，不要莫名其妙地笑，不要捂着嘴笑，奇特的笑声要尽量改正，而且笑容要保持始终如一。必须发自心底才会动人，只有诚于中才能美于外。

因此必须注意四个结合。

1. 微笑和眼睛的结合

在微笑中眼睛的作用十分重要，眼睛是心灵之窗，眼睛具有传神传情的特殊功能。只有笑眼传神，微笑才能扣人心弦、情真意切。

当你在微笑的时候，你的眼睛也要“微笑”，否则，给人的感觉是“皮笑肉不笑”。

眼睛的笑容有两种：一是“眼形笑”，一是“眼神笑”。

游戏互动

取一张厚纸遮住眼睛下边部位，对着镜子，心里想着最使你高兴的情景。这样，你的整个面部就会露出自然的微笑，这时，你的眼睛周围的肌肉也在微笑的状态，这是“眼形笑”。然后放松面部肌肉，嘴唇也恢复原样，可目光中仍然含笑脉脉，这就是“眼神笑”的境界。学会用眼神与客人交流，这样你的微笑才会更传神、更亲切。

2. 微笑和“神”“情”的结合

就是笑出自己的神情、神态，做到精神饱满；“情”就是要笑出感情做到关切友善。

3. 微笑和仪态体表的结合

微笑必须以优质服务为基础，得体的仪态，端庄的仪表，再配以适度的微笑，就会形成完整和谐的美，给人以享受。

4. 微笑和语言的结合

语言和微笑都是传播信息的重要因素，只有做到二者的有机结合，才能相得益彰，微笑服务才能发挥出它的特殊功能。要微笑着说“早上好”、“您好”、“欢迎光临”等礼貌用语。不要光笑不说或光说不笑。

一度微笑：即只动嘴角肌，微微上提，有淡淡的笑意。适用于无需说话时。

二度微笑：即嘴角肌、颧骨肌同时运动。嘴角两端提起，露出牙齿，适合与交流对象在2米左右的距离。

三度微笑：即嘴角肌、颧骨肌和眼睛周围的括纹肌同时运动。嘴角一般可露出6～8颗牙齿，热情微笑。适合于与交流对象相距3米左右的距离。

微笑服务的魅力 消除隔阂　有益身心健康　获取回报　调节情绪

（二）眼神

眼睛是心灵的窗口，眼神是面部表情的核心，它不会隐瞒，更不会说谎。目光接触是交往中常见的沟通方式，眼神不同，含义无穷。应真诚、坦然、亲切、有神、不挑眉、不皱眉。目光视线应落在对方双肩和头顶所构成的区域内，不应躲闪或紧盯对方眼睛。

眼神接触的时间：

与人交谈或谈判时，谈话时间应占全部时间的30%～60%。大多数人在交谈时眼神接触最舒适的时间为5秒钟。

眼神注视的部位：

严肃庄重的公务型：双眼及额头；友好尊重的社交型：双眼及上唇区域；亲昵爱恋的亲密型：嘴角到胸部。

眼神注视的角度：

直视表示友好、平等、尊重；凝视表示专注、恭敬；虚视表示走神、疲乏；扫视表示吃惊；俯视表示爱护、教训、宽容、轻视；仰视表示尊重、友好、盼望。

不同民族文化差异：

在美国，男士不能盯着女士看，两个男士也不能对视时间过长；在日本，对话时，目光要落在对方颈部，四目相对是失礼的；阿拉伯民族，不论与谁说话，都应看着对方。

距离——美国爱德华提出四种人际交往距离（私人空间）

- 亲密距离：＜50cm，父母、夫妻、情侣；
- 个人距离：50～120cm，熟人；
- 社交距离：120～360cm，联系不多的商务、公务；
- 公众距离：360cm以上，演讲、难于沟通者。

风采展示

为模特配上自己的一寸照，根据自己的色形质为自己设计不同场合的着装和配饰。（可从杂志上剪图案，或用不同颜色质地的布料设计制作）

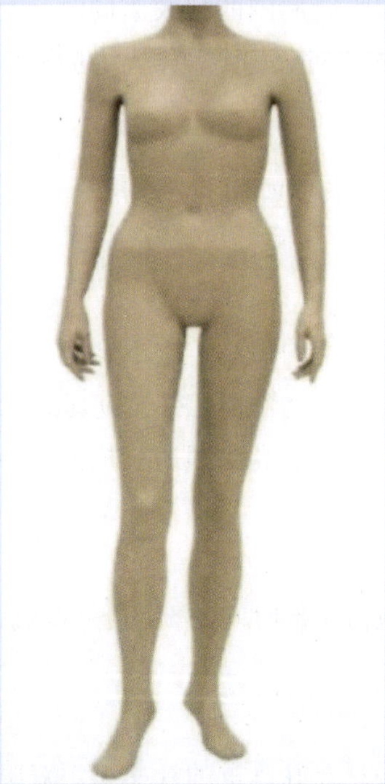

职业场合

休闲场合

宴会场合

风格说明：

色彩风格

体型风格

心理风格

第三节　仪　态

仪态关乎涵养

一个人在饭店吃了饭菜之后，发现忘了带钱，便对老板说："不好意思，今天忘了带钱，改日我再拿来行吗？"老板连声说："不碍事、不碍事。"并恭敬地把他送出了门。

一个无赖看到了此事，也来效仿。谁知老板脸色一变，揪住他，非扒他衣服不可。无赖不服，问老板："为何刚才的人可以赊账，我就不行？"店家说："人家吃菜，筷子在桌上找齐，喝酒一盅一盅的筛，斯斯文文，吃罢掏出手绢擦嘴，是个有德行的人，岂能赖我几个钱。你呢？筷子往胸前找齐，狼吞虎咽，吃上瘾来，脚踏上条凳，端起酒壶直接往嘴里灌，吃罢用袖子擦嘴，分明是个居无定所、食无定餐的无赖之徒，我岂能饶你！"一席话说得无赖哑口无言，只得留下外衣，狼狈而去。

由此可见，一个人的举止动作是一个人思想感情和文化修养的外在体现。而仪态多指人的举止动作等姿态。

一、站姿

站姿的美感就是要向上提升，脸与颈要放正，下颚微收，双肩展开，不可耸肩，双手自然下垂，挺胸、收腹、提臀。

1. 女士站姿

（1）V字站姿

脚掌分开呈V字形，成15°～30°，脚跟靠拢，两膝并严，双手相握，轻轻垂放与小腹前。适用于商务、服务行业。

（2）丁字站姿

向外略展开，形成斜写的一个丁字：一脚在前，将脚跟靠于另一脚内侧，两脚尖字，双手在小腹前相握，身体重心在两脚掌中间。

2. 男士站姿

双脚稍稍分开，距离与肩同宽或略窄于肩膀的距离，双手自然垂放于身体两侧，或两手相握（一手握拳，另一只手握住拳头上方的手腕处）放于腹前。适用于商务、服务行业。

3. 站姿禁忌

忌过于随意、懒散的站姿，如探脖、塌腰、耸肩、抖腿、频频变换双腿姿势等。

忌在正式场合双手抱胸、随意摆弄手指或双手插入口袋。忌当众搔头皮、挖耳朵、抠鼻子、咬指甲等。

二、坐姿

入座时要做到轻、稳、缓，走到座位前面（或从座位左侧），右脚后退半步与椅子接触，确定椅子就在身后，掌握好中心，轻轻坐下。女士做椅子的 2/3 或 1/2 处，男士可坐 2/3 或坐满整把椅子。女士穿裙装时，需用手将裙子向前捋一下，把裙子整理平整再入座。

1. 正脚位坐姿

（1）女性

两腿并拢，两膝贴紧，两手相握，平放在膝盖靠后 5 厘米处。

（2）男性

两脚稍分开，间距略宽于肩膀。

2. 丁字脚位坐姿

仅限于女性，两脚摆成丁字形两手相握，平放在膝盖后约 5 公分处。

3. S形坐姿

仅限于女性，上体与腿同时转向一侧，正面对向对方，形成一个优美的“S”形。

4. 叠膝式坐姿

仅限于女性，两腿相叠，一脚紧贴住另一脚的外侧。脚背下压，不可脚底对人，双手交叉相握放于腿上。

5. 坐姿禁忌

入座后双腿不宜叉开过大，女性不可以双腿分开，不宜过分伸展，不可架二郎腿。不可将腿架在桌上，不可抖动摇晃腿部，就座后不可用手抚摸小腿，或将手夹在腿中间。太宽的椅子尽量不把手放在扶手上。

三、走姿

方向明确，不急转；步调适中，男士每步约40厘米，女士每步约36厘米；速度均匀，男士每分钟108～110步，女士每分钟118～120步，不突然加速减速；重心放在前脚掌上；身体协调，双臂在身体两侧自然摆动，摆幅为30°～50°为宜。男士协调、稳重、刚毅；女士轻松、敏捷、优雅。

四、行走礼仪

靠右侧通行，男士走外侧，不可冲撞他人，不要从交谈者中间穿行，不尾随他人身后，更不能窥视围观或指指点点，不可多人并排而行，不能边走边吃。上楼梯时男性走在女性前面，防止女性裙装走光；下楼梯时男性也应走在女性前面，便于搀扶需要帮助的女性。乘坐有值班员电梯时，尊者和女士先进，无值班员电梯时，引领者先进，用手挡住电梯门，待尊者进入，并与嘉宾保持30厘米左右距离。

五、蹲姿

下蹲时，两腿合力支撑身体，上身微前倾，女性要注意双腿靠紧，以免走光。常见的蹲姿有两种：高低式蹲姿、交叉式蹲姿。

蹲姿禁忌：忌速度过快，并与人保持一定距离，不可背面对着他人，更不可撅起臀部，女士要注意衣领的高度，防止内衣走光。

六、基本手势礼仪

手势是体态语言中最重要的传播媒介，是通过手和手指活动传递信息，是展示自己才华和修养的重要的外在形态。手势能表示形象和感情。

1. 手势分类

情意手势：表达动作者的表情，使其内涵丰富，寓意深刻，如鼓掌。

象征手势：表示某种抽象的信念，且他人予以理解，如宣誓。

形象手势：在交往中模拟某种物状，给人一种具体、形象的感觉，如借钱。

指示手势：指示具体的某项行为和事情的手势，如请看黑板。

2. 递接物品礼仪

尽量双手递物，实在不方便也要用右手递物，不可用左手递物，特别在伊斯兰教，左手被视为不洁净。传递带有文字的物品时，要正面朝向对方；递送带尖刃的物品时，尖刃要朝向自己；递送有把水杯时，杯把朝向客人，握下三分之一处，不能碰触杯口。

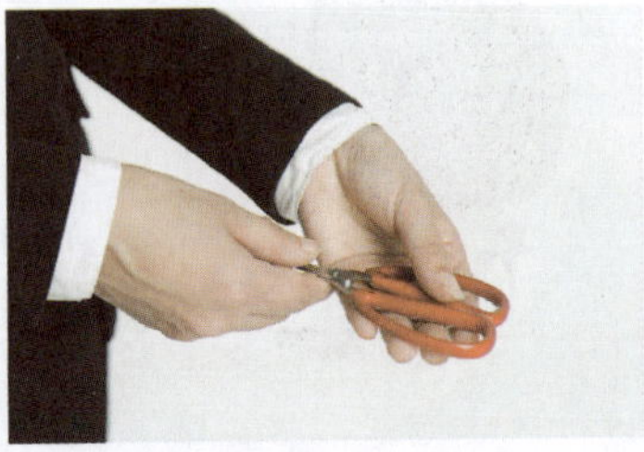

3. 引导手势礼仪

为客人引路或指示方向时使用。以肘关节为轴，手掌与地面成45度，不能用手指，特别是食指指路。

4. 举手致意礼仪

适用于繁忙而无法向对方问候时。身体直立、面向对方、面带微笑、掌心向外、五指并拢，指尖朝上。手臂可弯曲也可伸直。

5. 挥手道别礼仪

掌心向客人，指尖向上，手臂向左右两侧挥动，目视对方，直至对方在你的视线范围内消失。

6. 握手礼仪

男士对女士时，男士要等女士主动伸出手时才能握手，并且不能握得太紧，对地位较高的女士，只握女士的手指部分；上级先伸手，下级才可以握手；长辈先伸手，晚辈才可以握手，主人应主动先向客人伸手，表示欢迎。握手时力度适中，时间要恰当（3秒为宜）。握手时，掌心向下显得傲慢，掌心向上显得过于谦逊，目光要直视对方。不能戴手套与人握手，不能交叉握手，与多人握手时，不能中途停止。

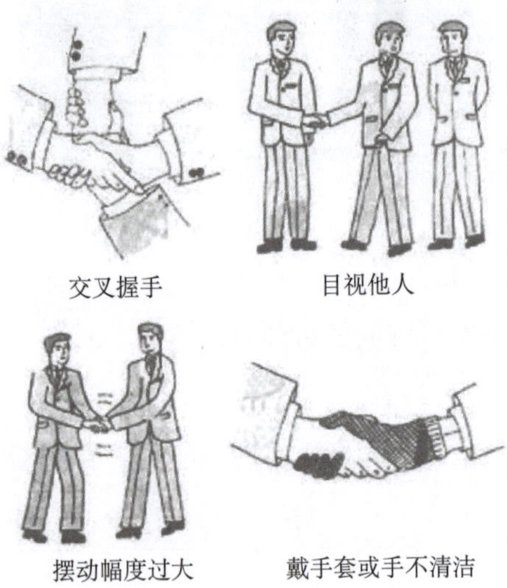

不正确的握手方式

7. 不同手势的地域性

（1）OK 形手势

在中国表示 0 或 3；在英国表示赞同；在法国表示没有或毫无意义；在日本表示现金；在地中海国家暗示一个男人是同性恋者；在突尼斯，表示傻瓜。

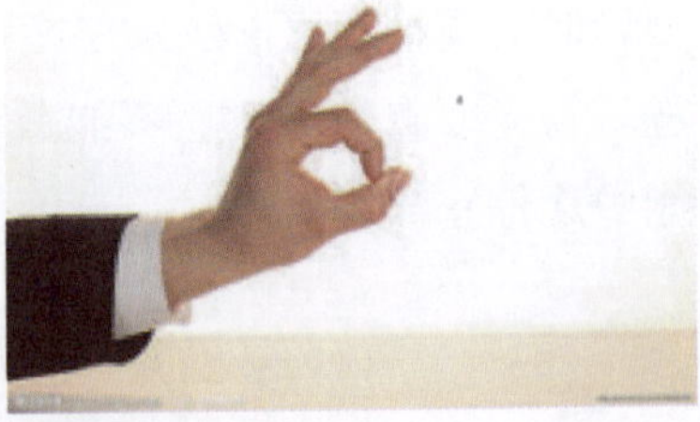

（2）V字形手势

在中国表示2；在英国、澳大利亚、新西兰、美国等国家代表胜利；但一定要掌心向外，才是胜利的意思，掌心向内是侮辱人的意思。

（3）跷起大拇指

在中国表示了不起、很好；在英国、新西兰、澳大利亚等国家表示搭车。

第四节　谈　吐

引言：

谈吐体现内涵

小雅在一次公司年会上，优雅的谈吐赢得了同事和上司的一致好评。

优雅的谈吐不是一朝一夕就能练就的，需要不断学习修炼。

1. 声音

声音要清晰，不要有太多尾音，每个音节之间要有恰当的停顿，音量不能太轻，最好控制在对方听得清的限度内。语速不能太快，感觉太急躁，也不能太慢，让人提不起精神。声音又尖又细也会让人难受。音色要圆润、明朗、有弹性，忌讳无力、没有弹性、沙哑、沉闷的声音。

2. 交谈礼仪

要做到认真倾听、真心赞美、神情专注、舒适回应、轻松幽默，委婉说“不”，“请”字为先。不随意打断插话，不喋喋不休，不恶语伤人，不打听个人隐私，不以“我”字开头，不轻易许下承诺，避免不好的口头禅。

3. 电话礼仪

打电话前应做好准备工作，先考虑好大致内容，也可事先做好备忘事项。时间段最好避开对方休息时间，如早上7点前，晚上10点后，节假日，午休等时间。国际长途要注意时差。通话时间越短越好，抓住主题，控制在3分钟以内。打电话时，虽然对方看不到你的表情，但我们也要保持微笑，怀着愉快的心情打电话，对方也会被你感染，会事半功倍。

我们了解了关于仪容、仪表、仪态、谈吐的基本个人形象礼仪。要做到得体的个人形象，还需要不断的学习、修炼，让习惯成自然，让每一个细节都成为自己和谐的一部分，做最优雅的自己，让优雅的个人形象成为你社交中的开门砖、好帮手！

公共礼仪实务

第四章

导读

本章主要内容为公共礼仪实务，重在公共场所礼仪的训练，包括校园礼仪、办公室礼仪和其他礼仪三节。其中，校园礼仪一节涵盖了课堂礼仪、课外礼仪；办公室礼仪一节主要介绍了办公桌面礼仪、办公室形象礼仪、称谓礼仪和办公室设备礼仪（包括电话礼仪、手机礼仪、传真和电子邮件礼仪）以及涉及物品的办公礼仪（包括递送名片、献茶、递送文件、剪刀等其他物品礼仪）；其他礼仪包括乘飞机礼仪、乘公共汽车礼仪、乘轮船礼仪、乘地铁礼仪、乘出租车礼仪、开车礼仪、乘电梯礼仪、医院礼仪、商场购物礼仪、洗手间礼仪、公共图书馆礼仪、影剧院礼仪等12个常见场所的礼仪。此外，各节还设置了游戏互动、知识竞答、课外延伸等趣味实训环节。本章相关教学资源可扫描二维码进行观看和学习。

第一节　校园礼仪

你想过在天天生活的校园中需要遵守哪些礼仪吗？尤其是在一个新的校园环境里，你想让自己更加大方得体，受到别人的尊重和欢迎吗？

> 琳达是校学生会办公室主任，在招聘新成员时她也是面试官。她发现好多大一新生在面试时满腔热情，很有理想和抱负。可惜的是，有的同学在面试时手机没有静音，有的同学在面试过程中一直低着头，有些同学未敲门便进入，这些虽然是非常小的事情，却给人留下了不好的印象，部分同学更因为这些“小事”而遭淘汰。“言谈举止现文化，细微之处见精神”，琳达从礼仪的角度诠释了这些不足之处。

学校是一个人受教育的地方，校园礼仪是学生和老师应共同遵守的规范，也是学生的一门必修课。因此，学生在校期间的礼节礼仪要求就显得极为重要。礼为敛于心、仪为展于形。正确的校园礼仪有助于提升你的个人形象和“品牌”价值。

一、课堂礼仪

遵守课堂纪律是学生最基本的礼貌。

1. 上课

作为学生应在预备铃一响就立即进入教室，准备好课本、练习本、文具等，安静端坐，恭候老师的到来。当老师宣布上课时，全班应迅速起立，向老师问好，待老师答礼后，方可坐下。学生应当准时到校上课，若因特殊情况，不得已在老师上课后进入教室，应先喊“报告”，得到老师允许后，方可进入教室。

2. 听讲

在课堂上，要认真听老师讲解，重要的内容应做好笔记。当老师提问时，应该先举手；发言时，身体要立正，声音要清晰响亮，使用普通话。

3. 下课

听到下课铃响时，若老师还未宣布下课，学生应当安心听讲，不要忙着收拾书本，或把桌子弄得乒乓作响，这是对老师的不尊重。下课时，待老师离开教室后，学生方可离开。

课堂现象

上课听讲✓

上课睡觉⊗

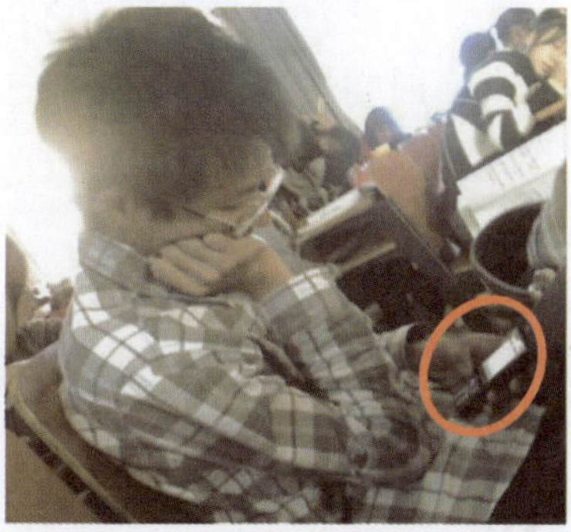

上课玩手机⊗

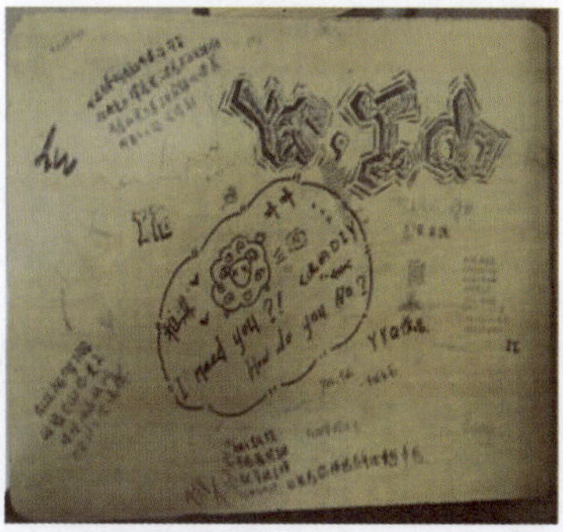

课桌文化要不得⊗

二、课外礼仪

课外生活包括许多交往礼仪，如师生之间的课外礼仪、同学之间的课外礼仪、集会礼仪、食堂礼仪、宿舍礼仪、图书馆礼仪等。

1. 尊师礼仪

- 在校园内进出或上下楼梯与老师相遇时，应主动向老师行礼问好。
- 学生进老师办公室时，应先敲门，经老师允许后方可进入，出门时应道“再见”并随手关门。
- 在老师的工作、生活场所，不能随便翻动老师的物品。
- 学生对老师的相貌和衣着不应指指点点、评头论足，要尊重老师的习惯和人格，不要养成打听老师私事的习惯。
- 无论什么原因需要耽误上课都必须事先请假。

> **小贴士**
>
> **敲门要领**
>
> - 右手中指扣门，敲三下。
> - 第一声重，第二三声轻。

2. 同学礼仪

• 同学间可彼此直呼其名，但不能用“喂”、“哎”等不礼貌用语称呼同学。

• 借用学习和生活用品时，应先征得同意后再拿，用后须及时归还，并要致谢。

• 在有求于同学时，须用“请”、“谢谢”、“麻烦你”等礼貌用语。

• 对同学的相貌、体态、衣着不能评头论足，也不能给同学起带侮辱性的绰号，绝对不能嘲笑同学的生理缺陷，对有缺陷的同学应主动帮忙。

• 同学忌讳的话题不要去谈，不要随便议论同学的不是。

• 男女同学交往应言语得当、举止有度。

常用礼貌用语

问候语。

——您好！早上好！晚上好！见到您真高兴！欢迎光临！

感谢语。

—— 谢谢！麻烦您！非常感谢！谢谢，我非常喜欢！

道歉语。

——对不起，实在抱歉！对不起，打扰了！真过意不去！真失礼了！

请字语。

——请多指教！请问能为您做什么？请走好！

应答语。

——您不必客气！没关系！您不必介意！照顾不周，请多指教！

赞美语。

——很好！很不错！太好了！您真了不起！祝你生日快乐！祝好运！

温馨语。

——给您添麻烦了！您辛苦了！

告别语。

——再见！祝您一路顺风！希望再次见到你！

3. 集会礼仪

- 当升国旗、奏国歌时，要立正、脱帽、行注目礼，直至升旗完毕。
- 神态要庄严，当五星红旗冉冉升起时，所有在场的人都应抬头注视。
- 要保持安静，切忌自由活动，嘻嘻哈哈或东张西望。
- 参加会议应准时，手机要关机或保持静音状态。

4. 食堂礼仪

- 在食堂用餐时要排队礼让，不胡乱拥挤，要爱惜粮食，不乱倒剩菜剩饭。
- 不变相插队惹人烦。
- 情侣就餐别太亲密。
- 不要带饭到教室。

5. 宿舍礼仪

- 保持宿舍整洁，勤洗衣服，保持语言文明。
- 在宿舍时应考虑到大家的作息时间。
- 避免在别人休息的时候开灯、制造响声。
- 避免在别人休息时带外来人员入内。
- 去别的寝室串门时应得到别人许可。
- 宿舍里严禁吸烟、酗酒、赌博。

爱书之人，必是可爱之人。

小贴士

- 口内有食物，应避免说话。
- 吃进口的东西，不能吐出来，如系滚烫的食物，可喝水或果汁冲凉。
- 切忌用手指掏牙，应用牙签，并以手或手帕遮掩。
- 在进饭厅前，应把正在咀嚼的口香糖吐出，用纸包好，扔进垃圾桶。
- 吃到鱼头、鱼刺骨头等物时，不要往外面吐，也不要往地上扔。
- 吃饭时不要大声喧哗。
- 剩菜剩饭应倒入指定的垃圾箱。

知识竞答

请你仔细阅读下列 15 个问题，每一个问题后面，各有三个答案，请你按照自己的真实情况任选其一。

1. 早晨进校见到老师，要行礼问早、问好。如遇地方狭窄，应(　　)。

A. 学生给老师让路　　B. 学生或老师让路都可以

C. 老师给学生让路

2. 升国旗时应(　　)。

A. 肃立、脱帽　　B. 肃立、脱帽、行注目礼

C. 肃立、脱帽、不行注目礼

3. 未经(　　)同意不要随便动用他人物品，也不要随便翻阅别人的书籍、作业、日记。

A. 老师　　B. 本人　　C. 家长

4. 在图书馆和阅览室阅览完毕后，应(　　)

A. 随便放　　B. 放回原处　　C. 放在桌子上

5. 学生进老师办公室(　　)

A. 敲门就可进入　　B. 随意翻找东西　　C. 敲门允许方可进入

6. 鞠躬时，头自然下垂，腰弯至(　　)

A. 30 度　　B. 90 度　　C. 45 度

7. 在排队打饭时(　　)

A. 排在熟人的前面　　B. 请人带打　　C. 按次序排队

8. 别人给你服务，做事和帮忙，无论给你的帮助多么微不足道，都要说(　　)

A. 谢谢　　B. 请　　C. 对不起

9. 递物品一般应该用(　　)递上。

A. 随意　　B. 单手　　C. 双手

10. 致歉语有对不起、请原谅、(　　)

A. 拜托了　　B. 多谢了　　C. 打扰了

11. 就餐时应将上座让给(　　)

A. 同辈　　B. 长辈　　C. 晚辈

12. 在网上交流要互相尊重，需要注意(　　)

A. 不发表污秽的言论　　B. 可以修改网络上的资讯

C. 坦诚相见时，可以使用讽刺的语言

13. 参加师生座谈会时应(　　)

A. 提前几分钟入场，安静地等待座谈会开始

B. 交头接耳　　C. 独占发言时间

14. 使用专用教室时，(　　)

A. 可以用完就走　　B. 要爱护室内的设施和物品，用完后放回原处

C. 可以随意进入室内

15. 到他人家里作客拜访，最适宜的时间是在(　　)

A. 上午十点或下午四点左右

B. 中午十二点或下午两点左右

C. 晚上十点左右

同学们，你都答对了么？

游戏互动

礼仪就在身边，你们能做到吗?

一句温暖的话语，一声亲切的问候，一副温和的面孔，一个彬彬有礼的举动……都让我们感到心灵的颤动。当这高雅的人文环境与绿树吐翠、迎春绽放的美好自然环境达到和谐极致的时候，你是否会陶醉其中呢?

活动：采用“击鼓传花”的形式，播放一段音乐同时在同学们中间传递一个网球，音乐停止时球落到谁手里谁就上台讲述一则校园中的礼仪，其间，台下同学可以向他提问任何比较合理的问题。小球轮流 3～4 人。

> 琳达向团委书记王老师提出了“礼仪满校园”的建议后，立即得到了王老师的认可，决定由团委办公室起草倡议书，举办“文明礼貌月”系列活动。如果你的言行举止让周边的老师、同学感到舒心，那你就成功了哦!

文明礼貌倡议书

亲爱的同学们：

泱泱中华，礼仪之邦；文明圣火，日月齐光；尚礼扬善，智圆行方；温文尔雅，谦恭礼让。文明，作为中华民族之魂千古流芳。

学校是育人的摇篮，在校园这片环境幽雅、文明高尚的净土上，高职生应该做举止得体、行为规范的文明使者，但在校园文明交响曲中也掺杂着一些不和谐的音符，比如不遵守纪律、翻墙上网、迟到旷课、乱丢垃圾、向楼下泼水、污言秽语、斤斤计较、睚眦必报等。如果不剔除这些杂音，就难以奏出悦耳动听的乐曲。这些不文明现象不仅影响个人的道德修养，而且还会影响到我们学校的形象。为此，我校决定开展“文明礼貌月”活动，现向全体同学发出倡议：积极行动起来，“提高文明素质，创建和谐校园”，争创先进，并按照以下要求严格要求自己。

一、在校园内

- 语言文明，举止得体，使用文明礼貌用语；禁止男女同学勾肩搭背；禁止赤膊、赤脚和穿背心、拖鞋进出教室、办公室及其他公共场所；
- 尊敬师长，主动向老师问好；
- 团结同学，事事能谦让，处处讲诚信；
- 遵守行为规范，勇于纠正不文明行为；
- 注意公共卫生，不随地吐痰，不乱扔垃圾，不践踏草坪。
- 不吸烟，不喝酒。

二、在教室内

- 不带餐饭、零食进教室，上课要提前十分钟进教室；
- 尊敬师长，上课专心听讲，不做任何与上课无关的事情，课堂及自习时间手机一律关机；
- 不在教室内大声喧哗、嬉闹；
- 晚自习在教室内文明自习，不得交谈、走动，爱护公物，不在课桌上乱刻、乱写、乱画；
- 上下课期间主动给老师让道，在楼道内保持安静，自觉遵守并维护公共秩序。

三、在寝室内

- 注意个人卫生，时刻保持寝室整洁、干净；
- 勤俭节约，不铺张浪费，节约用水用电；
- 按时作息，不打扰他人休息，不影响他人学习；
- 关心和爱护每一位同学，对生活上、学习上有困难的同学给予热心的支持和帮助。

同学们，让我们以谦虚的态度，积极自查自纠，找出自己及身边的不文明行为并加以改正；让我们共同努力，创建整洁、优美、文明的校园环境，让文明礼貌之风开遍我们的校园！让我们树文明儒雅之人，从你我做起，从我们身边的每一件小事做起。让我们行动起来从点滴做起，从小事做起，争做文明高职生！

让我们用文明谱写青春之歌，让青春与文明同行！

让文明不再是内在纯粹的理念，而是个人的自觉言行！

让文明不再是外在强加的约束，而是内化的集体自律！

校团委

2012年11月

第二节　办公室礼仪

时间过得飞快，转眼便到了毕业的时间。同学们，你们做好成为新职员的准备了吗？

求职一旦成功，便正式进入职场工作。办公室是白领施展才华的重要场所。

琳达通过《职来职往》这档电视求职节目成功被世界100强企业——宝洁公司录用。新人入职时，人力资源总监对她们进行了培训。总监陈默告诉她们，办公室是一个人才云集、良莠难分的小社会，办公室礼仪能让职员赢得大多数人的好感，尽快融入其中，营造良好的人际关系，使得职业生活愉快并且富于效率。办公室礼仪涵盖的范围其实不小，无论电话、接待、会议、网络、公务、公关、沟通等都有各式各样的礼仪。琳达认真作了记录。

1. 办公桌面礼仪

在办公场所，最需要注意但也是最容易忽视的地方就是桌面，一定要保持干净、整齐。

杂乱的办公桌面⊗

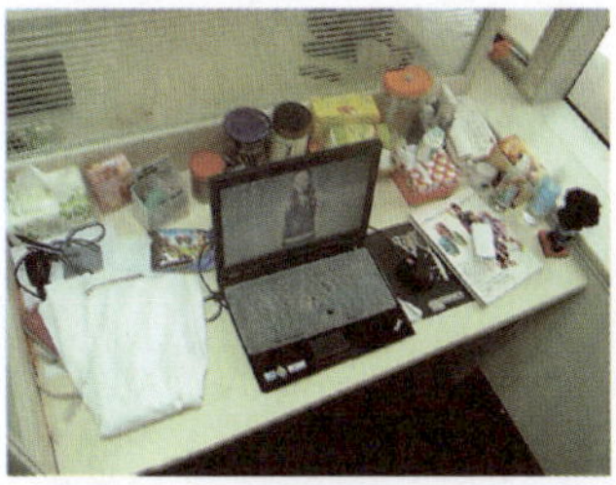

桌面上放太多东西⊗

习惯是一件非常神奇的东西：这会儿忙着，东西的摆放就随便一点；过会儿又有事忙，又没时间收拾了；好不容易忙完，就下班了。得，先回家吧。时间一长，这就成了习惯。人数一多，也就成了风气。

办公室内书籍摆放整齐✓

水杯离键盘太近⊗

在办公室吃饭时，记得垫张报纸✓

下班时记得关掉电源✓

2. 办公室形象礼仪

- 在办公室里，严禁斜倚或坐在办公桌上，更不该把脚放在办公桌上。
- 男女同事在交流时，不能因为互相熟悉，而做出一些轻浮的动作，比如借故摸女性头发，手放在女同事后背、肩上等。
- 如果没有统一着装，上班宜选职业装。女

小贴士

整洁小贴士

- 一是要用的东西放在桌面上，否则全收起来。
- 二是把文件放在文件夹里，多的话放个书立。
- 三是私人物品不要放在桌上。

性职员不要过于性感或浓妆艳抹，以化职业淡妆为好。男性职员以西装为主，夏天不穿拖鞋、短裤、背心、赤膊。

在办公室化妆⊗

在办公室吃零食⊗

在办公室转笔⊗

在办公室咬手指头⊗

在办公室跷二郎腿⊗

在办公室剪指甲⊗

3. 称谓礼仪

良好的人际关系首先要从打招呼开始，上班时间、公务活动时间、与公司业务有关的场合，均须按以下规范称谓：

- 有总裁（含副总裁、总经理、副总经理、总工程师等），我们称（姓）总，如王总。
- 有经理（含部门经理、部门副经理等），我们称（姓）经理，如周经理。
- 有总监（含技术总监、财务总监、创意总监等），我们称（姓）总监，如陈总监。
- 对女士统称：女士

小贴士

- 不在办公室化妆。
- 上班时间，个人的恩怨再大也是小事，公司的事情再小也是大事。
- 不要公私不分，上班时不做私人事情。

- 对男士统称：（姓）先生，如沈先生。
- 如果事先不了解对方的职务、职称等情况，可以直接以职业相称呼，如李老师、张律师、王医生。

4. 办公室设备礼仪

（1）电话礼仪

不要以为电话另一端的人看不见你，就不在意自己的表情。微笑不只是表情，还是一种美好的感觉，因此调整好情绪、保持良好的身体姿态是非常有必要的。请用微笑来接听电话吧！

微笑接听电话

接听电话时应先自报家门，后询问情况，接听电话是工作的一部分，应该体现精练、从容的职业感觉，所以开场白应该是问候语。

不同的问候语

9：00 以前，可以用“早上好”

9：00—12：00 可以用“上午好”

12：00—13：30 可以用“中午好”

13：30—17：30 可以用“下午好”

其他时间则可笼统地说“您好”

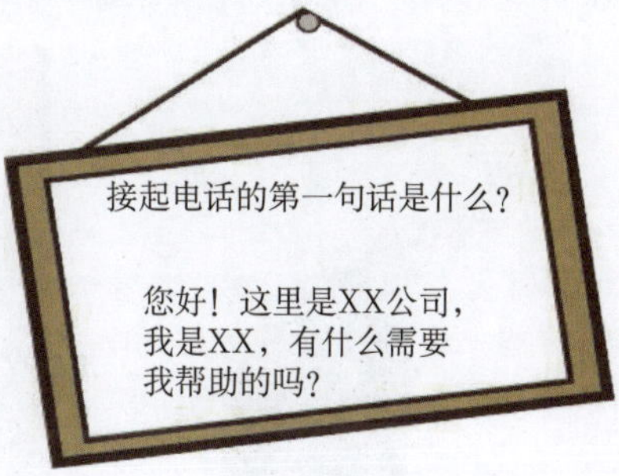

如果电话中噪音比较大，听不清对方说话，应该直截了当告诉对方：“对不起，我这边听不太清楚。能否请您再说一次？”如果确认是自己电话的原因，应该先告知对方“对不起，我这里电话有点问题，我先挂断换个电话再打给您！”，并在再次拨通电话后首先说“对不起，让您久等了！”。

小贴士

- 响铃不过三，第二声响接起最好。
- 左手拿听筒，右手做记录。
- 第一句话的声音要清脆、响亮。
- 要确认电话是打给谁的，回电号码要重复确认。
- 记录要及时。

询问对方姓名时应该说：“请问您贵姓？”如

果对方告诉你姓名，应该对姓名中的每一个字进行确认。

打电话有“三分钟原则”，所以每次打电话前应事先想好，设计好，主旨明确、条理清晰，一般的电话不应超过三分钟，如确因事务复杂需要长时间通话，要先询问对方是否有空接听电话并预先告知电话时间可能较长，让对方做好准备。来电话记录单如下表所示。

时间	来电人	找谁	来电事由	处理方式	来电信息	记录人	备注

（2）手机礼仪

手机是我们每天都在使用的通信工具，与手机的另一端进行交流、沟通时，有很多行为礼仪规范。手机作为日常生活交往中的必备工具，手机礼仪越来越受到关注。那么，在使用手机的时候应该注意些什么？

注意手机的放置：在一切公共场合，手机在没有使用时，都要放在合乎礼仪的常规位置，不要在未使用的时候放在手里或是挂在上衣口袋外。放手机的常规位置有：一是随身携带的公文包里，这种位置最正规；二是上衣的内袋里；有时候也可以放在不起眼的地方，如手边、背后、手袋里，但不要放在桌子上，特别是不要对着对面正在聊天的客户。女士则要注意，手机就算再好看和小巧，也别把它挂在脖子上。

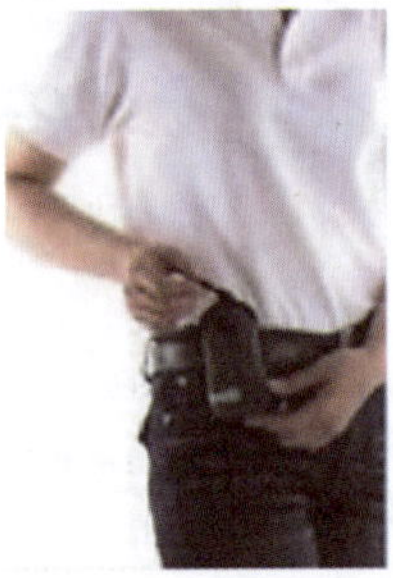

手机放在腰上⊗

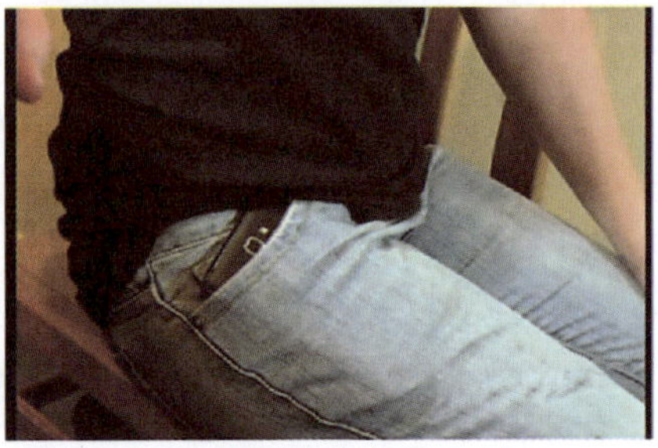

手机放在裤子口袋里⊗

注意手机的使用场合：注意手机使用礼仪的人，不会在公共场合或座机电话接听中、开车中、飞机上、剧场里、图书馆和医院里接打手机，特别是楼梯、电梯、路口、人行道等地方，不可以旁若无人地使用手机。在一些场合，比如在图书馆或在剧院打手机是极其不合适的，如果非得回话，采用静音的方式发送手机短信是比较适合的。

特别注意在参加会议时，手机应调到静音、振动或关闭状态。开会时不要把手机放在会议桌面上。在会议中和别人洽谈的时候，最好的方式还是把手机关掉。作为商务人士，电话使用不当，不仅对他人不尊重，也会破坏自己的形象。

打手机前要考虑对方是否方便：给对方打手机时，尤其当知道对方是身居要职的忙人时，首先想到的是，这个时间他（她）方便接听吗？并且要有对方不方便接听的准备。在给对方打手机时，注意从听筒里听到的回音来鉴别对方所处的环境。如果很静，应想到对方在会议上，有时大的会场能感到一种空阔的回声，当听到噪音时对方就很可能在室外，开车时的隆隆声也是可以听出来的。有了初步的鉴别，对能否顺利通话就有了准备。但不论在什么情况下，是否通话还是由对方来定为好，所以“现在通话方便吗?”通常是拨打手机的第一句问话。

不得体的手机铃声惹来笑话

• 有个朋友喜欢更换手机铃声，有一次，他陪一个客户聊天，突然手机响了，铃声是悦耳的童声：“爷爷，您孙子给您来电话了!”一接听电话，原来是另一个客户。虽说这只是一个好玩的游戏，但是其他客户见了，难免会做出相关联想：他该不会把我的来电也设置成“孙子”铃声吧?

• 还有一个老师，有天他开会的时候忘了关机，结果校长讲话的时候，他的手机响起来了，是麦兜的：“我的志愿是做一个校长，每天，收集了学生的学费后去吃火锅。今天吃麻辣火锅，明天吃生菜鱼火锅，后天吃猪骨头火锅……”结果，同事们哄堂大笑，校长也是一脸尴尬。好在这个校长大人有大量，没和他计较，要换作别的领导或者别的场合，就没有那么幸运了。

小贴士

- 手机，最好不要代别人接听，以免听到不该听到的。如果怕影响别人，可以请人帮忙掐掉或关机。
- 不要把重要信息存在手机里，一旦手机丢失，是一件很麻烦的事情。
- 不要发送内容不健康的短信，类似“此短信要转发十个人，否则这个月有血光之灾”等会让对感到不舒服，也会影响自己的形象。
- 别人打错电话不要粗口大骂，应友善告诉对方“你打错了!”

（3）传真和电子邮件礼仪

很多人收到一份传真，上面只有内容，却不知道发给谁的；想回复，却又发现对方没有留下相应的电话号码。

在使用电子邮件发送商务信函时，应当遵守的礼仪规范有四点。一是写邮件时应请注意：一定要写主题；二是内容要清楚、规范，语言有礼

小贴士

- 发传真前一定要沟通好，发传真最好是在下班前把传真发给对方。
- 传真的内容、字体、署名要清晰。
- 发传真后，要学会确认。
- 收到传真要及时回复。

有节；三是附件的内容要考虑容量的问题；四是不要滥发邮件。

5. 涉及物品的办公礼仪

（1）名片

名片最大的作用是提供便利。在制作名片时不要太花，头衔数量不要超过两个，要养成随身携带名片的习惯。

小贴士

- 交换时，应先递上自己的，再向别人讨要名片：“您好，这是我的名片，请多指教！”
- 递名片时，要用双手。拇指和食指托住名片的两边，把字正面朝上递给对方，同时，注意字的方向朝向对方。
- 同时递名片，则应把姿势放低一点，同敬酒一个道理。
- 收到名片，要先拜读一下名片上的内容，确认一下对方单位、姓名，从中寻找可以深入交流的话题。

递名片时，用单手⊗

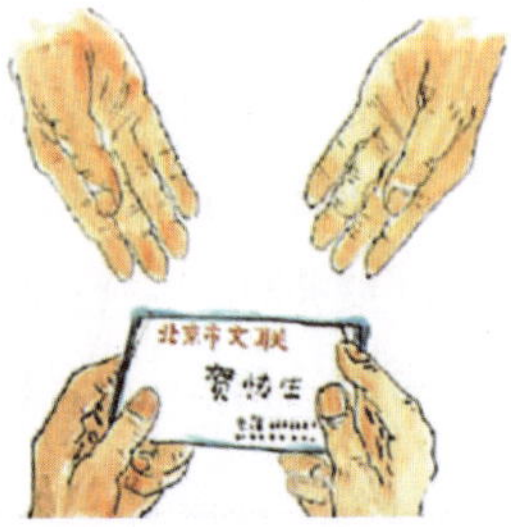

双手托住名片，字反向对方⊗

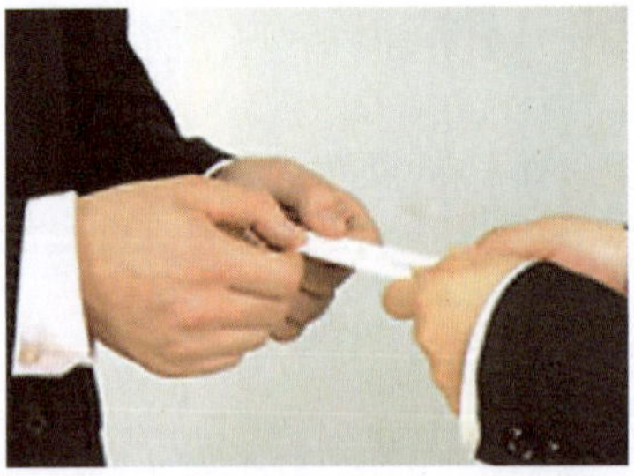

给人递名片时最好放在对方手的下方✓

弯腰递接名片✓

（2）献茶

- 问客人喝茶应根据单位情况提封闭式问题，如“先生，您是喝铁观音、龙井茶，还是白开水？”
- 茶不能倒太满，一般以2/3或4/5之间为宜。
- 把有杯柄的一方留给对方。
- 一次性杯子要套上杯托再端给客人。

（3）递送物品

- 给别人一样物品，一定要让对方接收的时候感到便利。
- 一定要把有柄的那一头给对方。
- 如果是给钱，最忌讳把钱赤裸裸地递给对方，应装到信封里。如果不放心，可当面验收。

接收文件时不站起来⊗

递交文件站起来✓

递接物品礼仪——双手递物；如在特定场合下不必用双手时，一般要求用右手；接物品时，应当目视对方；必要时，应当起身而立，并主动走近对方。

知识竞答

一、判断题

1. 与他人交谈时，要盯着他人的双眉到鼻尖的三角区域内。（　　）
2. 行握手礼时，与多人同时握手时，可以交叉握手。（　　）
3. 使用手机时，手机不宜握在手里或挂在腰带上。（　　）
4. 与他人交谈完毕就可以立即转身离开。（　　）
5. 陪同客人乘无人管理的电梯，由客人先进入并摁住开关。（　　）

二、选择题

1. 递接文件或名片时应当注意字体的（　　）。

A. 正面朝向对方　　B. 侧面朝向对方　　C. 反面朝向对方

2. 与他人在正式场合交谈时要严肃认真，还要注意语言的（　　）。

A. 准确规范　　B. 慢条斯理　　C. 声音洪亮

3. 客人来访时，我们要为客人打开房门。当房门向外开时（　　）。

A. 客人先进　　B. 我们先进　　C. 同时进门

4. 正式交往场合我们的仪表仪容要给人（　　）的感觉。

A. 随意、整齐、干净　　B. 漂亮、美观、时髦　　C. 端庄、大方、美观

5. 为他人作介绍时，方法不正确的是（　　）。

A. 先把男士介绍给女士　　B. 先把长辈介绍给晚辈

C. 先把晚到的客人介绍给先到的客人

6. 在正式场合，女士不化妆会被认为是不礼貌的，要是活动时间长了，应适当补妆，但要在（　　）补妆。

A. 办公室　　B. 洗手间　　C. 公共场所

7. 在公共场所时，女士着装应注意（　　）不能外露，更不能外穿。

A. 袜子　　B. 短裙　　C. 内衣

8. 正式场合着装，整体不应超过（　　）种颜色。

A. 两　　B. 三　　C. 四

9. 在参加各种社交宴请宾客中，要注意从坐椅的（　　）侧入座，动作应轻而缓，轻松自然。

A. 前侧　　B. 左侧　　C. 右侧

10. 一般性的拜访多以（　　）为最佳交往时间。

A. 1 小时左右　　B. 半小时左右　　C. 十分钟左右

11. 正确握手的时长一般为（　　）

A. 3～4 秒　　B. 5～6 秒　　C. 10 秒

12. 呈递名片中不正确的说法是（　　）。

A. 只能用右手呈递

B. 要将名片正面朝向接受方

C. 接受的名片应放到名片夹或上衣口袋中

13. 女士随身携带的小手提包，在参加宴会就餐期间应放在（　　）。

A. 放在背部与椅背之间

B. 挂在自己椅子的靠背上

C. 挂在衣架上

14. 在参加宴请中，应等（　　）坐定后，方可入座。

A. 主人　　B. 长者　　C. 女士

15. 倒茶应倒杯子的（　　）

A. 三分之一　　B. 三分之二　　C. 二分之一

同学们，你都答对了么？

游戏互动

情景模拟游戏

设计一则办公室借用数码相机的礼仪情景剧，让学生模拟表演。

课外延伸

办公室里的减腹操

长时间坐在办公室工作的美女们有一个共同令人头疼的问题：小腹脂肪越积越多，如何消除这些赘肉呢？久坐办公室，活动是非常有限的，往往是坐下几个小时都不需要动一下，这样就使越来越多的美人形成下半身比上半身胖的形势。发胖刚开始的征兆大多都表现在小腹上，可别怪说身体没有事先提醒我们呦！

在种种限制下，有没有什么简单易行的方法可以让我们没有“小腹之患”呢？当然有喽！

首先要推荐的是一套非常方便、简单的办公室减腹操。下半身容易发胖，肠胃蠕动功能退化是长时间久坐的上班族的通病。利用坐椅，不必大空间，就可以扭扭腰、收小腹帮你运动一下平常很少运动的部位喔！

聪明的你也可以利用上班的空当时间作运动保健康。赶快一起来做一做吧！

A. 坐在椅子前半的位置，双脚并拢，手臂平抬在身体前方与肩同宽，双拳轻轻碰触。

B. 保持手臂平抬的姿势，慢慢将身体向左转，再慢慢拉回面对正前方。

C. 另一侧亦同，重复动作约 20 次，可以创造令人称美的小蛮腰喔！

D. 双膝并拢，双臂放在身体两侧并与身体保持一定的距离，脸朝正前方但上半身侧倾。

E. 另一边也要重复做同样的动作，交错重复做 20 次。这样可以紧缩腰侧的腹筋，让身体线条更完美。

TIPS：

这种体操主要目的是为了消除小腹的赘肉，只作两三次是看不出任何效果的，至少得持之以恒地每天上下午各做两三次，每次至少做八拍，持续三个月后，你一定能看出效果来，不但能维持美美的身材，而且也能舒解紧张的上班压力呢！

同时上下班的路上也不要闲着，随时随地收紧小腹。

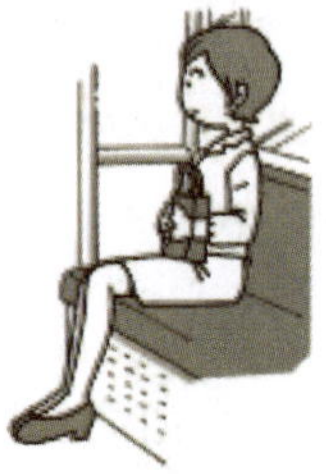

A. 搭车时如果有座位，请把皮包紧贴腹部放置。

B. 搭车时无座位时，双手紧压皮包的同时，腹部向内收缩，背部同时用全力压向椅背。紧压的动作持续 6 秒。

1. 用背部压着整个椅背。
2. 腹部向内收缩的同时，用两手紧压皮包。

次数：此一动作持续 6 秒，这样算 1 组，反复 3～5 组。

养成每日的习惯：这个运动对即使腰力不强的人，也能够轻松进行。坐着时若能养成这个习惯，可以有效预防腰痛。

第三节　其他礼仪

1. 乘飞机礼仪

• 出行前要再次确定起飞的时间、航班号及几号候机楼。

• 乘机要提前 2 小时到达，尤其是交通易拥堵的城市。

• 小刀等物品（包括女士日常使用的修眉刀与修眉剪），应当事先放在托运的行李当中，不要随身携带，否则这些物品可能无法通过安全检查。

• 不要把体积很大的旅行包背在肩上，也不要在地上拖着走。

• 液体物品，在通过安检通道时应把液体物品拿在手中或放在容易拿出的地方，节省安全检查的时间。

• 不要占小便宜，座位底下的救生衣、小毛毯、听音乐耳麦等，都不可以拿走。

飞机上打电话⊗

行李放在行李架上✓

机场规定：头等舱的旅客每人可随身携带两件物品，公务舱、经济舱的旅客，每人只能携带一件物品。每件物品重量不得超过 5 千克，其大小限制在长 55 厘米、宽 40 厘米、高 20 厘米之内。否则不准带入机舱。

免费托运的行李——头等舱为 40 千克，公务舱为 30 千克，经济舱为 20 千克。行李最好托运，这样省心，省力。

禁止托运的物品——国家禁运品，易燃易爆的危险物品。有异味、容易污染的物品、易碎，易腐蚀的物品，枪支弹药，刀具利器，带磁性的物品等。

2. 乘公共汽车礼仪

• 坐公交车时，应自觉刷卡或投币，不逃票，不投假币。

• 在公交车上应给弱幼孕者让座，不可一人占多座。

• 保持车内卫生，不要在车内抽烟、吃带刺激性强的食物。

• 不与开车的司机攀谈、长聊、干扰司机开车。

3. 乘轮船礼仪

• 要特别注意，在船上标有“旅客止步”之处或船员工作、休息场所，不要因为好奇而妨碍他人工作。船上各种电路、蒸汽开关很多，禁止随意触动，小心发生意外。

• 出入舱口或在甲板上散步，要为女士或他人让路，不要在甲板上大声说笑、四处追逐，影响别人。

• 船行驶中要遵守有关规则，白天舞动花衣服或手帕会被其他船只认为打旗语；晚上拿手电筒乱晃，会被当成灯光信号。雾天不宜大声喧哗。

4. 乘地铁礼仪

• 在地铁上要为老人、病人、残疾人、孕妇和带小孩子的乘客让座。

• 保持车厢干净，不乱扔垃圾。

• 到站点的时候，后下车的乘客应主动给先下车的乘客让座，不要挡在前面，否则遭人鄙视。

• 上车应排队，在人满为患的时候，要先下后上，以及礼让妇女老人和孩子。

5. 乘出租车礼仪

• 保持车内卫生，不往车外吐痰，扔杂物。

• 路边招停，以不影响公共交通为宜。

• 与长辈朋友一起坐车，下车时应由男士或年轻者先下，然后帮助女士或年长者下车。

6. 开车礼仪

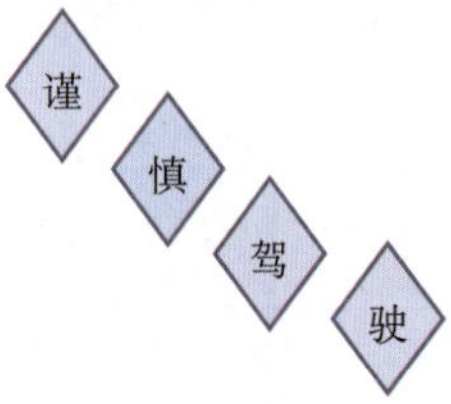

• 喝酒不开车，开车不喝酒。

• 按交通路线正确行驶。

• 不穿拖鞋驾驶车辆。

• 行车懂得礼让，不闯红灯，不与行人抢先行。

• 遇到雨水天气，一定要减速，避免雨水污泥溅到路人身上。

7. 乘电梯礼仪

• 乘扶梯时，应主动扶好扶梯，一旦发生意外，能起到保护自己的作用。

• 要靠右侧站立，如两人以上同行，尽量不要并排站立，以免堵住走道，使有急事的乘客无法通行。

• 乘升降梯时，不要拥挤，遵循“先进后出”的原则，先进去的人按住电梯按钮，以便后者进入，在公共场合，应遵循女士、领导、长辈优先原则。

• 进入电梯，应该面向电梯门站立。

8. 医院礼仪

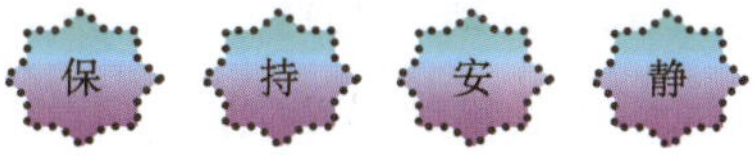

• 保持公共场合安静，禁止大声喧哗。

• 遵守医院秩序，挂号、候诊、叫号。

9. 商场购物礼仪

• 在挑选物品的时候，要轻拿轻放，看过之后，如不买，要放回原处。

• 如果手有污渍，最好不要触摸商品。

• 购物时不要盛气凌人，用命令式的语气说话，有时售货员较忙，可耐心等待，不要急于招呼，更不要用手猛敲柜台和橱窗。

• 发生找错钱、计错数或拿错商品时，要试着谅解对方，遇个别态度不好的售货员时，不必与之争吵，应找商店负责人说明情况，要求解决。

10. 洗手间礼仪

上洗手间是一件很不起眼的事情，但往往能够看出一个人的修养。

• 使用前一定要先敲门，以确定是否有人在使用。

• 在使用时听到询问声也应该客气的回答，以示有人。

• 如果外面有人等候，应抓紧时间，以方便别人。

• 容易堵塞下水道的废弃物，应放入垃圾桶中，不可乱丢。

• 使用完后，一定要冲水，这一点尤其重要，它反映了一个人基本的道德素质。

• 方便后应在洗手间洗手并梳理仪表。

• 洗手间绝对禁止大声谈笑，要注意自己的举止和礼貌。切莫放声说长道短，要知道，厕格中可能有人。

• 若见领导，则仍应半侧面轻点头示意。

11. 公共图书馆礼仪

• 在图书馆或阅览室，要保持绝对安静和整洁，不要大声说话或在座位上交谈。即使人少，也不能利用空座躺卧休息。

• 不论做什么事，都要轻声。入座要轻，走路要轻，与人交流意见也要轻，随身携带的手机要关掉铃声。不在室内接听电话。

• 细心爱护书籍，不折角、不撕页、不在书上作标记。

• 阅后不借应放回原位，借阅后要及时归还。

• 借阅的图书如有丢失或损坏，应给予赔偿。

12. 影剧院礼仪

• 去看电影或戏剧时，应提前买票，并按时入座，不迟到。

• 对号入座，保持安静，不随意走动。

• 有些影剧院有规定，不准拍照，观众应当自动配合。

• 不要在观看影片时吃带壳、有响声或有刺激性味道的食物，以免打扰其他观众。

知识竞答

常用客套语

1. 初次见面说“——”；好久不见说“——”。
2. 等候客人用“——”；宾客来到称“——”。
3. 未及欢迎说“——”；起身作别称“——”。
4. 看望别人用“——”；请人别送用“——”。
5. 陪伴朋友用“——”；中途告辞用“——”。
6. 请人原谅说“——”；请人批评说“——”。
7. 求人解答用“——”；盼人指点用“——”。
8. 欢迎购买说“——”；请人受礼称“——”。
9. 麻烦别人说“——”；托人办事用“——”。
10. 向人祝贺说“——”；赞人见解称“——”。
11. 对方来信称“——”；赠人书画题“——”。
12. 尊称老师为“——”；称人学生为“——”。
13. 请人休息说“——”；对方不适说“——”。
14. 老人年龄说“——”；女士年龄称“——”。
15. 平辈年龄问“——”；打听姓名问“——”。
16. 称人夫妇为“——”；称人女儿为“——”。

同学们，你都答对了么？

课外延伸

女性社交场合10忌

对于职场女性而言，为人处世前要用“反其道而行之”的方式反省一下自己——想要受人欢迎，首先要知道哪些行为最不受人欢迎；想要讨人喜欢，首先要了解哪些举止最讨人厌。以下列举了女性在社交场合切忌出现的10种表现，对于想要打造完美形象、在众人心中留下完美印象的你来说，务必谨记。

1. 不要口无遮拦

办公室里最忌口无遮拦，但很多女性往往谈着谈着就谈到了工作以外，甚至于张家长，李家短……这必须引起注意，否则一不小心“讲错话”，往往会给你带来不必要的麻烦。所以，与人谈话必须掌握分寸：该说的一定要说，不该说的绝对不说。

2. 不要过度以自我为中心

不要高傲自大，只知自己，不顾他人，也不要一天到晚向别人诉说自己的生活琐事，却从不理会别人的感受和反应。

3. 不要缺乏投入感

在任何社交场合中，悄然独立，既不参与别人的活动，也不主动与别人沟通，不是被人忽略，就是被人们视作冷漠、高傲。

4. 不要过度取悦别人

有些人认为处世智慧就是讨好他人，其实不然，戴高帽和灌迷汤在一定程度上确实有效，但一味滥用，非但不能博得别人的好感，还会让人心生厌恶，或者以为你另有所图而加倍小心。

5. 不要浪费对方的时间

鲁迅先生说，浪费他人的时间等于谋财害命。与他人交往时，务必不要浪费他人的时间，这是尊重他人的最基本表现。另外，千万不要小看迟到这种小事，否则终有一天你会因小失大。

6. 不要在众目睽睽之下涂脂抹粉

有些女性习惯经常补补妆，这无可厚非，但要注意，在大庭广众下扑施脂粉、涂抹口红是非常不雅观、不礼貌的事。如果需要的话，请尽量到洗手间或附近的化妆间去，至少也要找个没人的地方偷偷进行。

7. 不要忸怩忐忑

如果发现有男士经常注视你，你要表现得从容镇静，千万不要忐忑不安，更不要故作忸怩。如果与对方素未谋面，可以有技巧地离开他的视线；如果与对方有过交往，可以自然地上前打个招呼，注意不要过分热情，也不要过分冷淡，否则都会影响风度。

8. 不要唠叨不停

无论是居家生活，还是在职场打拼，女人都应该克服爱唠叨的天性，尤其是在办公室里，最好不要谈那些鸡毛蒜皮的琐事。如果是其他同事主动提起，也应在简单回应后适可而止。

9. 不要过分平静

喜怒不形于色是一种至高境界，但是切忌不要表现得对任何事都漠然，没有任何情绪反应。

10. 不要过分严肃

如果你总是一脸严肃、不苟言笑，不仅会让人觉得难以接近、难以相处，而且这对自己来说也未免有点自欺欺人，毕竟保持严肃非常累人。即使你是一位女领导，也有必要考虑用亲和力去代替严肃的面孔。

第五章 商务礼仪实务

导读

本章主要内容为商务礼仪实务，重在商务礼仪技能训练，主要包括商务接待礼仪、商务洽谈礼仪、商务签约礼仪、商务会务礼仪和商务餐饮礼仪等 5 个商务流程的礼仪。其中，商务接待礼仪部分涵盖接待的类型、接待工作步骤、常见接待礼仪规范和涉外接待礼仪等四个方面内容；商务洽谈礼仪部分涵盖洽谈前的礼仪工作要点、洽谈中的礼仪工作要点两个方面内容；商务签约礼仪部分涵盖签约仪式的准备工作、签约仪式的程序两个方面内容；商务会务礼仪部分涵盖会议筹备工作阶段、会议前的接待工作、会议中的服务、会议善后工作等四个会议流程的礼仪；商务餐饮礼仪部分涵盖宴请的种类与形式和宴请者礼仪（分中餐礼仪和中餐礼仪）两个方面内容。另外，本章各节还安排了案例思考、案例研讨、知识竞答等趣味环节。本章相关教学资源可扫描二维码进行观看和学习。

第一节　商务接待礼仪

情境导入

在××大学学习的小王利用假期来到“浙江志达外贸有限责任公司”的办公室参加实习，由于工作认真勤奋，受到了领导的表扬，正在小王沾沾自喜的时候，突然接到了部门经理下达的一个紧急任务：下周将有一个来自某大集团公司的代表团要来本公司洽谈一个大额订单，要小王协助办公室主任老李做好接待工作。部门经理再三强调不得有误，小王顿时紧张起来，一时之间不知该做些什么，可他发现办公室主任老李却是一副成竹在胸的样子，便忍不住来到老李办公桌前虚心请教。老李看到小王那充满疑惑与恳切的眼睛，微微一笑，便一点一滴地传授起自己的经验来，听完李主任的讲解，自以为已小有所成的小王不禁感慨，以后真得好好向李主任学习。下定了决心，小王马上开始了自己的工作……

接待是一项重要的常规性工作。在接待工作中，各项礼仪的应用是否妥当会直接影响后续一系列工作的成败。对待不同的来访者（预约的、未经预约的、团体的、个人的、国外的、境外的、有问题的等）应用不同的礼仪规格、规范及程序，目的都是为了更好地开展工作，为组织形象和组织利益服务。

一、接待的类型

区分不同的礼仪要求首先需要明确接待类型，通常按照不同的标准，可对接待工作作如下分类。

- 按来客人数可以分为个人接待和团体接待。
- 按接待对象的地域范围可分为涉外接待和国内接待。
- 按与来访者的关系可分为上级来访接待、下级来访接待和平级来访接待。

- 按接待的内容可分为工作接待、生活接待和事务接待。

此外，按公开程度可分为公开接待、半公开接待和秘密接待；按是否预约可分为随机性接待、预定性接待和计划接待等。

二、接待工作的步骤

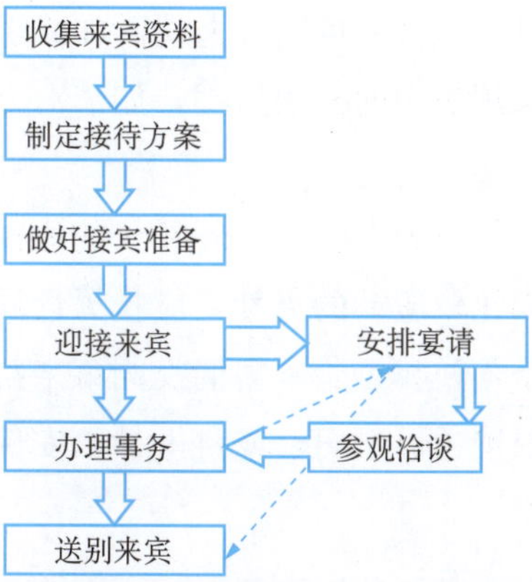

具体的接待工作应视当时的时间与情况有一定的灵活性，如果时间充裕，可安排类似参观游览等活动；如果时间紧张，则应直接切入主题，但须以保证来宾餐饮与住宿为前提，让来宾以一种满意的心态投入到办理事务中来。

三、常见接待礼仪规范①

（一）办公室内接待

接待者在接待过程中应始终保持微笑，力求在第一时间辨认出来访者的身份及说出适当的称呼。无论来访者有无预约，一般都应该停止谈话和手头的工作，抬头起立，如正在打电话，则需用手势示意来访者稍候。

① 图片来源于中华礼仪培训网、福日集团官网、雅虎网等网站

来访者如与上司有预约，接待者应请来访者稍候，在征求来访者意愿后为其送上相应茶饮并及时通过电话告知上司，或到上司办公室告知。而且，在来访者离开时，应及时提醒客人勿忘随身物品，并根据上司的要求送别来访者，其中对一些重要或需要协助的来访者应送到门外，目送客人离开后方可回办公室。

来访者如无预约，必须先搞清来访者的身份和来意，然后请示上司是否接受来访，若上司不愿或无法接见，接待者可回答上司不在或者以上司很忙为由婉拒来访者的要求。有时也可酌情采用折中的办法处理，如请对方留下通信方式或请其他人出面接待等。

如果遇到异常来访者，接待者在注意礼貌礼仪的原则下还需随机应变。比如面对刚丢了工作或者其他原因比较激动的男性，应找男性同事帮忙使其冷静下来；如果是女性，可以考虑找一个年长、经验丰富的女同事来帮忙。若是来访者对接待者进行人身威胁，接待者可悄悄告诉上司，或打电话给安保部门，但一定要注意避免与来访者发生直接肢体冲突。

（二）办公室外接待

在办公室外接待来访者，接待者要注意“六要”、“四不”。

“六要”：要提前到场等待，一般提前10分钟左右；要事先准备好姓名牌（若是第一次接见应用双方都能看懂的文字，接待外宾最好需要有通晓对方语言的翻译在场）；要主动向来宾问好并递上名片做自我介绍；要主动帮助客人提行李；要预先联系好迎接客人的交通工具和宾馆；要与来宾做好必要的沟通。

“四不”：不要久留（到达休息处时做完介绍即可离开）；不要对客人提出要求；不要漠不关心（如果客人有困难或者生病应予以帮助）；不要立刻离开（要与来宾商定下次活动时间地点，及交换双方的地址与联系方式）。

（三）团体接待

1. 制定接待计划

（1）根据来访团体的规格与目的制定相应的接待规格和方针

第一种是对等接待，即陪同人员与客人职务、级别大体一致，大部分接待都是对等接待；第二种是高规格接待，即陪同人员比客人职务要高，适用于比较重要的接待；第三种是低规格接待，即陪同人员比客人职务要低，主要适用于基层。

（2）合理安排接待日程

接待日程安排应当制定周全，尤其是接待活动的重要内容不可疏漏，比如安排迎接、拜会、宴请、会谈、参观、游览、送行等事宜。接待日程安排还要注意时间上的紧凑，上一项活动与下一项活动之间既不能冲突，又不能间隔太长。

2. 具体接待事项

要合乎礼仪规范，主要包含以下内容：

- 提前了解来宾基本情况；
- 详细、周密拟定接待方案；
- 提前安排好工作用车，确保够用、能用；
- 提前安排好接站及返程票的预订、预购；
- 合理安排好来宾的住宿和餐饮；
- 及时印发活动日程安排表；
- 合理确定陪同人员名单和领导拜访来宾的时机；
- 合理安排好会议、参观、文娱活动、宴请等相关事宜；
- 及时做好新闻报道工作；
- 合理安排互赠纪念品时间、合影留念时间和送行事宜。

四、涉外礼仪接待

在涉外接待中，除了国内接待中常见的接待礼仪规范外，还需要特别注意涉外礼仪，尤其是一些原则性的礼仪禁忌。就我国的行为习惯而言，需要重点规避以下九点。

一忌不遵时守约。不遵时守约是国际交往中最忌讳、最失礼的行为。

二忌不尊重老人、妇女。世界大多数国家把尊重老人和妇女视为一种美德。

三忌不尊重他国风俗习惯。不同的国家、民族，由于不同的历史、宗教等因素，各有特殊的风俗习惯和礼节，均应予以尊重。如伊斯兰教徒不吃猪肉；佛教徒不吃荤；天主教徒忌讳“13”这个数字，尤其是“13 日星期五”等。

四忌言行不礼貌。公共场所偶遇外宾后，不能围观、尾随，或在背后指点、议论；不可贸然要求与外宾合影或索要名片；未经外事部门安排，不得擅自邀请外宾到家做客或私受礼品；不要当众做出提裤子、掏鼻孔、挖耳朵、打哈欠、脱鞋等失态行为。

五忌用中国式问候同外宾打招呼，如“你吃了吗?”“你去哪儿?”等。

六忌询问对方的年龄和生活问题，尤其是妇女的年龄、婚姻、收入等个人隐私，贸然相问会引起对方的反感。

七忌随意吸烟。在国外，吸烟的危害已越来越引起人们的关注，在很多地方和场合是不允许吸烟的。即使在非禁烟场所，如有妇女或不吸烟的男士在座，也应先征得她们的同意。

八忌轻易应允。对外交往中，要讲究信誉，办不了的事切忌轻易应允。答应的事就一定要想尽办法去做，确因客观条件办不成的，也要说明情况，表示歉意。

九忌不讲卫生。参加涉外活动要保持整洁美观的仪表，杜绝随地吐痰，乱扔垃圾等行为。

至于具体各国的禁忌，可以参阅本章第二节后面的《拓展阅读》部分，本国各民族之间的禁忌，可以参阅本节后面的《拓展阅读》部分。

知识竞答

一、判断题

1. 按与来访者的关系可分为上级来访接待、下级来访接待和平行单位接待。（　　）

2. 在办公室内，面对来访者时，如果你正在打电话，则可以不接待来访者。（　　）

3. 在中国，你可以用“你吃了吗？……”“你去哪儿？”同外宾打招呼。（　　）

4. 如果遇到有问题的来访者，你可以马上协助保安将其制服。（　　）

5. 与外宾交谈时，你应该仔细询问对方的情况，比如对方的年龄和生活问题。（　　）

二、单项选择题

1. 以下不属于接待规格中的一种是(　　)。

A. 对等接待　　B. 高规格接待

C. 低规格接待　　D. 越级对待

2. 按接待的内容可分为工作接待、生活接待和(　　)。

A. 学习接待　　B. 事务接待

C. 秘密接待　　D. 公开接待

3. 与外宾共进晚餐时，(　　)行为是不允许的。

A. 相互敬酒　　B. 餐巾打开平铺在腿上

C. 抽烟　　D. 慢慢品酒

案例分析[①]

小红是酒店客房部刚招来不久的员工，对酒店一些要注意的细节还不是很了解。一次，由于客人很多，老员工都有事不能脱身，而此时恰有位外宾需要接待，领导无奈只能让小红去，初次见外宾，小红心里的紧张自是不言而喻，但又想在外宾面

① 来源：百度文库 http：//wenku. baidu. com/view/8befb1ded15abe23482f4d70. html

前好好地表现。因此小红拿出了中国人招待人的方式来招待这位外宾，交流中又是问外宾从事什么工作，又是问他是否结婚等，外宾的脸色越来越难看，但小红并没察觉自己做错了什么。

请思考：

1. 小红在哪些地方做错了？

2. 如果换成你，你会怎样接待这位外宾？

一堂礼仪课

迪安又叫乔纳森·斯威夫特，是英国著名的讽刺作家，小说《格列佛游记》是他的代表作。一天清晨，迪安家的门咚咚地响了起来。女佣打开了门，一个人把一只宰杀过的野鸭交给女佣，说："这是博伊尔先生送给迪安的礼物。"说完，这个人转身就走。

几天后，这个人又来了。这回他带来了一只山鹑："博伊尔先生再次给迪安送东西了。"博伊尔先生是迪安的朋友，喜欢打猎，常常给迪安送些他猎取到的野味。

不久后的一天，还是这人来，这次他带来了一只鹌鹑。"这东西也是给迪安的。"他语气粗鲁，将鹌鹑扔到女佣怀里。女佣很生气，"这个人太没礼貌了"她向迪安抱怨道。

"他如果再来，"迪安说，"你告诉我，让我去会一会他。"

没隔多久，那个人带着另一种野味来了。迪安亲自去开了门。

"这是博伊尔先生送的野兔。"那人说。

"听我说，小伙子，"迪安正色道，"替人送礼物可不应该是你这个样子。现在，让我们换一下位置吧，你进屋，我出门，假设你是我，我是你，请你看一看替人送礼应该是什么样子。"

"好吧。"那人同意了，走进了屋内。

迪安接过野兔，来到了屋外。他先在街上走了一会儿，然后折回头，来到家门口，不轻不重地敲了敲门。

门被那人打开了。迪安鞠躬施礼，然后说："您好，先生，博伊尔先生让我送来这只野兔，望您能够收下。"

"哦，谢谢。"那人礼貌地说，接着从口袋里掏出一个钱包，从里面拿出一个先令。"您辛苦了，这是给您的。"

这堂礼仪课非常生动，从此以后，那个人再来送野味时总是显得彬彬有礼，而迪安也总是记得给他一点小费作为酬劳。

讨论题：

1. 看了这个关于迪安的案例，你有何感想？

2. 赠送礼物应该注意什么？

风采展示

游戏：超级接待

目标：作为接待者如何接待各种来访者

场地：教室内

时间：30分钟

规则：

1. 让同学们分成若干组，每组随机抽选几名同学轮流上台扮演接待者和来访者。

2. 教师将准备好的各种情景和人员身份卡片打乱。

3. 让扮演接待者的学生抽取情景卡片，让其他学生抽取来访者卡片。

4. 根据情景和来访者卡片的内容模拟接待工作，教师和学生一起根据扮演接待者的同学打分。

拓展阅读

我国是一个多民族的国家，在制定接待计划和接待工作时，一定要尊重少数民族的礼仪、习俗。下面简单介绍部分少数民族礼仪、习俗情况，供接待少数民族来访者时参考。

1. 东北内蒙地区

目前，位于我国东北地区黑龙江、吉林、辽宁省境内的少数民族主要有六个，它们是满族、朝鲜族、赫哲族、达斡尔族、鄂温克族和鄂伦春族等。蒙古族则聚居于内蒙古自治区。满族、朝鲜族和蒙古族为我国东北内蒙地区内主要的少数民族。

（1）满族

满族是一个历史悠久的民族。目前满族人大部分聚居在东北三省。虽然由于长期与其他民族杂居使满族生活习俗有了较大的变化，但在一定程度上仍还保留着自己的特有生活习惯。

满族极重礼节，讲礼貌。平日相见都要行请安礼，若遇长辈，要请安后才能说话，以示尊敬。最隆重的礼节为抱见礼，即抱腰接面礼。一般亲友相见后，不分男女均行此礼，以表亲昵。

满族由于生活环境的不同以及与汉族的频繁交流，饮食习惯一方面与汉族有些相似，如吃大米、小米、面食等；另一方面仍有自己的特点，如喜吃甜食，过节时吃饺子，农历除夕时，要吃手扒肉等。它还保留了饽饽、汤子、萨其玛等有本民族特殊风味的食品。满族人忌吃狗肉，也不戴狗皮帽子，这缘于“义狗救主”的传说。

(2) 朝鲜族

居住在我国境内的朝鲜族，主要分布在东北三省，多聚居于吉林延边朝鲜族自治州，少量散居全国各地。从19世纪中叶由邻国朝鲜陆续迁入我国后就自成一族，他们在服饰装扮、生活起居、文体活动等方面都独具特色。

朝鲜族自古就有尊老爱幼、礼貌待人的优良传统习惯。老人在家庭和社会上处处受到人们的尊敬，还有专门为老年人设立的节日，十分隆重、热闹，每年都要举行。在家庭内部，祖辈是最受敬重的，儿孙晚辈都以照顾体恤老人为荣。朝鲜族是一个能歌善舞的民族，尤其是在他们聚居的延边朝鲜族自治州，素有歌舞之乡的美称。每逢节假日和喜庆日，都可以看见朝鲜族群众载歌载舞，欢腾雀跃的活动场面。该民族的歌舞艺术具有悠久的历史传统和十分广泛的群众基础，无论男女老少，不仅都能唱会跳，而且还都十分酷爱传统体育活动。每逢年节，朝鲜族人民都要举行规模盛大的民族运动会，进行秋千、跳板、摔跤以及足球、排球比赛。最精彩的要数秋千和跳板两个项目，参加者都是本族妇女。

冷面、打糕、泡菜和明太鱼都是朝鲜族人十分喜爱的食物，另外他们还有喜吃狗肉的习俗。一种名叫“麻格里”的家酿米酒是朝鲜族常用来招待客人，味似汉族的黄酒。

(3) 蒙古族

我国的蒙古族人民世世代代生活在我国北部的大草原上，大多从事畜牧业，他们的生产、生活与草原及牛羊息息相关。

“大年”和“小年”是蒙古族比较重要的两个节日。“小年”是在腊月二十三日，又叫“祭灶”，是送火神爷的日子。家家户户要在灶神前烧香、敬贡。蒙古族的“大年”叫“查干萨勒”，意为白色的新年。按民族习俗，过“大年”时要拜两次年，一在腊月三十晚为辞送旧岁而拜，二在正月初一为迎接新春再拜。守岁团圆饭和节日盛装是过“大年”时不可缺少的。然而蒙古族的传统盛会与节日应数每年七八月间举行的“那达慕”大会，其内容包括射箭、赛马和摔跤比赛。届时，当地牧民都身穿节日盛装，带着蒙古包和各种食物，从四面八方去参加，场面十分壮观。

日常生活中他们的传统食品分为白食（牛、羊等的奶制品）和红食（牛、羊等牲畜的肉食品）两种，白食待客是最高的礼遇，因为在蒙古族，白色象征崇高和吉祥。此外，喝奶茶、吃炒米也是蒙古族的饮食习俗之一。

2. 西北地区

西北地区有少数民族多个，大多集中于宁夏回族自治区和新疆维吾尔自治区境内，如回族、东乡族、土族、撒拉族、保安族、裕固族、维吾尔族和塔塔尔族等，其中以回族、维吾尔族、哈萨克族人数相对集中。

（1）回族

在全国各少数民族中，回族人数之多仅次于壮族。它不仅人数多，而且分布也较广。全国两千多个县、市中，几乎无一不散居着回族。比较集中的是宁夏回族自治区，形成了大分散、小集中并与汉族和其他兄弟民族杂居的特点。

回族信仰伊斯兰教，因此，形成了他们所特有的生活习俗与生活方式。他们每年举行的开斋节、古尔邦节等节日也与伊斯兰教有关。这三大节日原是伊斯兰教的宗教节日，后逐渐成为回族的传统节日。每逢开斋节，即伊斯兰教历十月一日，回族的穆斯林均要沐浴盛装，成年男女都要去清真寺参加节日会礼、团拜等活动，各家要炸“油香”（一种传统的油炸面饼，有纪念、庆贺之意），做馓子，用以待客。教历十二月十日则为古尔邦节（汉译为“宰牲节”），在这一天里杀牲献祭的风俗得到充分的再现。回族群众都要宰杀鸡、鸭、鹅或牛、羊等牲畜，招待来宾或分送亲友。穆斯林们要到清真寺参加节日会礼，以示纪念。而在圣纪节那天，穆斯林要举行办圣会，先聚集清真寺育经纪念，然后会餐，因为这天是伊斯兰教创始人穆罕默德的诞辰日也是他的忌日，因此这天又称“圣忌”。

除宗教节庆外，回族还有自己的文娱活动。如当地极为盛行的“花儿”民歌演唱形式，它虽有固定内容，但多为触景生情的即兴之作，用于抒发情怀，颇具浓郁的生活气息与地方特色。打木球和斗牛（回族俗称“掼牛”），都是回族的传统活动，也深受广大群众的喜爱。回族人民最主要的饮食习惯就是不吃猪肉，也不吃马、驴、骡及各种野兽的肉，并忌食一切牲畜的血和自死之物。他们喜食牛、羊、骆驼肉及鸡、鸭、鹅等家禽。

（2）维吾尔族

“维吾尔”系团结和联合之意。这个古老的民族主要聚居在我国新疆维吾尔自治区，其中有80%的维吾尔族人居住在南疆。他们的衣、食、起居等生活习俗具有独特的民族风俗。

维吾尔族素有歌舞民族之美誉。优美、轻巧、快速、多变的歌舞是他们文化生活中不可缺少的重要内容。维吾尔族人民最喜爱也是最惊心动魄的体育技艺叫“达瓦孜”，即高空走大绳，要求表演者具有娴熟的技巧和超人的胆量。另一传统游戏“沙哈尔地”也极为流行，这种空中转轮游戏一般在每年的春秋季节或婚礼时进行，人随着轮子的转动忽高忽低，极为刺激，因而成了受众人欢迎的活动。

在节日或喜庆的日子里，维吾尔人总是以独具风味的民族食品抓饭来招待客人。抓饭是用蔬菜、水果及肉类做成的甜味饭，由于用手抓着吃，故这被人称之为抓饭（维吾尔语叫“帕罗”）。

（3）哈萨克族

哈萨克族具有悠久的历史。全族主要分布在新疆维吾尔自治区，青海、甘肃两省也有一部分。哈萨克族牧民绝大多数过着游牧生活。他们信仰伊斯兰教，这对他们社会生活的方方面面都产生了较深影响。

哈萨克人能骑善猎，能歌善舞，充满着乐观精神。每逢节日或喜庆日子，牧民们都要在草原举办“阿肯”（哈语，即民间歌手）演唱会。这是一种具有哈萨克族独特风格的活动。弹唱会一般要进行好几天，会上当然少不了“姑娘追”、刁羊、赛马等传统活动。

哈萨克族是个非常讲究清洁卫生的民族。他们没有席地而睡的习惯，主人的床不能随便坐卧。哈萨克族有许多良好的卫生习惯是很值得推荐的。诸如饭前洗手，喜欢冲洗、浇淋而不愿用脸盆、脚盆一类的器皿等。热情好客是哈萨克族的又一特点。对于所有来访者，他们都会以礼相待。哈萨克族还有许多特有的礼俗，如见面时，或右手抚胸躬身，或握手致意，道一声“夹斯克么”（哈语问好）。在吃东西前，主人会提一把“阿不都瓦壶”（一种长颈铜瓶）请你洗手。对那些用手拿着吃的东西，不能用鼻子去闻，等等，规矩甚多。

3. 西南地区

西南地区是我国少数民族最为集中的地方。那里有藏族、门巴族、珞巴族、羌族、彝族、白族、哈尼族、傣族、傈僳族、佤族、拉祜族、纳西族、景颇族、布朗族、阿昌族、普米族、怒族、德昂族、独龙族、基诺族、苗族、布依族、侗族、水族、仡佬族等15个民族，散布于四川、云南和贵州三省及西藏自治区境内，一同组成了我国西南地区的民族大家庭。其中藏、彝、白、傣、苗、侗等民族的人口均已逾百万。

（1）藏族

历史悠久的藏族主要分布在西藏自治区以及与它邻接的四川、青海、甘肃和云南等省的部分地区。由于居住在高山地区，藏族的生活习俗多与高山环境有关，又因为大多数藏民信奉喇嘛教，故他们的生活习惯等也受到喇嘛教的影响。

藏族献“哈达”（即纱巾）、唱酒歌的礼节广为人知。在迎接宾客时，将白色的“哈达”（也有浅蓝或淡黄色的）赠送给对方，表示敬意和祝贺。送别时，则常要敬酚（一种用青稞酿成的酒）、唱酒歌，并将“哈达”围在对方的脖子上，同时相互亲切地碰额头，以示眷恋与祝愿。

藏族的节日很多，藏历年是其中最隆重的传统节日，好似汉族的春节。藏民们一般从藏历十二月初就开始做各种准备。大扫除、酿青稞酒、炸果子，摆上染色的麦穗和酥油花塑的羊头，等等，忙至二十九日晚的团圆饭。按藏族的传统习惯，大年初一不外出，全家团聚举行家庭式的新年仪式，一起喝青稞酒、吃酥油煮熟的人参果，共度新年。过年期间，各地都表演藏戏，跳锅庄和弦子舞。还要举行角力、投掷、拔河、赛马和射箭等各种比赛活动。另外雪顿节（也称藏戏节）、沐浴节也都是藏族传统节日，每年都吸引着数以万计的藏民前去参加。藏族的饮食在牧区和农区稍有不同，但吃青稞面、酥油茶和牛羊肉、奶制品的嗜好都是共同的。

（2）彝族

彝族是我国西南地区人口最多的一个少数民族，主要分布在云南、四川、贵州、广西壮族自治区等省（区）。四川凉山彝族自治州是最大的彝族聚居区。远在两千多年前，彝族的先民就在西南地区繁衍生息。在漫长的历史发展过程中，彝族人民创造了灿烂的文化。在农牧业和天文、历法、气象等方面都积累了丰富的知识和宝贵的经验，他们的生活习俗等亦有其民族的独特性。

“火把节”是彝族的传统节日。一般是在农历六月二十四日前后举行。这项活动非常隆重。每逢节日，各地的彝族人都要举行各种活动，节日之夜手持火把在田间绕行是必不可少的活动内容之一。四川大凉山一带的彝族人民过火把节要欢度三天。三天中各村寨都要杀牛宰羊，吃“坨坨肉”，即将牛羊肉切成大小均匀的坨坨，然后煮熟了吃。男女老幼均身穿盛装，参加自己喜爱的活动。男子主要是摔跤、赛马、斗牛、斗羊等，妇女的活动内容大多为唱歌、跳舞，有的弹口弦，有的向小伙子“敬酒”。著名的“阿细跳月”是节庆时常跳的一种舞，男奏女舞，充满着热烈、乐观的生活气氛。入夜后才进入节日的高潮，人们排成长队，举着火把，边唱边跳，在村寨和田野里迂回，形成一条长长的火龙，火龙翻腾，时隐时现，十分壮观。火把节的狂欢之夜还是青年男女结识、相爱的好时机。

彝族饮食习惯以粮食为主，爱吃各种面食，如包子油饼，也喜吃盐和红辣椒。

（3）白族

白族自称“白尼”、“白子”，汉话是白人的意思。1956年正式定名为白族。主要聚居于云南大理白族自治州。白族地区的大理三塔、大理三月街以及蝴蝶泉的神奇景观等都是闻名遐迩的。

大理三月街是白族人民的重大传统节日，当地人叫“街子”。每年农历三月十五日至二十日，人们装扮一新，欢天喜地地来到苍山脚下庆贺佳节。最初的三月街带有宗教活动色彩，现已成为大理地区各族人民的贸易盛会。赶街的除白族以外，还有彝、藏、傈僳、纳西、怒、回和汉族等许多民族的人民群众。届时，人们涌向街场，街场附近还设有电影、戏剧、球类等文娱场所。各族人民在盛会期间还要进行传统的赛马、射箭、舞蹈等活动，以尽情欢乐。白族人民在生活中很重“六”的礼俗。在他们的观念里，数字“六”有尊重吉祥之意，因此，相互馈赠都以“六”为标准。

白族的饮食习惯与众不同，喜欢吃酸、冷、辣的食物。凡请客或过年过节时，有个规矩就是不分四季早晚，第一道菜一定要凉拌味菜。在过年过节时，白族还喜欢吃生肉，称之为吃生皮。有的地方还喜爱生吃螺蛳。此外，白族的饮茶习俗也很特别，他们爱喝色如琥珀、清香味醇的烤茶，每天早上和午间各饮一次。

(4) 苗族

苗族属我国人口较多的一个少数民族，多数苗族人居住在贵州省境内，另外在湖南、云南、四川、广西、广东、湖北等地也都有一部分。大杂居、小聚居是苗族分布的特点。由于地域的不同，苗族的一些生活习俗也不完全一样，生活习俗各有特色。

每年农历二月初二的敬桥节是苗族颇有意义的传统节日。敬桥节最热闹的活动之一要算踩芦笙。狂欢的人们以酒桶和笙队为中心，围成几圈，踩着芦笙的节奏一起踏脚摆手，以此为舞，一般从午后开始，持续到天黑才结束。龙船节也是苗族村寨十分重视的节日，每个村寨都有自己的龙船，是由杉树独木舟制成的母船与子船相并而成的，做工十分精细，上面的彩绘也非常精美。农历五月间比赛时，鼓师敲起鼓点，水手们唱起龙船歌，在江中穿波破浪，奋勇争先。一条条龙船宛如真龙在江面飞掠前进，两岸的人群欢声雷动，助威声、欢笑声响彻天空，场面极为壮观。除此之外，苗族还有一些非常有趣的传统文体活动，如斗牛、爬坡杆、跳鼓和吹芦笙唢呐等。这些活动都极受苗族人民的欢迎。

苗族历来有吃酸食的习惯。家家都备有酸坊，制作酸鱼、酸菜及其他酸性食品，这些酸食还是他们待客的独特风味菜点。

4. 中南东南地区

我国中南东南地区的少数民族在种族上虽无法与西南地区相比，但它却拥有我国人口最多的少数民族——壮族。另外，瑶族、仫佬族、毛南族、京族、土家族、畲族、高山族的人民也在这片土地上生活生产，世代相传。除壮族外，这个地区还有土家、瑶、黎族等在人数上占有相对的优势。

(1) 壮族

壮族是我国少数民族中人口最多的一个，其中有90%以上的人口分布于广西壮族自治区。柳州、百色、河池和南宁为他们的聚居之地，另外还有少部分分布于云南、贵州、广东和湖南省境内。该民族历史悠久，情趣多样，独具风采。

壮族素来喜爱唱歌。农历三月初三，俗称“三月三”，是广西壮族自治区举行歌圩的日子，因而这天被称为歌圩节。“歌圩”是外族人给壮族定的汉名，壮语叫“窝埠坡”，意为到田间去唱歌。节日这天，壮族青年男女盛装打扮，云集到山头旷野或竹林草坡（现大多选择歌圩场临时搭的歌台），即兴对唱山歌。歌圩上，歌声四处飘氲，此起彼伏，从白天到深夜，整个大地仿佛都沉浸在歌声笑语的海洋里。在对歌的同时，还举行“还球歌圩”、抛乡球等有特色的活动，借以助兴。

壮族与西南地区许多少数民族一样，喜欢吃糯米饭。每逢节日，家家户户都要做一种叫“五色饭”的花糯米饭，并且相互馈送，表示祝福。壮族人民在节日里还有做五色蛋的习惯，他们将染成红、黄、橙、紫五色的熟鸡蛋、鸭蛋或鹅蛋串成一串，挂在孩子们的颈脖上，祝愿风调雨顺，五谷丰登。

（2）土家族

土家族主要分布在湖南省汀西土家族苗族自治州和湖北省的西南部恩施山区一些地方。土家族虽然历史悠久，但由于受汉族的影响较早、较深，因此他们的风俗习惯等与汉族已大体相同，只是在一些较为偏僻的地方，还留着本民族原有的习俗。

土家族也时兴过年，但与汉族不一样的是，他们要过两个年，除了过年三十外，农历腊月二十九也是过年的日子。按土家族习俗，全家在吃团圆饭时，一定要有坨坨肉和合菜，以示他们没有忘本，并以此纪念他们的祖先。有的地方的土家族过年时还有一种有趣的习俗，就是给大公鸡献花，如湖南、广西相邻的土家山寨，春节正是映山红盛开之时，姑娘们都要采摘许多映山红美化居室，并要把最好看的一枝插在鸡窝上，送给每日司晨的大公鸡。

土家族过年叫玩年。玩年时，不仅要跳“社粑粑”，演“茅故事”，而且还要举行摆手舞会。摆手舞，土家话叫“舍日巴”，这是土家族非常流行的一种古老舞蹈。每年春节的摆手舞会，从正月初三开始举行到正月十五为止。期间，众人聚集在摆手场，击鼓鸣锣，以摆手唱歌为乐。夜间，摆手场四角的熊熊火炬将场地照得通明，那种热烈的气氛是可想而知的。

（3）瑶族

瑶族人分散居住在广西、湖南、云南、广东、贵州等省（区）150多个县的深山密林中，素有“五岭无山不有瑶”之说，被称为“登山唯恐山不高，入林唯恐林不密”的民族。该民族虽已有两千多年的历史，但至今仍保留着本民族所特有的生活习俗。

瑶族人民十分诚恳、朴实。他们素以拿别人之物为耻，路不拾遗的良好行为在瑶族触目皆是，这常常令外族人称羡不已。

达努节历来就是瑶族人民一年中最大的传统节日，节期为每年农历五月二十六至二十九日，最后一天最为隆重。节日盛装、鸡鸭牛羊和优质米酒是家家户户必备的。村村寨寨还要摆歌台，设铜鼓或对歌跳舞，或走村串寨访亲问友，热闹异常。“擂公”是瑶族人民在喜庆节日中必有的活动项目。“公”是瑶族独具风格的长腰鼓。擂公时，左手的短竹棍和右手的五指相继有节奏地拍击长鼓的两端，鼓声咚咚，情趣盎然。“擂公”是瑶族比较古老的传统舞蹈，又是瑶族人民喜闻乐见的民间体育活动。

瑶族款待贵宾常用鸟酢，即用鸟肉做成的食品。它是广西大瑶山地区瑶族的一种独具风味的佳肴，也是他们待客的山珍美味。

第二节　商务洽谈礼仪

情境导入

办公室小王刚刚和主任老李一起出色地完成了接待某大集团公司代表的接待工作，还来不及休息，部门经理又布置了一个新任务：公司将与对方代表就合作事宜进行洽谈，要求小王协助好李主任做好相关工作。面对新的挑战，小王心中既期待又担心，万一稍有不慎办砸了该如何是好？看到小王的表情，见多识广的老李拍了拍小王的肩膀，“小伙子，不要急，跟着我边学边练嘛！”看着李主任成竹在胸的表情，小王不由长舒了一口气……

洽谈，是指在商务交往中，为了达成某种程度上的妥协，各个利益方为建立联系、保持接触、拟定协议、签署合同或处理争端、消除分歧而坐在一起进行的面对面的接洽与协商。

谋略与礼仪是洽谈工作中不可或缺的两大要素，它们互为支撑、不可分割、共同决定着洽谈的成败。

一、洽谈前的礼仪工作要点[①]

“知己知彼，百战不殆”，要做好洽谈的准备工作，首先要了解对手的情况。

① 参考百度文库《商务洽谈中的礼仪》http：//wenku. baidu. com/view/35b58a91dd88d0d233d46a61. html

（一）了解对方基本情况

了解对方人员的年龄、资历、地位、性格特点，对我方的态度，以及与我方交往历史等。这样，我方可以按照礼仪交往中对等性原则，组织与对方人员职务相近的谈判班子，并根据此安排食宿、设计日程等。

（二）了解对方文化背景和礼仪习惯

“入国问禁，入乡问俗”这些似乎与谈判无直接关系，但有时却会起到意想不到的作用。如果了解并尊重对方的礼俗，双方容易沟通感情，增加信任，对谈判起到积极的作用。

（三）做好洽谈场所的准备

1. 场所的选择

洽谈地点的选择应当合乎礼仪。大型的洽谈，其礼仪要求相对高些，可在双方所在地轮流进行，以示平等，也可在第三地进行，以示公正；小型的洽谈，参加人数少，一般说来，可选在自己熟悉的场所进行，但须征得对方同意。如果是重要的洽谈，有必要的话还需上门或到对方指定的场所洽谈，以示尊重。

2. 大型洽谈会会场的布置

大型商务洽谈一般安排在会议室进行，有时也可以安排在会客室。大型的商务洽谈会场一般要求宽敞明亮、整洁安静、精心布置，这也是对对方的一种尊重。会场的桌子可以是圆形、方形，也可以是长条桌。桌上应设有席位卡，注有入席者的名字或职务，以便导引入座。要备有一定的茶具、茶水和饮料。还要准备好音响设备、灯光设备以及通信、复印设备及必要的文具。

3. 大型洽谈会座次的安排

大型的洽谈会气氛比较严肃、郑重、对等性强，座次的安排更讲究双方或各方的平衡。最常见的是长方形桌横向摆放，宾主相对而坐。以正门为准，主人在背门一侧，客人面向正门，即所谓“迎门为上”。主谈人居中，如果有翻译，则将翻译安排在主谈人右侧或身后，其他按礼宾顺序左右排列。

若是涉及涉外会见，也可以采取如下方式：

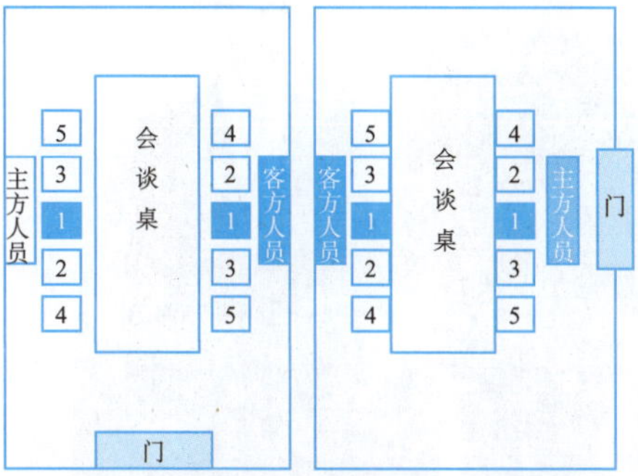

会见座位图：

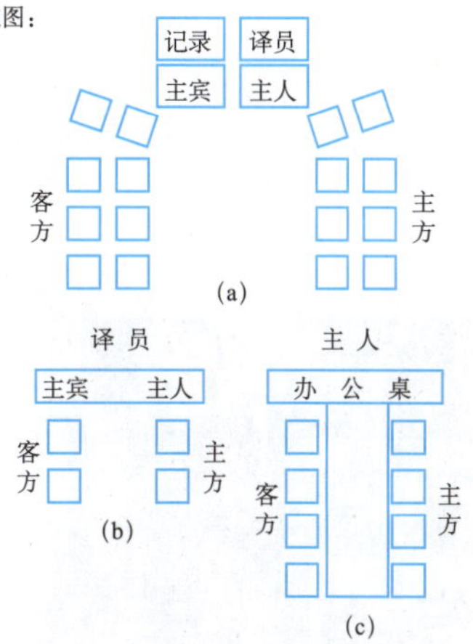

二、洽谈中的礼仪工作要点

商务洽谈总是在人与人之间进行的，洽谈过程就是一个人际交往的过程。在洽谈过程中，人际关系往往起着十分微妙的作用，如果能够以诚相待，尊重对方，注重礼仪，洽谈就能取得理想的结果。因此在洽谈过程的各个阶段都要遵守一定的礼仪规范。

（一）洽谈开局阶段礼仪

开局是洽谈的起点，起着引导洽谈的作用，关系到能否取得洽谈的控制权和主动权。开局阶段的礼仪规范一般有以下几个。

1. 穿着得体

参加商务洽谈要注意装束，既要干净整齐，又要庄重大方。男士一般穿质料较好的深色西装，有时也可穿中山装。西装、衬衫、领带及皮链、饰品要搭配和谐。女士可穿西服套装或西装套裙，以彰显自信、干练为宜，切忌打扮得花哨艳丽，如下图所示。

2. 初次见面应先相互介绍

双方见面时，如果是初次交往，应相互自我介绍。介绍的礼仪，关系着洽谈气氛的形成。一般是主方先将自己的谈判成员介绍给客方，以示尊重。介绍时，被介绍者应站立示意，面带微笑注视对方，介绍完毕相互握手致礼。如果对方是外商，要尊重对方的习惯和风俗，事先做好相应准备。

3. 适时切入正题

一是相互介绍完毕，不宜马上切入正题。需选择一些不涉及各方利益的中性话题开头，这时的话题应具有积极向上、令人愉快的特点，容易引起双方兴趣，有利于消除双方的陌生感和压抑、防范的心理，创造出轻松、愉快、诚挚、友好的气氛，但开头的寒暄不宜过长，以免冲淡洽谈的正题。

二是洽谈要及时切入正题。双方应各自说明自己的基本意图和目的，说明时应简短、明确、重点突出，要让对方感到你的坦率和真诚。在对方概述时，要认真倾听，可以用点头的方式表示对对方意见的理解和赞同，给对方造成一个愉快的心情，绝不能左顾右盼、漫不经心。认真倾听，一方面是尊重对方，同时也是在观察分析，探听对方的虚实。

> **小贴士**
>
> 在倾听对方讲话时，眼睛最好是看对方的两眼之间。

总之，在开局阶段，要尽量创造一种“一致感”。

（二）洽谈明示阶段礼仪

进入明示阶段，双方要相互提问题，摆不同意见，往往容易产生分歧，所以应特别注意说话语气平和、亲切、讲究说话技巧，切忌把提问、查问变成审问或责问，引起对方反感。

讨价还价过程会把洽谈推向高潮，双方为了各自的利益据理力争、毫不相让。这是洽谈最关键的时候，也是最应该注意礼仪的时候，洽谈中失礼的言行，大部分发生在这个阶段。在这个关键时候，有礼貌的做法是：谈话范围广阔，双方有充分的回旋余地；争执上限于双方观点的交锋，而不要落入双方人员的冲突；诚心诚意地探讨解决问题的共同途径；一张一弛，不要一个冲锋就想取胜，轻易地逼人就范。

（三）洽谈较量与协议阶段的礼仪

如果双方在交锋的过程中想法和要求差距很大，或是各执己见，出现僵局时，要有礼貌地用灵活的方式打破僵局。常用的方式有：插入几句幽默诙谐的话，使双方忘情一笑，缓和一下气氛，放松一下情绪，而后愉快地进行谈判。大型的洽谈会，东道主可提议暂时休会或稍事休息，可以利用休会时间组织双方人员共同浏览观光，进行娱乐活动，等等，在“业余”活动中商谈，或是情绪缓和之后再进行正式洽谈。总之，这是最需要礼仪保驾护航的阶段。

在洽谈过程中出现僵局或分歧，不要轻易放弃谈判，要寻找一切途径，达到预期的目的。一般说来，有诚意地调整自己的目标，做些必要的妥协与让步是十分有益的。让步要有理、有利、有礼、有度，让步的幅度要对等，要同步，来而不往非礼也。让步的目的是为了己方最终的利益，当谈判目标已达到，或对对方再无让步可能时，应主动转入妥协协议，切勿穷追不舍，咄咄逼人，把对方逼入死角是很不礼貌的。

但值得注意的是，坚持自己的谈判条件，不等于无礼。因为谈判者往往代表着一个组织、一个企业甚至一个国家，注定无法轻易改变自己的立场，否则会有损于他所代表的组织利益和组织形象。因此谈判成功与否的标准，不在于是否坚持了各自原来的条件，而是各方站在各自角度是否获得了令己方满意的结果。换而言之，即使生意不成，但沟通了信息，交流了感情，认识了朋友，也是一种收获。

知识竞答

一、判断题

1. 正式的洽谈，既要讲谋略，又要讲礼仪。（　　）

2. 洽谈前的礼仪要求主要是做好本方会场的安排。（　　）

3. 洽谈明示阶段可能会有分歧，我方应该为了自己的利益据理力争、毫不相让。（　　）

4. 在洽谈过程中如果出现僵局或分歧，应该及早放弃谈判，以免浪费双方时间。（　　）

5. 洽谈时的着装样式并不是关键，只要大方得体即可。（　　）

二、单项选择题

1. 以下不属于洽谈前的礼仪准备的是（　　）。

A. 了解谈判对手的情况　　B. 了解对方的文化背景和礼仪习惯

C. 做好洽谈场所的准备　　D. 做好会议纪念品的准备

2. 参加商务洽谈要注意装束，既要干净整齐，又要庄重大方。以下不适合穿着的服饰是（　　）。

A. 深色西装　　B. 中山装　　C. 西装套裙　　D. 连衣裙

3. 在一般洽谈的过程中，主方一般坐在（　　）。

A. 左边　　B. 右边　　C. 当中　　D. 任意位置

案例分析

为什么这次合作没能成功

经过多方努力和上级有关部门的牵线搭桥，国内某大型企业的总经理叶明终于使德国一家著名的家电企业董事长同意与自己的企业合作。谈判时为了给对方留下精明强干，时尚新潮的好印象，叶明上身穿了一件T恤衫，下穿一条牛仔裤，脚穿一双旅游鞋。当他精神抖擞、兴高采烈地带着秘书出现在对方面前时，对方瞪着不解的眼睛看着他上下打量了半天，非常不满意。这次合作没能成功。

讨论：为什么这次合作没能成功？

风采展示

游戏：仔细阅读下面这个故事，让同学分角色表演，并分组让学生换位思考“如果换成是你，你会怎么做？”

湖南德丰公司（经营工业品，其幕后股东是国内某大型企业集团，但该情况并不为外界所知）因业务发展的需要，打算租赁一处较大的办公场所，但总公司根据统一预算，希望湖南德丰公司将年租金控制在8万元以内。公司的行政总监屠志刚负责落实此事，经多方实地查看和比较最后看中了省进出口集团公司综合性办公大楼中的某一单元，但该集团公司的后勤管理处按照之前的租金标准，开出了年租金11万元的高价。为说服对方接受8万元的年租，湖南德丰派出行政部的小王先去进行了试探性的商谈。小王与后勤管理处周处长的谈话如下 。

周处长：我们这套房子上一家公司的租金就是11万元，所以你们来了租金不能低于这个数。

小王：我们公司规模小，而且这一两年也没什么利润，公司不可能租这么贵的房子。你们优惠一点租给我们吧！

周处长：这不行，我们一直是这样的价钱。并且这几天也有其他的公司过来看了，我们不担心租不出去。

小王：我们公司的预算只有8万元，不能出这样的价钱，还是希望你们能考虑我们公司以优惠的价格租给我们。

周处长：不行。

小王碰了一鼻子灰后将情况告诉了屠总监，屠总监只得亲自出马。

屠总监：周处长，你可能还不太了解我们公司，实际上我们公司是××集团下面的控股公司，但集团公司由于某种原因，不便向外公开。××集团你是知道的，可以到网上看看其相关报道，是国内非常著名的企业集团。

周处长：哦，你们是××集团的，那小王怎么跟我说你们公司规模小、利润低呀？

屠总监：那是因为我们刚进入湖南市场，市场才刚开始启动，但我们的发展速度非常快，所以你要是租给我们的话，我们在近几年能长期稳定地租下去，这样你们就不需要经常找寻租户了。别忘了，上一家公司就因为经营不善无法维持而退租的噢。

周处长：对你们优惠一点可以，但8万元实在是太低了，总公司肯定不能接受。

屠总监：我看见你们办公大楼内还有酒店，也属于你们后勤处管理吧？

周处长：对，正常对外营业。

屠总监：我们经常有省内外的客户及总公司人员过来，每年的住宿费和招待费不下十几万元。如果我们以后安排所有的客户和公司过来出差人员住在你们酒店，有相关的宴请招待也在该处，对你们酒店的生意可是非常有帮助哦。

周处长：这倒是，以后在我们酒店消费可以办理会员卡，享受优惠。那既然你们公司这么大，业务也很好，怎么才只出8万元呢？

屠总监：我们集团是一家以财务管理见长的公司，每一项开支公司都有严格的预算，也正是如此严格而科学的管理，我们集团才发展得如此之快。另外，我看你们大楼的人气也不旺，如果我们进驻的话，我们集团间频繁的高层人员来往一定会提升你们办公大楼的人气和档次。

最后双方以8万元的年租金成交。

（提示：在商务活动中，当双方没有个人的友谊关系时，“哭穷”不但不能引起对方的同情和怜悯反而会招致对方的“瞧不起”而不愿意与你合作，因为这只能说明在市场竞争中，你是一个弱者。一个未来前景不确定的企业，与其合作肯定会有风险，更别说还要他牺牲眼前的利益了。）

拓展阅读[①]

与世界各国或民族涉外交往中的常见禁忌

由于不同的国家、民族，不同的历史、宗教等因素，各具有特殊的风俗习惯和礼节，国际交往中都应互相尊重。

1. 与各国外宾交往中的禁忌

跟英国人打交道，要注意下列三点：一不要系带条纹的领带；二不要以王室的家事作为谈笑的话题；三不要把英国人通称为英国人，而称“大不列颠人”，这样会使所有的英国人满意。

欧美人忌讳谈论其私人性质的问题，如个人生活、家庭收入、住址、婚否、年龄等，因为欧美人希望别人承认自己的权利，也尊重别人的权利。随便询问个人问题，等于冒犯了他的尊严。

德国人比较注重形式。与其打交道时，如果对方有博士等头衔，要使用这个称呼，朋友见面或分别，总是互相把手握了又握，这样他们就会高兴。如果帮助对方把外衣穿上，则会更显得亲热。

与东南亚国家的外宾相处，交谈时不要跷“二郎腿”。假如无意中把脚颠来颠去，以至鞋底朝向了对方，这是非常不礼貌的表现。

在印度、印尼、阿拉伯国家等，不能用左手与他人接触，也不能用左手传递东

① 文献来源：233网校，http：//www.233.com/ms/zhidao/20070529/091814904－2.html

西，在佛教国家里不能随便摸小孩的头顶。

在南美洲国家，交谈时要亲热，离得近点，说话时文静地把嘴凑到对方的耳边，但不可粗放而失庄重。

在拉美，不要赠送与刀剑有关的礼品。因拉美人认为，赠送刀剑意味着割断关系。

保加利亚、尼泊尔、印度等一些国家，摇头表示赞同，点头表示不同意。

印度人在丧礼中不捶胸顿足，号啕大哭便是有悖礼教。

对待欧美的老人，多忌讳由别人搀扶，他们认为这有损于体面，是受轻视的表现。他们讲究化妆，是为了青春永驻，“老”这个词是不受他们欢迎的。

对风雪等方面的禁忌：罗马尼亚最忌过堂风，因此，房间、客厅、过道门窗不可对开。加拿大哈得逊湾的居民视白雪为吉祥，积雪再多，也忌铲除。

东南亚加里曼丹岛附近的伊班族人，在孕妇临产前，夫妇俩都禁照镜子，丈夫忌敲钉子，爬楼梯，站门旁。

新加坡人严忌说：“恭喜发财”。他们素将“发财”理解为“不义之财”。说“恭喜发财”将被认为是对别人的侮辱和嘲骂。

2. 与国外一些民族交往的禁忌

(1) 商标图案的禁忌

意大利忌讳菊花作商标。

美国人认为蝙蝠是凶神恶煞。

日本人对饰有狐狸和獾图案的物品很反感。

法国人把仙鹤作为蠢汉和淫妇的代称。

英国人忌讳用人像作为商品的装潢，忌大象图案。

伊斯兰教的国家忌讳用猪作商标图案，也不用猪皮制品。

北非一些国家忌用狗作商标。

捷克人认为红三角形是有毒的标记。

国际上把三角形作警告性标记。

在土耳其绿三角表示“免费样品”。

瑞士忌猫头鹰图案，认为是死人的象征。

鹤和龟的图案在东南亚一些国家里不受欢迎，在赠送礼品时，包装纸上也不能出现这两种动物的图案。

(2) 颜色的禁忌

颜色同我们的生活息息相关。它不仅能影响我们的日常情绪，还能反映我们每个人的个性。比如：艺术家们往往喜欢紫罗兰，好静的人偏重于喜欢淡色等。色彩的美与它本身的物理性质有关（不同的色彩有不同的波长），对人的重量和心理有着较大的影响。

色彩的基本色是红、黄、蓝。由这三种基本色（俗称三原色）可以调配出各种色彩来。红色加黄色可调配出橙色，黄色加蓝色可调配出绿色，蓝色加红色可调配出紫色，橙、绿、紫还可以与别的颜色相调配。我们通常根据色彩给人的生理感觉不同，将色分为暖色、冷色。红、黄、橙，常使人很自然地想到阳光、火焰，给人温暖的感觉，属于暖色，蓝、紫、绿，常使人联想到蓝天、海洋、冰雪，给人寒冷、寂寞的感觉，属于冷色。不同的色彩又会使人产生不同的轻重、宽窄、远近、大小、厚薄、虚实的感觉，在现实生活中，人们的衣、食、住、行，都离不开赤橙黄绿青蓝紫的七彩世界。

但是，不同的国家、民族，由于自然条件、社会历史以及宗教等因素，各有不同的颜色爱好和忌讳，随着社会生产力的发展，时代的进步，人们对色彩的审美也随着改变。

泰国忌红色，认为红色不吉利，因为写死者姓氏是用红色的。

埃塞俄比亚人穿浅黄色的服装，表示对死者的哀悼。巴基斯坦人也忌黄色，因为那是僧侣的专用颜色。黄色在委内瑞拉被用作医务标志，得到尊重和爱戴。

摩洛哥人忌讳白色，一般不穿白衣，以白色为贫困的象征。印度人视白色为不受欢迎的颜色。

日本人忌绿色，认为绿色是不吉祥的。但绿色却得到爱尔兰、意大利、马来西亚、新加坡、奥地利、瑞士等国的普遍欢迎。

法国、比利时人忌用墨绿色，因为这是纳粹军服色，这两个国家在第二次世界大战中被希特勒军队占领过，所以普遍讨厌墨绿色。

比利时人最忌蓝色，如遇有不吉利的事都穿蓝色衣服。在埃及，蓝色也被看作恶魔。

(3) 数字的禁忌

西方人极端厌恶“13”这个数字，在任何场合都尽量避开它。高楼的12层上便是14层楼，宴会厅的餐桌14号紧接着12号等。有些人甚至对每个月的13日这一天也感到惴惴不安。这是因为西方人认为“13”是个不幸的、凶险的数字。原因来自意大利著名画家达·芬奇创作的《最后的晚餐》，基督耶稣和弟子们一起吃饭，参加晚餐的第13个人是犹大。犹大为了贪图30枚银币，将耶稣出卖给犹太教当权者，并为捉拿耶稣的人带路，使耶稣于13号星期五被钉在十字架上。西方人憎恨犹大，也把“13”这个数字当作不幸的象征。

在日本，忌讳“4”和“9”字，因为在日语中，“4”与“死”同音，所以日本的医院，都没有4号病房和4号病床。“9”的发音与“苦”相近，因此也在忌讳之列。

韩国人对“4”字也反感，许多楼房的编号严忌出现“4”楼、“4”字编号，在饮茶饮酒时，主人以1、3、5、7的单数来敬酒献茶。

一些西方人还忌讳“3”。新加坡人忌讳“7”、“8”、“37”。加纳人忌讳“17”、“71”。

在非洲，大多数国家认为奇数带有消极色彩，而认为偶数具有积极的象征。

(4) 饮食的禁忌

印度教徒不吃牛肉、吃猪肉。

伊斯兰教徒不吃猪肉，也忌谈猪，在斋月里日出之后、日落之前不能吃喝。

伊斯兰国家戒酒。例如在沙特阿拉伯，海关人员在飞机上会把酒给没收了。

伊朗人不吃无鳞的鱼。

阿拉伯人禁食猪肉，不吃外形丑恶和不洁之物，如甲鱼、螃蟹等，也不吃死的动物。取野物时趁血没凝固，割断其喉头，否则就不能吃。

第三节　商务签约礼仪

情境导入

经过历时两个月的商谈，浙江志达进出口贸易有限公司与C公司就合资兴建大型物流中心项目最终达成了共识，谈判双方决定于9月15日在浙江志达进出口贸易有限公司进行正式签约。9月1日这天，公司办公室李主任一大早便被总经理叫进了办公室，“李主任，我们与C公司的谈判已经结束，我们约定9月15日在我们公司举行一个签约仪式，有关签约仪式的细节工作，你负责组织落实一下。”尽管承担过许多活动的组织落实工作，但李主任知道，与C公司合资兴建大型物流中心这个项目，公司领导都非常重视，半个月后的签约更不容闪失。

签约，即合同的签署。在商务交往中，签约被视为有关各方的合作关系取得了更大进展，或者为消除彼此间的误会或抵触而达成了一致性意见的一项标志性成果，极受商界人士的重视。

一般来讲，凡比较重要的、规模较大的商务洽谈，在协议达成后，都应举行签约仪式。在具体操作时，签约仪式又分为准备阶段与签署阶段。

一、签约仪式的准备工作

在商务交往中，人们在签署合同之前，通常会竭力做好以下几个步骤的准备工作。

你知道吗?

待签的合同文本应以精美的白纸制作而成，按大 8 开的规格装订成册，并以高档质料，如真皮、金属、软木等作为封面。

1. 待签文本的准备

依照商界的习惯，在正式签署合同之前，应由举行签约仪式的主方会同有关各方一道指定专人，共同负责合同的定稿、翻译、校对、印刷与装订，做到准确、精美、及时。

2. 签字人员的确定

- 双方要事先商定好签字人；
- 主签人可由最高负责人担任，也可由具体部门负责人担任；
- 事先要安排好助签人员；
- 出席签字仪式的人员，基本上是双方参加会谈的全体人员；
- 双方签字人的身份应该对等，出席签字仪式的双方人数大体相等。

3. 签字场所的选择

签字仪式举行的场所，一般视参加签字仪式的人员规格、人数多少及协议中的商务内容重要程度等因素来确定。多数选择客方所住的宾馆、饭店，或东道主的会客厅、洽谈室作为签字仪式的场所。有时为扩大影响，也可商定在某个新闻发布中心或著名会议、会客场所举行。但无论选择在什么场所举行，都应事先征得对方的同意，否则就是失礼的行为。

4. 签字现场的布置

各国安排的签字仪式不尽相同。我国举行签字仪式，一般在签字厅内设置一张长方桌，作为签字桌。桌面上覆盖深绿色台呢，桌后放两把椅子供双方签字人就座。签字入席时东道主在左，客商在右，桌子上摆放好今后各自保存的文件，文本前分别放置签字用的文具。签字桌中间设有一旗架，同外商签字时旗架上面挂双方国旗，具体如下面三幅图所示。

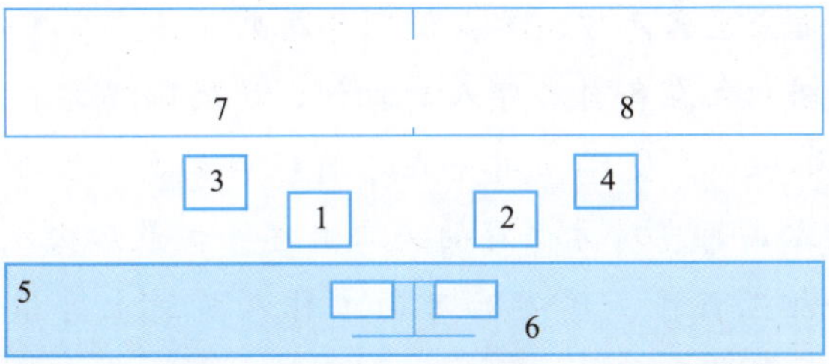

1—客方签字人；2—主方签字人；3—客方助签人；4—主方助签人；5—签字桌；6—双方国旗；7—客方参加签字仪式人员；8—主方参加签字仪式人员

图一

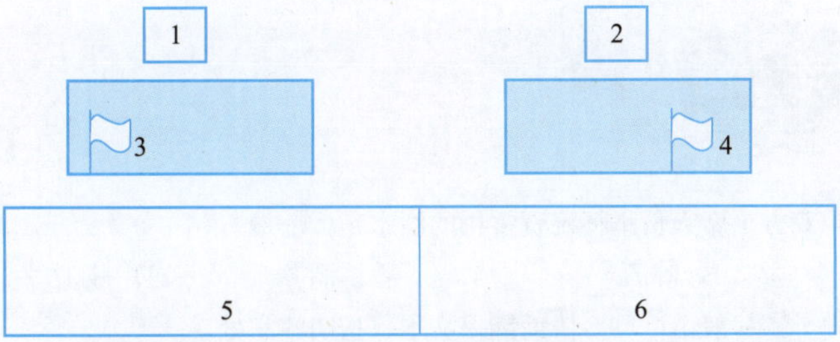

1—客方签字人；2—主方签字人；3—客方国旗；4—主方国旗；5—客方参加签字仪式人员；6—主方参加签字仪式人员

图二

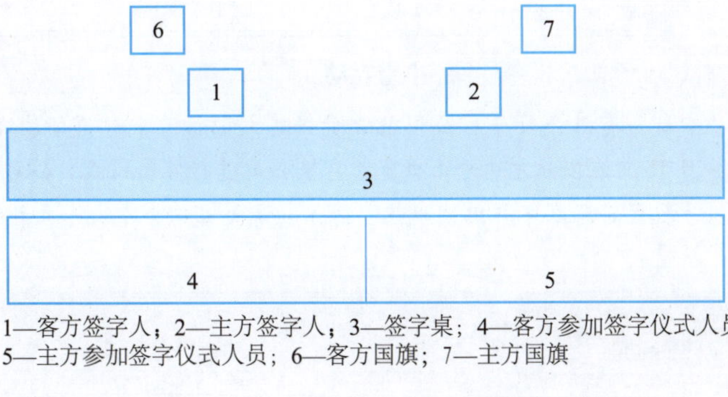

1—客方签字人；2—主方签字人；3—签字桌；4—客方参加签字仪式人员；5—主方参加签字仪式人员；6—客方国旗；7—主方国旗

图三

二、签约仪式的程序

签约仪式的程序为：①就座；②正式签字；③交换文本；④退场。

你知道吗？

在举行签字仪式时，双方出席签字仪式的人员应一同进入签字厅。签字人员就座时，其他人员分主客两方、按身份顺序排列于各自签字人的座位后面。双方的助签人员分别站立在各自签字人的外侧，协助翻揭文本、指明签字处，用吸水纸按压签字部位等。签字人首先在各自保存的文本上签字，然后由助签人员互相传递文本，再在对方保存的文本上签字，最后由双方签字人起立互相交换文本，并相互握手。签字后可由工作人员送上香槟酒，共同举杯庆贺。

知识竞答

1. 签字完毕，双方出席人员举杯祝贺常用的酒水是(　　)。

A. 白酒　　B. 啤酒　　C. 香槟酒　　D. 威士忌

2. 在签约仪式上，一般由(　　)协助翻揭文本、指明签字处。

A. 主签人员　　B. 助签人员　　C. 随行人员　　D. 接待人员

3. 举行签约仪式时，签字桌上一般覆盖(　　)的呢布。

A. 深红色　　B. 大红色　　C. 深绿色　　D. 黄色

4. 签约仪式的桌子一般采用(　　)。

A. 长方桌　　B. 正方桌　　C. 圆桌　　D. T形桌

小组互动

浙江志达进出口贸易有限公司与C公司就合资兴建大型物流中心项目最终达成了共识，谈判双方决定于9月15日在浙江志达进出口贸易有限公司进行签约仪式。公司吴总一大早便向小丁询问参加签字仪式时怎么穿着比较规范、得体。请大家结合个人形象礼仪的内容帮小丁想想办法吧。

第四节　商务会务礼仪

商务人员在日常工作中必不可少的一项任务就是组织会议、主持会议或者参加会议，会议工作从而成为商务活动的一大有机组成部分。

情境导入

春节长假才刚过去，浙江志达进出口贸易有限公司的办公室内非常热闹，大家还在一起分享着节日的喜悦，这时办公室李主任被叫进了总经理办公室。原来，下个星期，D公司的张华总经理将带领公司技术骨干一行十人，前来洽谈项目，需要办公室落实接待工作。李主任接到任务后，立即着手进行分工部署。

会议，又称集会或聚会。在一般情况下，会议是指有领导、有组织地使人们聚集在一起，对某些议题进行商议或讨论的集会。在现代社会里，它是人们从事各类有组织的活动的一种重要方式。

会务礼仪贯穿在会议筹备、会议前的接待、会议中的服务和会议善后工作四个阶段。

一、会议筹备工作阶段

接待大型会议，必须要认真做好会议的筹备工作，以保证会议的顺利进行。

1. 确定接待规格

企业召开的会议一般有两种：一是企业内部召开的会议；二是由上级单位召开、本企业承办的会议。由于参加会议的主要领导身份不同，接待规格也不一样。企业内部的会议应尽量俭朴，讲究效率，不拘形式。上级单位主持召开的会议，由于邀请各企业代表参加，所以会议规模大、规格高。

2. 发放会议通知

会议通知必须写明会议出席人、会议主题、会议报到时间和地点、会议开会时间和地点及其他注意事项（包括参加会议的要求、应带的材料、会务费、是否有接站、住宿宾馆的到达路线等）。

3. 选择会场

考虑的因素有：

- 交通是否方便；
- 食宿条件是否良好；
- 会场附近是否有噪音；
- 会场的照明、空调、音响、投影等必要设备能否正常使用；
- 其他可能用到的设备、服务是否齐全。

4. 会场的布置

会场的布置包括会场的装饰布置和坐席的安排，具体有以下几个方面。

（1）会场座位格局

会场座位的安排，常见的有这样几种安排。

①小型会议室。小型会议室可安排成椭圆形、回字形、T 字形、长方形。椭圆形会场布置如下图所示。

回字形会场布置如下图所示。

T 字形会场布局如下图所示。

长方形会场布局如下图所示。

②中型会议室。中型会议室可按半圆形、课堂型来布置。

半圆形会场布局如下图所示 。

课堂型会场布局如下图所示。

③大型会议室。大型会议室可按礼堂型、众星拱月型来布置。

礼堂型会场布置效果如下图所示。

众星拱月型会场布置效果如下图所示。

（2）会场装饰

会场装饰是指运用文字、图案、色彩和实物等装饰物烘托会场气氛的手段。会场装饰的主要内容包括：会徽、标语、旗帜、植物和花卉、灯光。

①会徽。会徽即体现或象征会议精神的图案性标志。一般悬挂在主席台的天幕中央，形成会场的视觉中心，具有较强的感染和激励作用，如下图所示。

②标语。把会议口号用醒目的书面形式张贴或悬挂起来，即成为会议的标语。会议标语是一种书面符号系统，与会徽、画像、旗帜等装饰物相比，能张扬会议主题，因而具有更加显著的宣传效果。

你知道会场的标语是如何悬挂的吗?

③旗帜。隆重的会议宜在主席台及会场内外升挂一些旗帜，以增加会议的气氛。

你知道联合国总部大楼外，各国旗帜插放的依据是怎样的吗?

• 国旗的悬挂。国旗是一个国家主权的象征，是一国代表到另一国享受特殊礼遇的具体表现。会议和活动的国际惯例是不同国家的国旗同时悬挂时，各自的旗面尺寸大小、旗杆的粗细、高低都要一致，且国旗的悬挂以横挂为标准。会议和活动所涉及的现场，都要放置有关国的国旗。当两根旗杆并列时，面向场地的右旗杆为主杆，挂主方旗，左旗杆挂客方旗；三根旗杆并列时，面向场地的右旗杆为主杆，挂主方旗，然后从右到左按由主到次、由大到小排列。各国国旗的旗序必须体现主权国家一律平等的原则。一般国际惯例，是按国名的英文字母顺序排列。国际组织、国际会议、国际体育比赛等多边国际活动，一般需悬挂会员国国旗。

• 彩旗的悬挂。会议和活动场地可以根据需要来悬挂和插放七色彩旗来衬托气氛。七色彩旗可以是长方形、正方形、三角形等，可以一面面插放，也可以一串串悬挂在空中。

• 红旗的悬挂。红旗的悬挂和插放是衬托会议和会徽的重要方法之一。红旗一般插放 8～10 面，即在徽记的左右各以 45 度角斜插 4～5 面。

④植物和花卉。会场内外适当布置植物和花卉能烘托会议的气氛，给人一种清新、活泼的感觉，并能减轻与会者长时间开会的疲劳。

主席台前和会场入口处是植物和花卉布置的两个重点区域。

⑤灯光。一般情况下，会场的灯光宜使用白炽灯和日光灯作为会场的照明光源。

（3）主席台布置

①主席台的座位格局。主席台的座位格局一般都采取横式。应根据主席台上就座的人数多少来确定主席台的长短和排数。可以是一排，也可以是多排。除前排必须通栏外，后排有时也可分成两栏，中间留出通道。主席台上每排桌椅之间要空出适当的距离，以方便领导人入席与退席。

②讲台。重要的代表大会、报告会等通常都需设置专门的讲台（发言台），其位置的设置一般有三种类型，如下图所示。

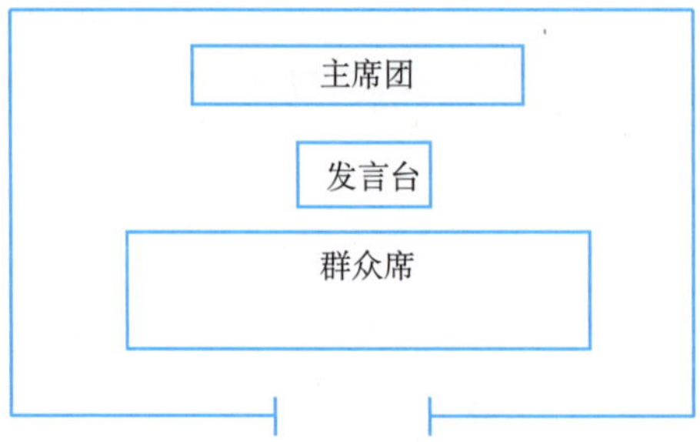

发言台位置之一

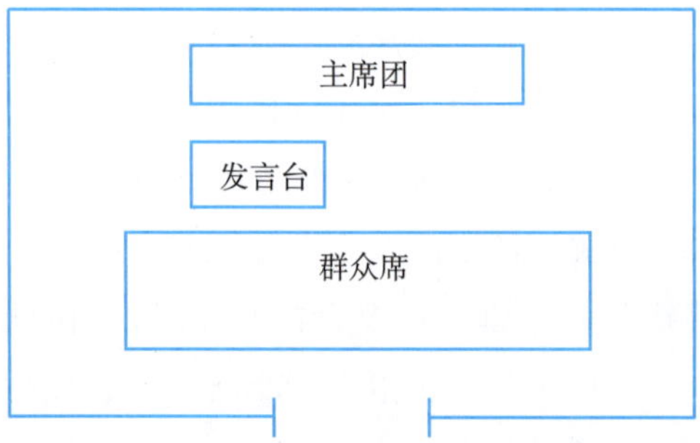

发言台位置之二

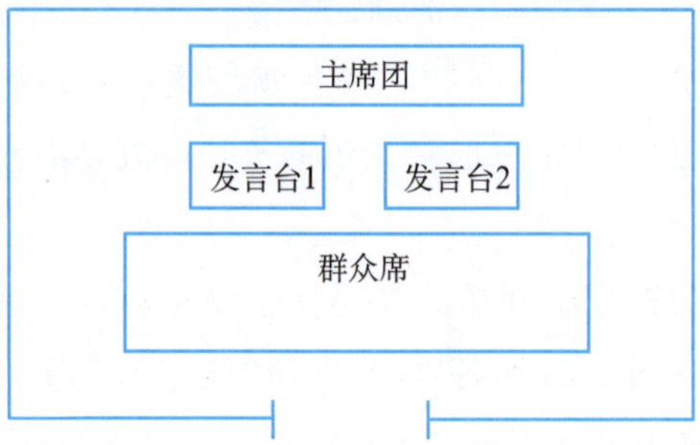

发言台位置之三

③话筒。主席台前排的每个座位都应装有话筒，便于主席台入座人员讲话、插话。

④主席台的座次安排。主席台的座次安排是一个非常重要而且又非常敏感的问题，有时甚至是一个严肃的政治问题，会务工作人员必须极其认真地对待。

国内会议主席台座次排列时，领导为单数时，1号领导居中，2号领导在1号领导左手位置，3号领导在1号领导右手位置，如下图所示。

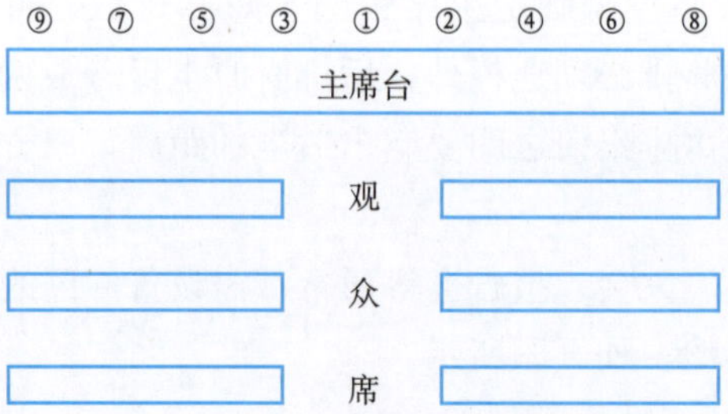

领导为偶数时，1、2 号领导同时居中，1 号领导在 2 号领导左手位置，3 号领导在 1 号领导左手位置，如下图所示。

> 提问：国内会议和国际会议在主席台座次安排上是否一致？
>
> 答：不一致。我国传统，一般由中间按左高右低顺序往两边排开，即第二尊贵的客人排在职位最高者（有时是主人）的左侧，第三尊贵的客人排在职位最高者的右侧，以此类推。若人数正好成双，则职位最高者在中间左侧，第二尊贵的客人在中间右侧，以此类推。
>
> 国际性会议主席台座次一般以对方提供的正式名单或正式通知上的身份和职务高低次序为依据，不分国家大小，一律按国家元首、副元首、政府首脑、副首脑、部长、副部长等顺序排列。如果参加会议活动的国家较多，也可以按各国英文国名的首字母的顺序排列，首字母相同时，按第二个字母排列。
>
> 目前国际上流行右高左低，因此在商务会议活动中，尤其在涉外会议活动中，应该遵循“以右为尊”、“以前为贵”、“中间高于两侧”的基本原则，安排嘉宾就座和站立的次序。

（4）座位导引标志

座位标志是指引导与会者就座的各种标志。

①座次图。大型会议活动，应事先印制全场或主席台的座位及具体座次的图表。座次图可张贴或悬挂于会场入口处，主席台的座次图则悬挂在休息室，如左下图所示。

②指示牌。在会场门口和场内我们经常会看到这样的指示牌，用来指明各座区的方向和方位，如右下图所示。

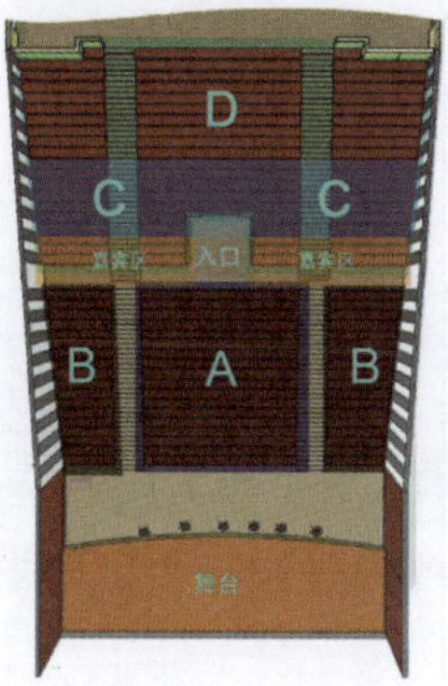

③座位号标志。大型的固定会场要有座位号标志。一般包括楼层、区号、排号、座位号。

④团组标志。即对代表团或小组的座位区域，可以制作落地指示牌，上面书写代表团或小组名称，置于该团首座的前方或两侧；或制成台式标志，放置在该团组首座的桌上。分座区时把首长席、正式代表、列席代表、来宾席、旁听席、记者席等用标志明确区别。

⑤席卡。即每个与会者桌上放置的写有姓名的标签，有时又称名签。席卡通常两面书写姓名，一面朝外，一面朝与会者自己。

（5）会议桌上的物品摆放

会议桌上的纸和笔、台卡、水杯摆放如下图所示。

会议桌上的台卡、水杯、纸和笔摆放时有什么要求?

5. 准备会议资料

会议资料应准备齐全、装订整齐。如果需要在会上讨论，应提前发放资料，文件资料应用文件袋装好。

二、会议前的接待工作

会议开始前一小时，应对会场准备情况进行一次全面、细致的检查，如有遗漏应及时补救。同时做好迎接来宾的各项准备工作，主要包括，签到、引座。

1. 签到

在会场外较醒目的适当位置设一签字台，配有1～2名工作人员，备好签到簿、钢笔或毛笔。在客人签到时工作人员应把笔递到客人手中，若同时发放资料，应礼貌地双手递上。

2. 引座

签到后，会议接待人员应有礼貌地将客人引入会场就座。

让我们来看一看下面的引导方法吧。

三、会议中的服务

会议是领导组织商讨处理事务的重要活动，为了商讨重要事项，做出重大决策，一次会议往往长达数小时。为保证参会人员精神高度集中，各项会议服务工作就显得尤为重要。

1. 倒茶

- 茶具要清洁。在冲茶、倒茶之前最好用开水烫一下茶壶、茶杯。
- 茶水要适量。茶水倒至八分满为宜，将杯盖盖上。
- 端茶要得法。通常是用一只手抓住杯耳，另一只手托住杯底，把茶端给客人。

2. 续水

续水，一般在会议开始 15～20 分钟后进行，要随时观察会场用水情况，遇到天热时就要随时加倒。续水时瓶口要对准杯口，不要把瓶口提得过高，以免溅出杯外。

会中续水是一项比较重要的工作，接待人员要注意把握好续水的时间点、续水量、续水方法和续水顺序哦！

你知道吗？

会议中如果有电话或有事相告，工作人员应走到其人身边，轻声转告。如果要通知主席台上的领导，最好用字条传递通知，避免工作人员在台上频繁走动和耳语而分散他人注意力，影响会议效果。

案例讨论——会场的“明星”

小刘的公司应邀参加一个研讨会，该研讨会邀请了很多商界知名人士以及新闻界人士参加。老总特别安排小刘和他一道去参加，同时也让小刘见识大场面。

开会这天小刘早上睡过了头，等他赶到，会议已经进行了20分钟。他急急忙忙推开了会议室的门，“吱”的一声脆响，他一下子成了会场上的焦点。刚坐下不到5分钟，肃静的会场上响起了摇篮曲，是谁放的音乐？原来是小刘的手机响了！这下子，小刘可成了全会场的“明星”……

没多久，听说小刘已经离开了该公司。

讨论题：(1) 小刘失礼的地方表现在哪里？

(2) 参加各种会议应该注意哪些礼仪？

四、会议善后工作

案例引入

1962年，周总理到西郊机场为西哈努克和夫人送行。亲王的飞机刚一起飞，我国参加欢送的人群便自行散开，准备返回，而周总理这时却依然笔直地站在原地未动，并要工作人员立即把那些离去的同志请回来。这次总理发了脾气，他严厉起来了，狠狠地批评道：“你们怎么搞的，没有一点礼貌！各国外交使节站在那里，飞机还没有飞远，你们倒先走了。大国这样对小国客人不是搞大国主义吗?”当天下午，周总理就把外交部礼宾司和国务院机关事务管理局的负责同志找去，要他们立即在《礼宾工作条例》上加上一条，即今后到机场为贵宾送行，须等到飞机起飞，绕场一周，双翼摆动三次表示谢意后，送行者方可离开。

别忘啦

与会人员离别时，工作人员应根据情况安排车辆把客人送到车站、码头或机场，待客人登上车、船、飞机与客人告别后方可离去。

知识竞答

1. 接待人员引导来访客人时，应走在客人的(　　)两三步处。

A. 正前方　　B. 左前方　　C. 右前方

2. 会中续水，一般在会议开始(　　)分钟之后进行。

A. 5～10　　B. 10～15　　C. 15～20　　D. 20～25

3. 开会倒水，一般倒至(　　)分满。

A. 五　　B. 六　　C. 七　　D. 八

4. 会议桌上笔的摆放要求是，笔尖对着信笺的左上角，笔尾对着信笺的右下角成(　　)角摆放。

A. 30°　　B. 45°　　C. 60°　　D. 90°

5. 跨国会议的座位安排应(　　)。

A. 以右为主，以左为辅　　B. 以中为主，以两边为辅

C. 以左为主，以右为辅　　D. 以两边为主，以中为辅

6. 在接待客人中（客人第一次来），上下楼梯有时不可避免，下面符合正确商务礼仪的做法是(　　)。

A. 上楼时领导、来宾走在前方，下楼时将相反

B. 上楼时让领导、来宾走在后方，下楼时一样

C. 上下楼时都让领导、来宾走在前方

7. 在带领宾客参观时，作为一个引导者，在进出电梯时（有专人控制）你应做到(　　)。

A. 放慢脚步，进电梯时让宾客先进入，出电梯则相反

B. 加快脚步，进电梯自己先进入，出电梯则相反

C. 保持脚步，谁先进出都无所谓

8. 在会场内插放红旗时，一般是在徽记的左右各以(　　)度角斜插 4～5 面。

A. 30°　　B. 45°　　C. 60°　　D. 90°

9. 会议加水时间一般要选择在会议开始前(　　)左右进行。

A. 5 分钟　　B. 10 分钟　　C. 15 分钟　　D. 20 分钟

小组互动

年末，某企业召开总结大会，企业近百名员工全体参加。会上有一项议程是表彰企业 10 名作出突出贡献的优秀员工，由企业高层领导、董事会的成员亲自为其颁发奖状，以此来鼓励员工。到了颁奖时刻，10 名代表整齐上台，奖状却没有人递送到领导手中，一时冷场，待到奖状送上台后，慌乱中发现奖状已全然不能对号入座，10 位优秀员工只能重新确认写着自己名字和荣誉的奖状，台下一片哗然。

讨论：

请以小组为单位针对以上案例谈谈此次会议接待所出现的问题，并说说正确的做法。

第五节 商务餐饮礼仪

情境导入

星期一下午，刚到浙江志达进出口贸易有限公司上班的小张，来公司办公室找小丁，询问有关宴请事宜。原来，早上，小张接到李总的指示，准备在元旦前夕宴请有业务联系的部门领导，要求小张安排一下宴请的工作。这对刚来公司上班的小张来说，无疑是一次挑战，于是，他想向从事多年办公室工作的小丁进行请教。请问小丁该给他些怎样的建议？

“六M法则”。“六M”指的是：费用（Money）、会见（Meeting）、菜单（Menu）、举止（Manner）、音乐（Music）、环境（Medium）。它是在世界各国广泛受到重视的一项礼仪法则。

餐饮礼仪，一般指的是人们在餐饮活动之中所必须认真遵守的行为规范。

学习餐饮礼仪，首先应当着重学习在安排餐饮与享用餐饮期间所必须掌握的基本技巧，以求令自己吃好、喝好、表现好。

一、宴请的种类与形式

宴请是人们交往中表示欢迎、庆贺、答谢、饯行等以增进友谊和融洽气氛的重要手段，是一种常见的礼仪招待活动。宴请具有社交性、聚餐式和规格化三个特点，是人们结交朋友、联络感情、密切关系的重要方式，也是商务人员开展工作的一种常用手段。

国际上通用的宴请形式有宴会、招待会、茶会、工作餐等，而至于采取何种形式，一般根据活动的目的、邀请对象以及经费开支等因素来决定。每种类型的宴请均有与之匹配的特定规格及要求。

（一）宴会

宴会是举办者为了表达敬意、谢意，或为了扩大影响等目的而专门举行的招待活动。宴会，指比较正式、隆重的设宴招待，宾主在一起饮酒、吃饭的聚会。宴会按其规格又有国宴、正式宴会、便宴、家宴之分。按举行时间，又有早宴、午宴和晚宴之分，一般说来，晚宴较之早宴和午宴更为隆重、正式。

1. 国宴

国宴，特指国家元首或政府首脑为国家庆典或为外国元首、政府首脑来访而举行的正式宴会，是宴会中规格最高的。按规定，宴会由主办人主持，举行国宴的宴会厅内应悬挂两国国旗，宾主入席后乐队奏两国国歌，主人与主宾先后发表讲话或祝酒词，奏席间音乐。国宴的请柬、席卡、菜单上都印有国徽；宾主严格按身份、地位就座。菜肴、酒水、使用的餐具要精美有特色，服务则要求周到、细致、规范有礼。

2. 正式宴会

正式宴会，是指官方政府或团体，为迎送宾朋或答谢主人等而隆重举行的宴会。这种形式的宴会除不挂国旗、不奏国歌及出席规格有差异外，其余的安排大体与国宴相同。

国宴和正式宴会有区别吗?

3. 便宴

便宴，这是一种非正式宴会，常见的有午宴、晚宴，有时也有早宴。其最大的特点是简便、灵活，对菜肴的数量、质量、上菜程序、餐具的使用及服务等，没有严格的礼仪要求。便宴常用于招待亲朋好友，是商务活动中较普遍使用的宴请形式。

4. 家宴

家宴，即在家中设便宴招待客人。西方家宴的菜肴往往远不及中国餐之丰盛，但由于通常由主妇亲自掌勺，家人共同招待，因而它不失亲切、友好的气氛。

（二）招待会

招待会是指各种不配备正餐的宴请类型，一般备有食品和酒水，通常不排固定的席位，可以自由活动，常见的有冷餐会和酒会。

1. 冷餐会

冷餐会又称自助餐，是一种由客人自行挑选、自取自食的一种就餐形式，是最常见的招待会形式之一。

冷餐会菜肴品种较多，以冷菜为主，辅以热菜、甜点和水果。酒水主要以啤酒、葡萄酒及软饮料为主，一般不用烈性酒，饮用时，客人可以自己取用，也可以由服务人员端送。

冷餐会的地点可在室内，也可在室外花园里。举办时间一般在中午12时到下午2时或下午5时至7时左右。

2. 酒会

酒会主要是以酒水为主招待客人的一种宴请形式。酒会供应的酒品除一些中外名酒、地方名酒、特色酒外，还有许多用酒和软饮料调制而成的鸡尾酒，所以酒会有时又称鸡尾酒会（CocktailParty），是国际上举办大型活动（如庆祝各种节日、欢迎代表团访问以及各种开、闭幕典礼）前后通常举办的招待会。

鸡尾酒会以酒水为主，配以甜点、香肠、面包等小食品，举办时间亦较灵活，中午、下午和晚上均可。

（三）茶会

茶会是以茶会友的一种简便的招待形式。茶会多为机关、企业、团体为纪念或庆祝某项活动所采用。茶会通常在较为宽敞的厅堂、会客室、会议室举行。

茶会以品茶为主，对茶叶和茶具的选择颇为讲究，一般在下午4时左右举行，也有的在上午10时左右进行。它一般在西方人早、午茶时间（上午10时、下午4时左右）举行。

（四）工作餐

工作餐是国际交往中常用的一种非正式宴请形式，主客双方利用共同进餐的时间，围绕工作中的问题，边吃边谈，讨论交流。菜肴以方便、快捷、简单、营养、卫生为好，一般不喝烈性酒。工作餐多在小餐厅或招待所食堂举行。工作餐按用餐时间分为工作早餐、工作午餐、工作晚餐。

小贴士

鸡尾酒的由来

鸡尾酒是一种量少而冰镇的饮料。它以朗姆酒、威士忌或其他材料，如果汁、鸡蛋、比特酒、糖等，以调和法、摇和法等方法调制而成，最后再以柠檬片或薄荷叶等装饰。鸡尾酒起源于美洲，时间大约是18世纪末或19世纪初期。关于“鸡尾酒”名称的由来，众说纷纭。有一则有趣的传说是这样的：1776年，美国纽约州有一家用鸡尾羽毛作装饰的酒馆。一天，当酒馆各种酒将卖完时，一些军官走进来要买酒喝。一位女侍者便把剩下的酒统统倒在一个大容器里，并随手从一只大公鸡身上拔了一根羽毛搅匀酒，招待客人。军官们看看这酒的颜色，品不出是什么酒的味道，就问女侍者，女侍者随口答道：“这是鸡尾酒！”一位军官听了这个词，高兴地举杯祝酒，还喊了一声：“鸡尾酒万岁！”从此便有了“鸡尾酒”之名。

游戏互动

游戏名称：贴贴乐

游戏用具：白纸、彩纸、笔、吸钉若干

游戏方法：

1. 首先，将白纸裁成长方形（10cm×20cm）。

2. 其次，将酒会、冷餐会、茶会和工作进餐的特点写在长方形白纸上，一式五份。

3. 再次，将学生分成五个小组，每组一张彩纸，写有酒会、冷餐会、茶会和工作进餐的特点的长方形白纸。

4. 然后，学生分组进行讨论，并将白纸贴在彩纸的相应空格内，再将小组讨论的结果进行展示。

5. 最后，教师进行分析，公布正确答案。

附：彩纸形式

	举办时间	举办地点	特点
酒会			
冷餐会			
茶会			
工作进餐			

白纸书写内容：

1. 以冷菜为主，辅以热菜、甜点和水果。

2. 一般在中午12时到下午2时或下5时至7时左右举行。

3. 有许多用酒和软饮料调制而成的鸡尾酒。
4. 中午、下午和晚上举办均可。
5. 供应一些中外名酒、地方名酒、特色酒。
6. 它是一种由客人自行挑选、自取自食的一种就餐形式。
7. 不安排座位，客人可随意走动交谈。
8. 场地不受限制，室内室外均可。
9. 通常在较为宽敞的厅堂、会客室、会议室举行。
10. 对茶叶和茶具的选择颇为讲究。
11. 一般在下午4时左右或在上午10时左右进行。
12. 略备一些水果、各类瓜子或点心、小吃等。
13. 多在小餐厅或招待所食堂举行。
14. 早餐、中餐、晚餐均可。
15. 进餐时，宾主可围绕工作中的问题，边吃边谈，讨论交流。
16. 请与工作有关的人员参加，不请配偶。
17. 持续时间一般在90分钟左右。
18. 持续时间一般在1小时之内。

二、宴请者礼仪

宴请者礼仪是指宴请的组织者为成功地举办宴会而做的大量准备工作和接待过程中的礼节性工作。为达到宴请目的，作为宴请者，应当熟悉和遵循这方面的礼仪要求。

案例引入

某公司人事部的张部长请来检查工作的人事局李局长吃饭，公司魏总参加了宴会，作陪的还有李局长的秘书，公司人事部陈主任和小吴。

小吴是新来的大学生，张部长让他负责今天宴会的安排，选择哪里就餐，如何安排就座让他犯难了。你能帮帮他吗？

（一）宴请的准备工作

宴请活动的成功与否，在一定程度上取决于宴请准备工作的好坏。宴会的准备工作，从宴会设计到宴会的组织实施，每个环节、每个步骤都要考虑周到，准备充分才能确保宴会的顺利进行。宴会的准备工作包括以下几方面的内容。

1. 确定宴请的目的、名义、对象、范围和形式

宴请的目的是多种多样的，可以为某件事，也可以为某个人，比如喜庆节日举行宴会，老人祝寿可举行宴会，欢迎宾朋也可举行宴会。

宴请名义，即以谁的名义出面宴请。宴请可以以个人的名义邀请客人，也可以以单位的名义发出邀请。

宴请的对象和范围，是指邀请哪些方面的人士出席，请到哪一层次，请多少人。范围过大，会造成浪费，范围太小则会影响今后的交往。

宴请的形式，可根据宴请的目的、规格、活动内容、人数多少而定，商务人员在工作中可根据实际情况灵活掌握。

2. 确定宴请的时间和地点

确定宴请时间，应先征求被邀主宾的意见，选择主、宾双方都适宜的时候，以示尊重。

宴请地点，可依据宴请目的、规模、形式和经费能力来确定，通常应选择环境幽雅、卫生方便、服务优良、管理规范的饭店、宾馆。

小贴士

在时间选择上应注意：第一，不要选择对方工作繁忙的时间。第二，选择宴请日期时回避禁忌日，如西方国家忌讳“13”，特别禁忌星期五，又恰逢 13 日。伊斯兰教的斋月有白天禁食的习俗，所以，宴会只宜安排在日落以后。第三，给对方宽裕的准备时间，以便安排好其他各方面工作。

落实宴请地点时应注意：第一，视客人多少而定。第二，视宴请类型而定。第三，视宾主熟悉程度而定。第四，注意来宾的意愿和地方特色。第五，选择负有盛名的老字号或名酒家。第六，尽可能选择举办人熟悉的、有声誉的饭店和宾馆。

3. 发出邀请

宴请一般都要用请柬正式发出邀请，这样做一方面出于礼节，一方面也是请客人备忘。请柬一般提前 3～7 天发出。

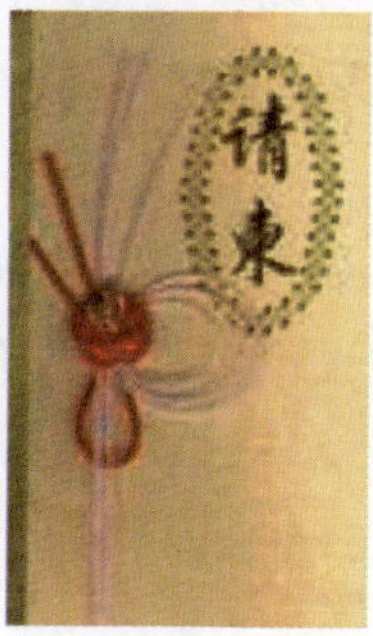

请柬的内容一般包括哪些？
活动的主题、形式、时间、地点、主人姓名。

4. 拟定菜单

拟定菜单既要注意通行的常规，又要照顾到地方的特色。一桌宴席的菜单，应有冷有热、有荤有素、有主有次。菜单以营养丰富、味道多样为原则。拟定菜单应注意宴请的种类，宴请的时间和季节，宾主的口味、年龄、健康等状况以及订菜的方式，以更加适应客人口味和宴会的需要。

5. 设计布置宴会厅

设计布置宴会厅主要根据宴请的目的、宴会厅的形状和使用面积，以及传统的礼仪习俗进行，其目的是为与会者创造一个优美和谐的就餐环境。

（1）环境布置

主办者应根据宴请活动的目的和性质，在宴会厅的正面上方拉一条横幅。横幅一般用红布做底，红布上面印上或用白纸剪出体现宴会目的的字样，如“庆祝××公司成立”、“欢迎××代表团”等。在宴会厅堂的一侧，可摆放花草盆景。在宴会厅堂的四周，可适当摆放一些鲜花、插花或绿草、花卉，以增强整体气氛。

（2）桌次和席位的安排

宴请活动中的桌次及每一桌的席位安排有严格的礼仪规范，特别是宴会，有中式和西式两种截然不同的排法。按习惯，桌次的高低以离主桌位置远近而定，右高左低。桌数较多时，要摆桌次牌。

①正式宴会的桌次安排。正式宴会的桌次安排最为讲究。安排桌次，视参加人数多少可设一桌或多桌。一桌时，可使用圆桌或长桌；多桌时，中餐宴会应采用圆桌，西餐宴会应采用长桌，并分为主桌和辅桌。

• 中餐宴会桌次安排。中餐宴会习惯使用圆桌，桌次的安排可根据宴会厅的形状来确定，如下图所示。

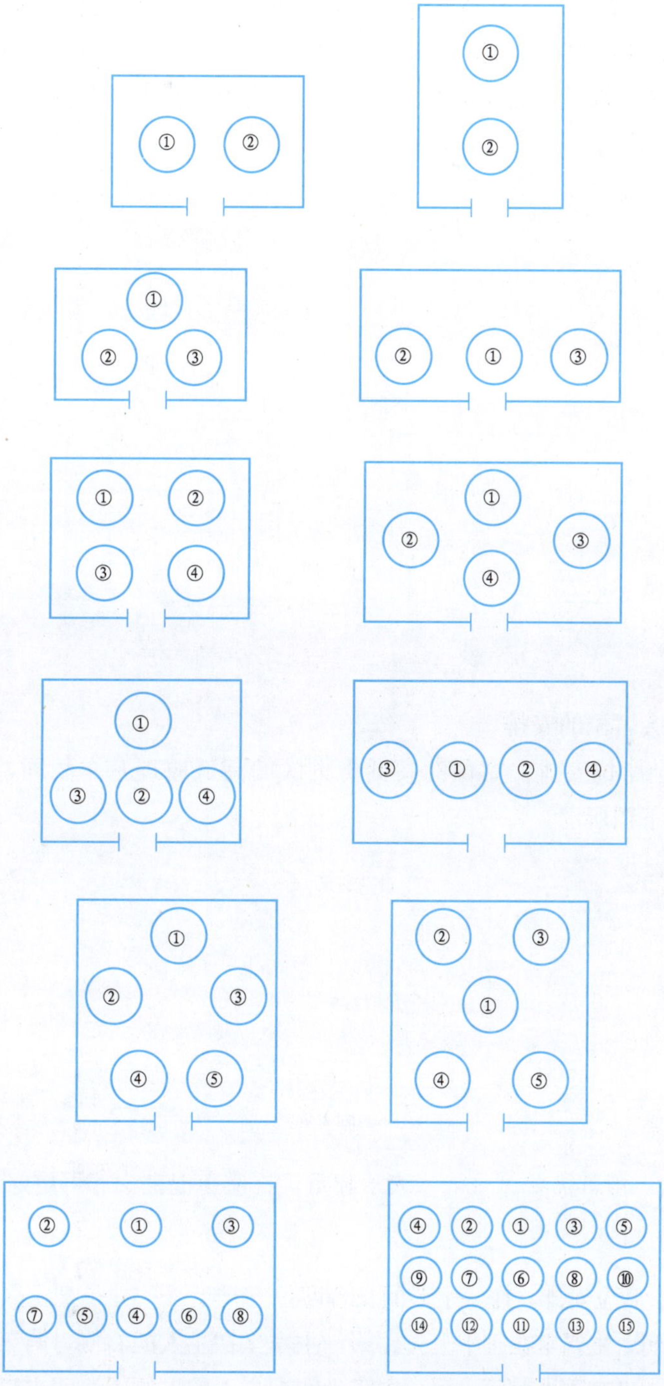

总之，中餐宴会桌次的安排，主桌排定后，其余桌次的高低以离主桌的远近而定，离主桌越近的桌次越高，离主桌越远的桌次越低，平行桌以右为高，左为低。

• 西餐宴会桌次安排。西餐宴会一般采用长桌，餐桌的大小和台型的设计应根据参加宴会的人数、宴会厅的形状和大小来布置，一般有一字形、T 字形、口字形、U 字形等。总的要求是左右对称、出入方便，如下图所示。

一字形

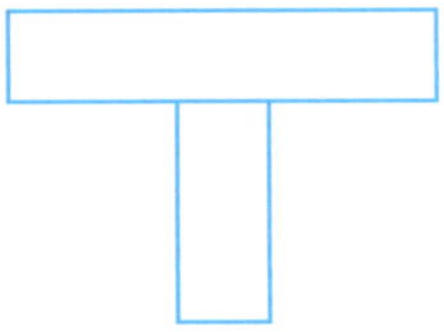
T 字形

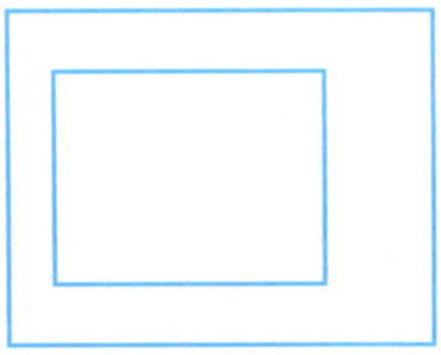
口字形

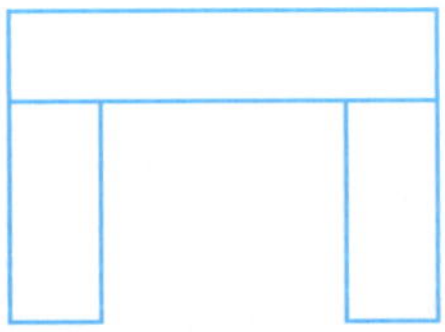
U 字形

②正式宴会席位的安排。

• 中餐宴会席位安排。席位的高低与桌次的高低原理基本相同，即右高左低，先右后左，如下图所示。

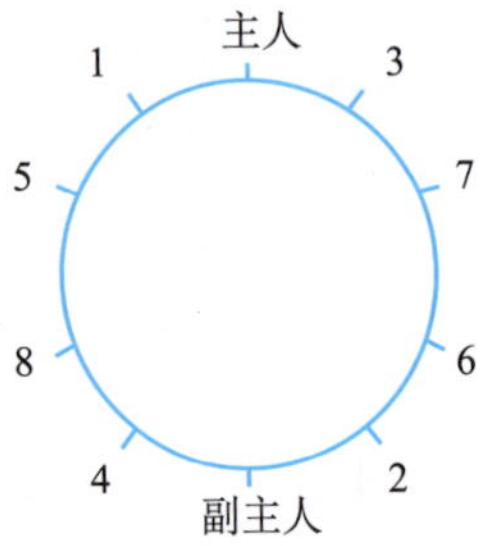

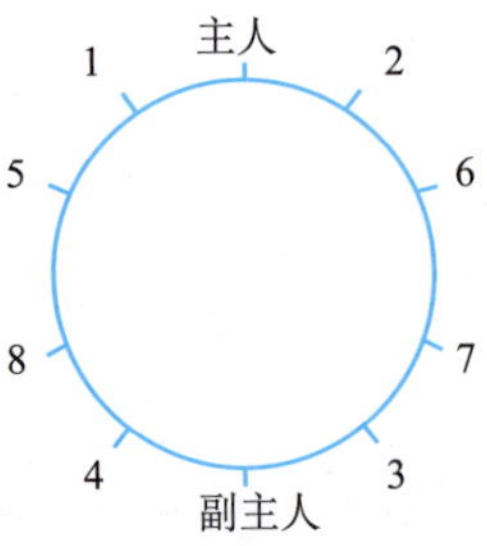

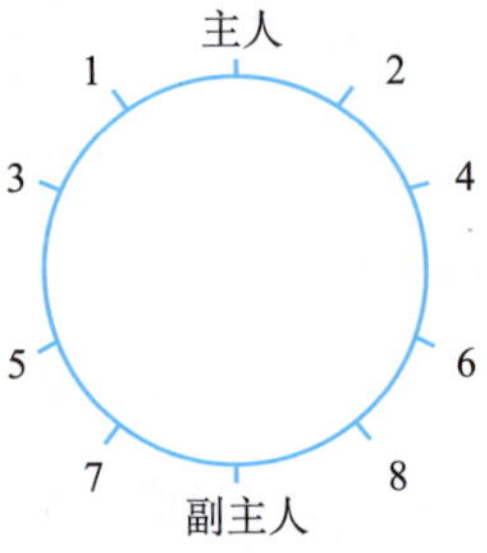

正式宴会一般都需要席位，一表示隆重，二避免混乱，三可更好地达到宴请的目的。

• 西餐宴会席位安排。在一字形的长台席位安排上，一种是把主人和主宾安排在餐台的横向中间，主要坐在正中上方，第一主宾坐在主人的右侧，第三主宾坐在主人的左侧，副主人坐在主人对面，第二主宾坐在副主人的右侧，第四主宾坐在副主人的左侧。另一种坐法是把主人和副主人坐在长台纵向的两端，主人坐在长台的上方，第一主宾坐在主人的右侧，第三主宾坐在主人的左侧，副主人坐在长台对应主人的下方，第二主宾坐在副主人的右侧，第四主宾坐在副主人的左侧，如下图所示。

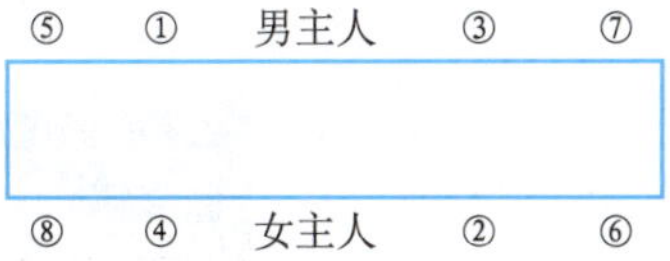

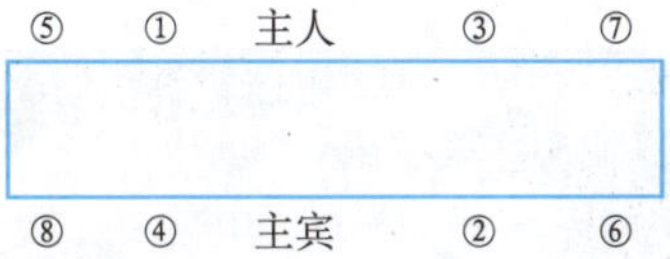

（3）餐台美化

餐台的美化，就是宴会主办者根据宴请的目的，利用餐厅内现有的杯、盘、碗、匙、筷及花、草、布、巾等，将技术、艺术融为一体，在餐桌上摆出一个美丽的台面，来渲染宴会气氛，美化宴会环境。

①餐具的摆放。由于中西餐在菜肴的制作、吃法上存在很大的差别，因而所使用的餐具的种类及餐具的摆放也各不相同。

• 中式餐具的种类和摆放。中式餐具主要有各种规格、形状的盘、碗、杯及匙和筷。

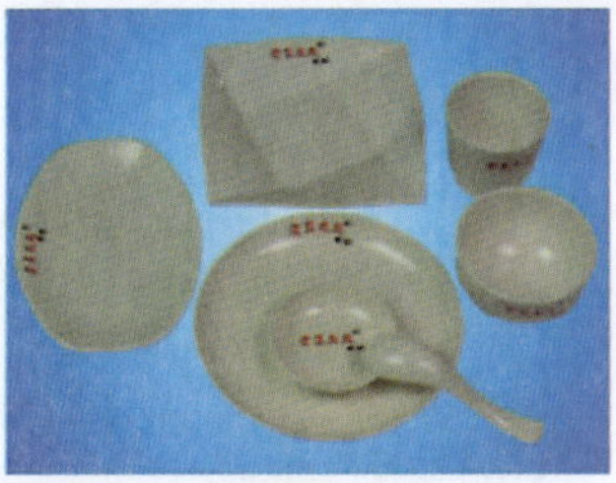

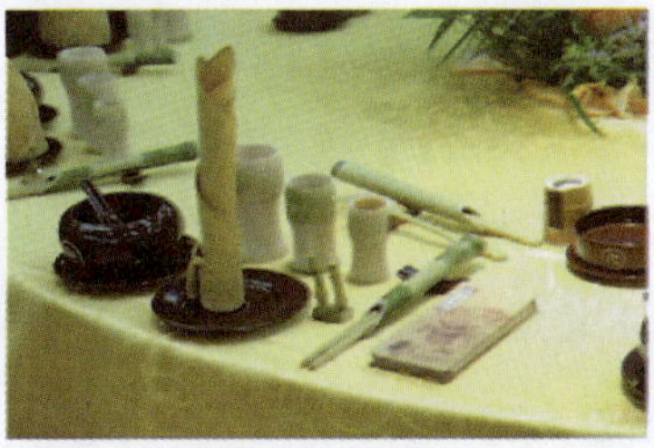

• 西式餐具的种类和摆放。西餐宴会使用的餐具为刀、叉、匙、杯、盘等。其摆台的原则为：垫盘居中，右刀左叉，刀尖向上，刀口内向，叉背向下，叉齿向上。

具体摆放如下图所示。

②装饰台面。装饰台面，就是在台面上用花草或雕刻食品摆放成各种不同的造型，以增强台面的美感。装饰台面除用雕刻食品外，还可以摆放花坛，也可以在花盆中插花，如下图所示。

（二）宴会接待礼仪

宴会接待程序大致可分为迎宾；引导入席；致词、祝酒；用餐；送别五个阶段，宴请礼仪贯穿宴会的全过程。

1. 迎宾

主人应站在大厅门口迎接客人。

2. 引导入席

主人陪主宾进入宴会厅主桌，接待人员引导其他客人入席。

3. 致词、祝酒

言简意赅、热情友好。

4. 用餐

融洽气氛，掌握进餐速度。

5. 送别

适时结束，热情相送，感谢光临。

（三）赴宴者礼仪

宴会作为一种社交手段，其效果一方面取决于主办者对宴会安排周密细致的程度，另一方面还取决于参加宴会者的礼节、礼貌、修养。赴宴者礼仪是指参加宴会的人员在赴宴过程中所表现的良好形象和规范的行为。

1. 准时出席宴会

宴请是较重要的一种社交活动，接到邀请后，对能否出席应尽早答复对方。一旦接受邀请后，不宜随意改动。

出席宴请活动，抵达时间迟早，逗留时间长短，在一定程度上反映对主人的尊重。出席宴会，根据各地习惯，许多国家要求正点或晚一两分钟抵达；在我国则要求正点或提前二、三分钟或按主人的要求到达。

2. 仪表整洁

出席宴会前，赴宴者要注意服务的整洁和个人卫生。

如果你要出席一个酒会，你觉得该是什么样的装扮？

3. 按位落座

到达宴会地点后，先向主人或其他来宾问候、致意，然后按照主人事先安排好的桌次和席位入座，或者由侍者或女主人（主人）引导客人入席。

教你一招

落座时，应从座椅的左侧入座，若同桌中有领导、长辈、女士，应待其就座后自己再坐下。入座后，坐姿要端正、自然，不要紧靠在椅背上，也不要用手托腮或将双臂放在桌上，更不能趴在桌上。不可摆弄桌上的酒杯、盘碗、刀叉、筷子等餐具。

4. 进餐要求

有人说，判断一个人的教养只需看他的吃相就行了，吃相对于每位参加宴会的人来说，都是必须注意的。

（1）吃中餐的礼仪要求

首先要注意筷子的使用。

其次要注意自己的吃相。

最后要注意牙签的使用。

在筷子的使用上，日本有忌“八筷”之说，你知道是什么吗？

日本人在进餐用筷时，有八忌：1. 舔筷；2. 迷筷，手拿筷子，拿不定吃什么，在餐桌上四处寻游；3. 移筷，动一个菜后又动另一个菜，不吃饭光吃菜；4. 扭筷，扭转筷子，用舌头舔上面饭粒；5. 插筷，将筷子插在饭上；6. 掏筷，将菜从中间掏开，扒弄着吃；7. 跨筷，把筷子骑在碗、碟上面；8. 剔筷，将筷子当牙签剔牙。

（2）吃西餐的礼仪要求

西餐是指用西式餐具吃西方国家特色的菜点。吃西餐时，尤其是参加正式的西餐宴会时，礼仪方面的要求既繁多，又严格。扼要而论，一般人在吃西餐时，须谨记的礼仪要求，共有如下四条。

①举止高雅。有人曾说：吃中餐，主要是吃美味佳肴。而吃西餐，则主要是在“吃”风度和气氛。

②衣着考究

用餐时举止要高雅

（1）进食禁声
（2）防止异响
（3）慎用餐具
（4）正襟危坐
（5）吃相干净

在吃西餐时，特别是在赴宴时，西方人非常讲究个人的穿着打扮。根据用餐规模、档次的不同，用餐时的衣着也不尽相同。大体上说，可有礼服、正装、便装之分。

• 礼服。西式的礼服，男装为黑色燕尾服，扎领结；女装则为拖地袒胸长裙，并配长筒薄纱手套。其他国家的人士，可以穿本民族的盛装，如我国的中山装、旗袍，代替西式礼服。

• 正装。在普通的宴会上，通常要求穿正装。在一般情况下，正装指的是深色，特别是黑色或藏蓝色的套装或套裙。

• 便装。在一般性的聚餐时，可以穿便装。这里所谓的便装，是有严格界定的。即男士可穿浅色西装，或仅穿单件的西装上衣。女士则可以穿时装，或是以长西裤代替裙装，绝对不能随心所欲地乱穿一通。

③尊重妇女。尊重妇女是西餐礼仪的一大特点。西餐礼仪里所讲的尊重妇女，并非纸上谈兵，而是广泛地融入了社会交往的各个场合。通常，尊重妇女主要体现于下列三个方面：礼待女主人；照顾女宾客；不用女侍者。

④积极交际。参与西餐宴会，除了品尝美食之外，不要忘记进行适当的交际活动。根据西餐礼仪，西餐宴会的主旨，就是促进人们的社交活动。

“绅士”的迷惑

有位绅士独自在西餐厅享用午餐，风度之优雅，吸引了许多女士的目光。当时侍者将主菜送上来不久，他的手机突然响了，他只好放下刀叉，把餐巾放在餐桌上，然后起身去回电话。几分钟后，当那位绅士重新回到餐桌的座位时，桌上的酒杯、牛排、刀叉、餐巾全都被侍者收走了。请问那位绅士失礼之处何在？正确的做法是什么？

5. 饮酒的礼仪

饮酒是增进感情、加强联系的一种方式，不可将饮酒当作饮酒比赛，尤其在正式的宴会上应有礼貌地品酒、喝酒，不做有失人格的行为。

首先饮酒要留有余地，要慢慢地细饮。

其次，要懂得宴会上饮酒的礼节。

再次，要保持良好的风度。

×

宴会时，对自己的饮酒量，一般应掌握在平时酒量的1/3左右为好。

6. 用好餐具

(1) 中餐餐具的使用

和西餐相比较，中餐的一大特色就是就餐餐具有所不同。我们主要介绍一下平时经常出现问题的餐具的使用。在一般情况下，它又分为主餐具与辅餐具两类。

①主餐具

• 筷

筷子是中餐最主要的餐具。筷子的主要功能，是用餐时夹取食物或菜肴。使用筷子时，方法应当正确。一般应以右手持筷，以其拇指、食指、中指三指前部，共同握住筷子的上部约三分之一处。通常，使用筷子，必须成双使用。

• 匙

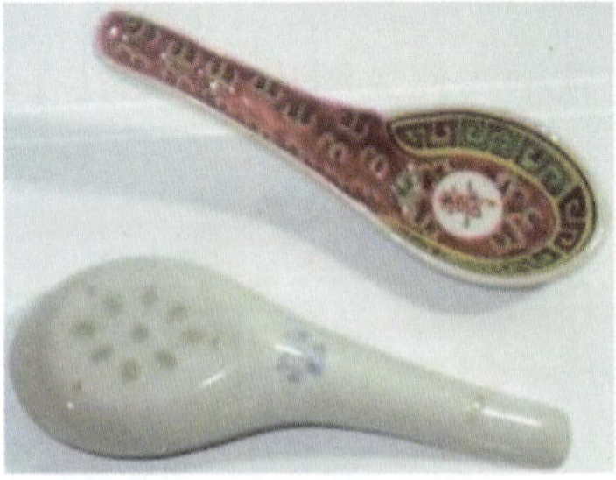

匙，又叫勺子。享用中餐时，它的主要作用是舀取菜肴、食物。有时，用筷子取食时，也可以用勺子来辅助。在一般情况下，尽量不要单用勺子去取菜。用勺子取食物时，不要过满，免得溢出来弄脏餐桌或自己的衣服。

• 碗

碗，在中餐里主要是盛放主食、羹汤之用的。在正式场合用餐时，你知道有哪些注意事项吗？

• 盘子

盘，又叫盘子。稍小点的盘子就是碟子，主要用来盛放食物，在使用方面和碗略同。盘子在餐桌上一般要保持原位，而且不要堆放在一起。盘子的主要作用，是用来暂放从公用的菜盘里取来享用的菜肴的。

②辅餐具

中餐的辅餐具，指的是进餐时可有可无、时有时无的餐具，它们主要在用餐时发挥辅助作用。最常见的中餐辅餐具有：水杯、湿巾、水盂、牙签等。

- 水杯

中餐所使用的水杯，主要用来盛放清水、汽水、果汁、可乐等软饮料时使用。不要用它来盛酒，也不要倒扣水杯。另外，喝进嘴里的东西不能再吐回水杯。

- 湿巾

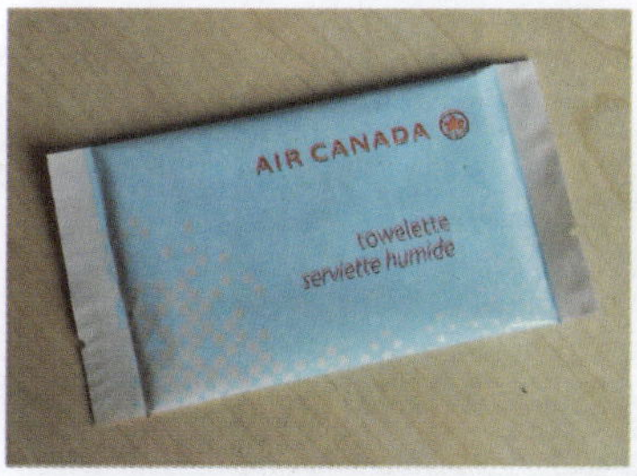

湿巾通常在中餐用餐前使用。比较讲究的话，会为每位用餐者上一块湿毛巾。它只能用来擦手，绝不可用以擦脸、擦嘴、擦汗。擦手之后，应将其放回原处，由侍者取回。

- 水盂

有时，品尝中餐者需要手持食物进食。此刻，往往会在餐桌上摆上一只水盂，也就是盛放清水的水盂。它里面的水并不能喝，而只能用来洗手。其做法是：两手轮流沾湿指尖，然后轻轻浸入水中刷洗。洗毕，应将手置于餐桌之下，用纸巾擦干。

- 牙签

牙签，主要用来剔牙之用。尽量不要当众剔牙。非剔不可时，用另一只手掩住口部。剔牙后，不要长时间叼着牙签，更不要用来扎取食物。

• 汤盅

汤盅是用来盛放汤类食物的。用餐时，使用汤盅有一点需注意的是：将汤勺取出放在垫盘上并把盅盖反转平放在汤盅上就是表示汤已经喝完。

（2）西餐餐具的使用

广义的西餐餐具包括刀、叉、匙、盘、杯、餐巾等。狭义的餐具则专指刀、叉、匙三大件。使用刀叉进餐，是西餐的最重要的特征之一。除了刀叉之外，西餐的主要餐具还有餐匙、餐巾等。

①刀叉

刀叉，是对餐刀、餐叉两种餐具的统称。

②匙

品尝西餐时，餐匙是一种不可或缺的餐具。餐匙也叫调羹。持匙用右手，持法同持叉，但手指务必持在匙柄之端，除喝汤外，不用匙取食其他食物。

③餐巾

进餐时，大餐巾可折起（一般对折）折口向外平铺在腿上，小餐巾可伸开直接铺在腿上。

7. 餐时表现

用餐时，每一位用餐者均应使自己的临场表现合乎礼仪。餐时表现，一般指的是在用餐期间的全部活动。它是用餐表现中的核心之点。注意餐时表现，关键需要重视下列十个具体问题。

- 不违食俗；
- 不坏吃相；
- 不去布菜；
- 不乱挑菜；
- 不争抢菜；
- 不玩餐具；
- 不要吸烟；
- 不清嗓子；
- 不作修饰；
- 不乱走动。

8. 礼貌告别

宴会结束，赴宴者应起身离座。男宾应先起身，为年长者或女士移开坐椅。主宾先向主人告辞，随后是一般来客向主人表示谢意。如果宴席上有特别出色的菜肴，不妨赞美几句，但不可过誉，更不要探听宴席的价格，以免使主人产生误解。如主人备有小礼品相赠，不论价值轻重，都应欣然收下并表示感谢。对于服务人员亦可表示感谢，感谢他们的辛勤准备和周到服务。

从礼仪角度考虑，宴会后应在合适的时候给主人打个致谢电话，或回封感谢信，除感谢主人盛情款待外，还可重申友谊，加深印象，为今后的进一步合作打好基础。

案例思考

小张错在哪？

一位刘小姐和一位姓张的男士在一家西餐厅就餐，男士小张点了海鲜大餐，刘小姐则点了烤羊排，主菜上桌，两人的话匣子也打开了，小张边听刘小姐聊起童年往事，一边吃着海鲜，心情愉快极了，正在陶醉的当口，他发现有根鱼骨头塞在牙缝中，让他不舒服。小张心想，用手去掏太不雅了，所以就用舌头舔，舔也舔不出来，还发出啧啧喳喳的声音，好不容易将它舔吐出来，就随手放在餐巾上。之后他在吃虾时又在餐巾上吐了几口虾壳。刘小姐对这些不太计较，可这时男士想打喷嚏，拉起餐巾遮嘴，用力打了一声喷嚏，餐巾上的鱼刺、虾壳随着风势飞出去，其中的一些正好飞落在刘小姐的烤羊排上，这下刘小姐有些不高兴了。接下来，刘小姐话也少了许多，饭也没怎么吃。

思考题：

请指出本例中小张的失礼之处。

知识竞答

1. 吃西餐正餐时暂时离开，刀叉应摆成(　　)字，以示尚未吃完。

A. “人”　　B. “一”　　C. “八”

2. 请柬一般应提前(　　)天发出。

A. 1～2天　　B. 3～4天

C. 3～7天　　D. 5～6天

3. 宴请客户敬酒时，杯子的位置应该是(　　)。

A. 碰杯时，杯子要高过对方的杯子

B. 碰杯时，杯子要低于对方的杯子

C. 碰杯时，杯子必须与对方杯子一样高

D. 碰杯时，杯子的位置没有要法度，随意即可

4. 女主人将餐巾放到自己坐椅的椅面上，意味着(　　)。

A. 用餐结束，请大家离开

B. 暂时离开，大家可以继续用餐

C. 用餐开始，请大家就座

D. 对正在进行的话题表示不满

5. 应邀参加西方人家宴的客人必须(　　)。

A. 准时到达　　B. 提前五分钟到达

C. 提前半小时到　　D. 迟到五分钟

6. 菜未吃完而中途离开，可以将餐巾放(　　)。

A. 桌面上　　B. 椅子背上

C. 椅子面上　　D. 随手带着

7. 西餐中表示这一道菜不用了，应该将刀、叉放在(　　)。

A. 餐桌上　　B. 餐巾上

C. 菜单上　　D. 食盘上

8. 在西餐结束之际可选用(　　)以化解油腻。

A. 香槟酒　　B. 白葡萄酒

C. 红葡萄酒　　D. 红茶

9. 在参加各种社交宴请活动中，要注意从坐椅的(　　)侧入座，动作应轻而缓，轻松自然。

A. 前侧　　B. 左侧　　C. 右侧

10. 工作餐通常在(　　)举行。

A. 公务结束后　　B. 中午

C. 晚上　　D. 下午 3：00

小组互动

看图，请你讲讲吃西餐时，餐巾该怎么铺放比较好？吃西餐时，刀叉的摆放有哪些暗示吗？

案例研讨

清朝官员出洋相

有个笑话，说的是在大清年间，李鸿章大人请外国人吃饭。中午吃的是饺子。老外没用过筷子，不知道这两根小棍子怎么就能把饺子给夹起来。李鸿章心想，“这可怎么办呀？这外国人要是不高兴了，老佛爷一定会怪我办事不力的！唉！算了，丢下我的老脸，用手抓吧！”老外一看，哦，原来用手也可以吃的。于是一个个赶忙用手抓了起来！到了下午，改吃面条了！老外这回学得精了，都不急着吃，先看看李鸿章怎么办！李鸿章大人一看见老外现在的样子就想起了中午吃饺子时的情景，忍不住笑了起来。这一笑不好了，面条从鼻子里喷出了半根……。老外全部惊呆了，这怎么学呀？这长长的东西是怎么从嘴里吃进去再从鼻子里出来半根的呀？

无独有偶。相传清朝时期有位官员出访外国。某日，该官员应该国首相之邀前往赴宴，餐桌上双方的交谈甚为融洽。中国官员学着外国人的样子使用刀叉，虽然既费劲又辛苦，但他觉得自己挺得体的，总算没丢脸。临近晚宴尾声时，习惯喝汤的中国官员盛了几勺精致小盆里的“汤”放到自己碗里，然后喝下。当时该国首相还不了解中国虚实，为不使中国官员出丑，他也盛了精致小盆里的“汤”一饮而尽，见此情形，其他文武百官只得忍笑奉陪。

思考：

请谈谈你对这两个笑话的感想。

参考文献

[1] 陈静．职场礼仪一本通［M］．北京：外文出版社，2012.

[2]（美）艾米莉·博其特．礼仪——雕饰最优雅的你［M］．西安：陕西师范大学出版社，2009.

[3] 赵春珍．中外礼仪故事与案例赏析［M］．北京：首都经济贸易大学出版社，2011.

[4] 羽西．听礼仪专家讲故事［M］．北京：当代世界出版社，2008.

[5] 常桦．礼仪就是资本［M］．北京：中国纺织出版社，2010.

[6] 广宇．现代礼仪全集［M］．北京：地震出版社，2007.

[7] 海英．礼仪的力量［M］．北京：北京师范大学出版社，2011.

[8] 吴学刚．提升修养的118种现代礼仪［M］．北京：地震出版社，2009.

[9] 金波．职业经理沟通技巧训练［M］．北京：高等教育出版社，2004.

[10] 孙健敏．管理中的沟通［M］．北京：企业管理出版社，2003.

[11]（美）麦凯，（美）戴维斯，（美）范宁著；郑乐平，刘汶蓉译．人际沟通技巧［M］．上海：上海社会科学院出版社，2005.

[12] 魏江，严进．管理沟通：成功管理的基石［M］．北京：机械工业出版社，2010.

[13] 余世维．有效沟通［M］．北京：北京联合出版公司，2012.

[14] 经理人培训项目编写组．培训游戏全案：沟通升级版［M］．北京：机械工业出版社，2010.

[15]（美）哈特斯利（Hattersley，M.E），麦克詹妮特（McJannet，L）著；葛志宏，孙卉译注．管理沟通原理与实践［M］．北京：机械工业出版社，2008.

[16] 赵卜成．沟通零误解［M］．北京：中信出版社，2012.

[17] 钱振波．上司与下属沟通秘籍：职场下行沟通［M］．北京：清华大学出版社，2012.

[18] 史锋．人际沟通与礼仪［M］．北京：北京师范大学出版社，2011.

[19] 伊恩·麦凯，克里斯蒂纳·温斯坦著；周志平译．倾听技能［M］．上海：上海人民出版社，2006.

[20]（德）汉斯-于尔根·克拉茨著．周静译．反馈技巧［M］．北京：中国铁道出版社，2011.

[21] 全琳琛．沟通能力培训游戏经典［M］．北京：人民邮电出版社，2009.

［22］闻君，金波．现代礼仪实用全书（修订版超值铂金版）［M］．北京：时事出版社，2011.

［23］张然．现代礼仪规范读本［M］．北京：中国致公出版社，2009.

［24］谭一平．职场工作礼仪［M］．北京：清华大学出版社，2011.

［25］海英．礼仪的力量——海英的33堂礼仪课［M］．北京：北京师范大学出版社，2011.

［26］陈向红．新编现代商务礼仪［M］．北京：电子工业出版社，2011.

［27］洪锦兰，谭丽燕．秘书人员岗位培训手册——秘书人员应知会的8大工作事项和122个工作小项［M］．北京：人民邮电出版社，2006.

［28］陆瑜芳．秘书实务［M］．上海：上海社会科学院出版社，2006.

［29］向国敏．现代秘书实务［M］．北京：首都经济贸易大学出版社，2005.

［30］李中莹．重塑心灵：NLP——一门使人成功快乐的学问（修订版）［M］．北京：世界图书出版公司北京分公司，2006.

［31］张云．公关心理学（第四版）［M］．上海：复旦大学出版社，2010.

［32］劳动和社会保障部职业技能鉴定中心组［M］．与人交流能力训练手册．上海：人民出版社，2008.

［33］陈桃源，朱晓蓉．职场沟通与交流能力训练手册［M］．北京：高等教育出版社，2011.

［34］贾丽琴．创业能力训练［M］．苏州：苏州大学出版社，2010.

［35］（美）伊登．科林斯沃斯著．姜莱（译）我最需要的职场礼仪书［M］．北京：北京联合出版公司．2012.

［36］李柠．礼仪修养（第二版）［M］．北京：高等教育出版社，2008.

［37］（美）蒋佩蓉，（美）李佩仪著，西木，于乐译．佩蓉谈商务礼仪和沟通（全新修订扩容版）［M］．北京：中华工商联合出版社，2012.

［38］王晞，牟红旅游实用礼宾礼仪［M］．重庆：重庆大学出版社，2007.

［39］浙江省教育厅职成教教研室．服务礼仪［M］．北京：高等教育出版社，2009.

［40］金正昆．社交礼仪概论［M］．北京：北京大学出版社，2006.

［41］杨眉．现代商务礼仪（第三版）［M］．大连：东北财经大学出版社，2009.

［42］金正昆．商务礼仪（光盘）［CD］．北京：北京大学音像出版社，2006.